权威·前沿·原创

皮书系列为
"十二五""十三五""十四五"时期国家重点出版物出版专项规划项目

B

BLUE BOOK

智库成果出版与传播平台

绿色金融蓝皮书
BLUE BOOK OF GREEN FINANCE

中国地方绿色金融发展报告（2023）
ANNUAL REPORT ON THE DEVELOPMENT OF LOCAL GREEN FINANCE IN CHINA
(2023)

王 遥 任玉洁 等／著

社会科学文献出版社
SOCIAL SCIENCES ACADEMIC PRESS (CHINA)

图书在版编目（CIP）数据

中国地方绿色金融发展报告.2023 / 王遥等著. -- 北京：社会科学文献出版社，2023.12
（绿色金融蓝皮书）
ISBN 978-7-5228-2768-1

Ⅰ.①中… Ⅱ.①王… Ⅲ.①地方金融事业-经济发展-研究报告-中国-2023 Ⅳ.①F832.7

中国国家版本馆 CIP 数据核字（2023）第 218443 号

绿色金融蓝皮书
中国地方绿色金融发展报告（2023）

著　　者 / 王　遥　任玉洁 等

出 版 人 / 冀祥德
组稿编辑 / 恽　薇
责任编辑 / 颜林柯
责任印制 / 王京美

出　　版 / 社会科学文献出版社·经济与管理分社（010）59367226
　　　　　　地址：北京市北三环中路甲 29 号院华龙大厦　邮编：100029
　　　　　　网址：www.ssap.com.cn

发　　行 / 社会科学文献出版社（010）59367028
印　　装 / 天津千鹤文化传播有限公司

规　　格 / 开　本：787mm×1092mm　1/16
　　　　　　印　张：16.5　字　数：245 千字

版　　次 / 2023 年 12 月第 1 版　2023 年 12 月第 1 次印刷

书　　号 / ISBN 978-7-5228-2768-1
定　　价 / 158.00 元

读者服务电话：4008918866

版权所有 翻印必究

本书获国家社会科学基金重点项目"中国绿色金融体系构建及发展实践研究"(18AZD013)支持

本书获中央财经大学-北京银行双碳与金融研究中心和北京财经研究基地支持

本书获中央财经大学"双一流"建设项目资助

本书获国家自然科学基金应急管理项目"双碳目标下构建我国零碳金融宏观管理框架的总体思路研究"(72241403)支持

编委会

主　　　　任　王　遥

副　主　任　任玉洁　施懿宸

指　导　专　家　史建平　霍学文　林光彬　王琳晶

皮书课题组成员　（按姓氏笔画排序）
　　　　　　　　万秋旭　吴倩茜　张琦彬　金子曦　傅奕蕾

皮书数据库团队　（按姓氏笔画排序）
　　　　　　　　王雪翊　白　雪　朱羿蓁　孙　铭　杨凡音
　　　　　　　　杨瑞波　张译匀　张宜静　张诗琦　陈雪娇
　　　　　　　　陈熙妍　罗欣宜　周　荞　周　悦　高雪晨
　　　　　　　　崔馨元　梁曼莉　蒋方欣　景阳钢　翟若尧
　　　　　　　　感谢王文昱、王娟、杜佳洲、李馨平、肖淑文、陈越、郑琦然、索轶男、夏怡卿、章北辰、谭覃对本书提供的数据支持。

主要著者简介

王遥 教授，博士生导师。中央财经大学绿色金融国际研究院院长，中央财经大学-北京银行双碳与金融研究中心主任，财经研究院、北京财经研究基地研究员。中国金融学会绿色金融专业委员会副秘书长，中国证券业协会绿色发展委员会顾问。剑桥大学可持续领导力研究院研究员，牛津大学史密斯企业与环境学院可持续金融项目咨询委员会专家，卢森堡证券交易所咨询顾问。2021年担任联合国开发计划署中国生物多样性金融"BIOFIN"项目首席技术顾问，曾任SDG影响力融资研究与推广首席顾问。2013年获教育部新世纪优秀人才支持计划资助，2010~2011年哈佛大学经济系博士后及哈佛环境经济项目、哈佛中国项目的访问学者，2008~2010年北京银行博士后研究人员。主要研究方向为绿色经济、可持续金融、绿色金融和气候金融。自2006年以来，在高层次期刊上发表论文100余篇，主持承担国家社科基金重点项目等国内外课题90余项，出版专著27部，其中《碳金融：全球视野与中国布局》和《气候金融》为该领域前沿著作。合著《支撑中国低碳经济发展的碳金融机制研究》获得第七届中华优秀出版物（图书）提名奖。担任 *Energy Policy*、*Mitigation and Adaptation Strategies for Global Change* 和《金融研究》等期刊的匿名审稿人。有近7年投资银行从业经验。2019年获《亚洲货币》年度中国卓越绿色金融大奖"杰出贡献奖"，连续多年获中国侨联特聘专家建言献策奖项，获评2021年中央财经大学首届"感动中财人物"，获《南方周末》颁发的2021年度"责任先锋"奖及上海报业集团评选的"ESG先锋60——年度ESG探索人物奖"。

任玉洁 中央财经大学绿色金融国际研究院绿色金融研究中心主任，长三角绿色价值投资研究院院长助理。主要研究方向为生态文明建设、绿色金融、转型金融、生态产品价值实现。主持和参与多项地方、企业、金融机构的绿色金融发展规划设计、绿色金融标准研究、绿色金融产品创新，主持和参与电力、纺织、钢铁等行业转型金融体系建立研究。向国家部委及多省市政府相关部门递交绿色金融相关政策建议并获采纳与批示。

施懿宸 中央财经大学绿色金融国际研究院高级学术顾问、讲座教授，中财绿指（北京）信息咨询有限公司首席经济学家，新浪意见领袖，财新中国ESG30人论坛专家。主要研究方向为ESG、绿色金融、能源金融、公司理财、资本市场、企业社会责任、投资组合与共同基金、财务风险管理。带领研究团队创新开发金融机构环境压力测试方法、绿色评估方法学和ESG评估方法等。在市场产品创新方面，带领团队发布"STOXX-IIGF中国A股ESG指数""沪深300绿色领先指数""中证-中财沪深100ESG领先指数""中证中财苏农苏州绿色发展指数""中证中财苏农长三角ESG债券指数"等19个指数。基于多年的专业研究和丰富的市场实践经验，带领团队建立国内外认可的ESG数据库（涵盖10000多家中国A股上市公司和发债主体）、碳数据库（囊括2500多家企业的碳排放数据）、环境压力测试数据库、环境信息披露系统等。在 *Financial Management*、*Review of Quantitative Finance and Accounting* 和 *Asia-Pacific Journal of Financial Studies* 等期刊上发表学术文章多篇，并担任多个国际期刊的审稿人。

摘　要

2022年是我国首批国家级绿色金融改革创新试验区（简称"国家级绿金改试验区"）的收官之年，作为我国先行先试探索绿色金融体系建设的缩影，其积累了一系列创新经验并切实成为推动地方绿色金融深化发展的中坚力量。在绿色金融"三大功能""五大支柱"的框架引领及国家级绿金改试验区的经验推广下，绿色金融开始在我国更多地方应用发展，并涌现出一批除国家级绿金改试验区之外的先进地区，其在绿色金融方面开展的探索同样值得关注。同时，基于新时代"双碳"目标的发展需求和多元化金融体系构建的要求，绿色金融体系加速延伸融合，进一步向转型金融、气候投融资、生物多样性金融、科技金融拓展，绿色金融政策指导文件与市场创新工具也越发多元。

中央财经大学绿色金融国际研究院地方绿色金融发展评估课题组自2018年开始研究并发布地方绿色金融发展指数，基于客观性、公平性、可比性、科学性四项基本原则构建了一套评估地方绿色金融发展水平的指标体系，基于对全国31个省份（不含港澳台）指标结果的对比，系统梳理当年度评价周期内绿色金融发展现状，总结我国地方绿色金融发展的总体趋势与特点，为关注地方绿色金融进展、推动地方绿色金融发展的相关人士提供参考。在2022年评价周期内，课题组基于我国地方绿色金融发展的特点，对评价指标做出局部调整，使其更加契合我国地方绿色金融正在由地方试点拉动向全国各省域覆盖拓展的阶段性变化特征，从而更好地反映省域绿色金融发展进程。

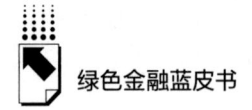

整体来看，我国31个省份的绿色金融发展表现分为三个梯队，三个梯队的总体分布较上一周期无显著变化，但梯队内部的省际排名变化较为明显。具体来看，第一梯队省份基本保持不变，国家级绿金改试验区、金融生态水平领先的地区及地方产业绿色化发展水平较高的地区，绿色金融发展水平较高。以浙江、广东为代表的国家级绿金改试验区所在省份保持先发优势，同时立足新起点开展新探索，推进下辖市县依托既有经验因地制宜地部署工作；以北京、上海为代表的发达地区持续利用既有基础完善绿色金融体系，力争打造新示范试点；以山东、四川为代表的其他省份则以点带面打造新引擎并聚焦地方特色，促进绿色金融实践落地及市场效能激发。第二梯队省份的得分差距较小，其中湖北、重庆等地的绿色金融发展水平排名较上一年度有明显提升，表明更多省份开始重视发展绿色金融。第三梯队省份仍以西南部、西北部和东北部省份为主，整体较上一年度虽有进展，但在绿色金融政策指导或市场创新方面与前两个梯队仍存在一定差距，有待继续探索并加强基础设施建设。

此外，本报告以专章形式分析了"金融科技赋能地方绿色金融深化发展"，这既是绿色金融领先地区的重点实践，也是未来深化绿色金融发展的必然选择。当前地方深化发展绿色金融，仍存在信息收集困难、数据精准度不足等问题，制约绿色金融提质增量，未来依托大数据、人工智能、区块链、云计算等技术手段，可有效提升数据精准度与绿色金融服务效率，降低业务及人工服务成本，打破发展绿色金融的信息壁垒，实现金融风险的有效监管，为地方绿色金融的发展注入新的动能。

下一阶段，经过首批国家级绿金改试验区经验的推广以及更多领先地区的实践创新，我国绿色金融的发展路径将进一步成熟，更多地区将因地制宜地构建符合自身特色的绿色金融体系，气候投融资、生物多样性金融、蓝色金融等试点工作的相继开展也将拓宽绿色金融的内涵，推动绿色金融发展进入新的阶段。

关键词： 绿色金融　产业绿色化　金融科技

目 录

Ⅰ 总报告

B.1 中国地方绿色金融发展指数报告（2023）
　　………………………………………… 王　遥　任玉洁 / 001
　　一　地方绿色金融生态水平分析 …………………………… / 002
　　二　2022年全国及地方绿色金融发展总结 ………………… / 007
　　三　地方产业绿色化发展水平总体分析 …………………… / 011
　　四　地方产业绿色化发展与绿色金融生态水平对比 ………… / 012

Ⅱ 分报告

B.2 地方产业绿色化与绿色金融协同报告（2023）
　　………………………………… 任玉洁　施懿宸　金子曦 / 015
B.3 地方绿色金融政策推动评价报告（2023）
　　………………………………… 万秋旭　张琦彬　吴倩茜 / 041
B.4 地方绿色金融市场效果评价报告（2023）
　　………………………… 万秋旭　吴倩茜　金子曦　傅奕蕾 / 120

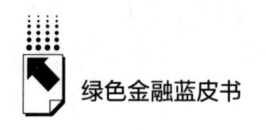

Ⅲ 专题报告

B.5 金融科技赋能地方绿色金融深化发展（2023）
.... 万秋旭　张琦彬　吴倩茜　金子曦　傅奕蕾 / 181

Ⅳ 技术报告

B.6 地方绿色金融发展指数构建说明及评价结果相关性报告（2023）
.... 金子曦　傅奕蕾 / 222

Abstract .... / 237
Contents .... / 240

总报告
General Report

B.1 中国地方绿色金融发展指数报告（2023）*

王 遥 任玉洁**

摘 要： 随着绿色金融"三大功能""五大支柱"发展框架的确立，我国绿色金融体系建设逐步迈入深化完善的阶段。同时，随着首批国家级绿色金融改革创新试验区（简称"国家级绿金改试验区"）的收官与第二批国家级绿金改试验区的确立，我国绿色金融探索工作逐步向更广范围、更深层次递进。总体来看，在2022年评价周期内，我国绿色金融生态水平稳定提升。国家级绿金改试验区所在省份及部分金融生态发达、产业绿色化发展水平突出的省份，绿色金融发展水平保持全国领先。省际绿色金融发展水平差

---

* 如无特殊说明，本书数据均来源于中央财经大学绿色金融国际研究院所建设的地方绿色金融数据库。本报告评价方法可参见本书技术报告。

** 王遥，中央财经大学绿色金融国际研究院院长，中央财经大学博士生导师，研究方向为绿色经济、可持续金融；任玉洁，中央财经大学绿色金融国际研究院绿色金融研究中心主任，长三角绿色价值投资研究院院长助理，研究方向为生态文明建设、绿色金融、转型金融、生态产品价值实现。

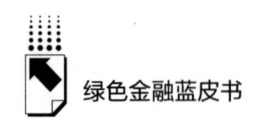

距在一定程度上有所缩小，更多省份及部分领先省份的下辖市级单位正在对绿色金融进行更广范围的运用与更多维度的探索。

关键词： 绿色金融　金融生态　地方发展

一　地方绿色金融生态水平分析

（一）地方绿色金融发展指数排名

在2022年评价周期①内，总分为100分。根据总体评价结果，全国31个省份②的绿色金融发展指数得分为9.01~62.40分，平均分为29.06分（见表1）。

表1　2022年全国31个省份绿色金融发展指数

单位：分

省份	政策推动评价		市场效果评价		总体评价		上一周期总体评价	
	得分	排名	得分	排名	得分	排名	得分	排名
浙江	39.31	1	23.09	4	62.40	1	63.55	2
广东	32.08	2	25.34	2	57.42	2	59.37	3
北京	23.85	7	33.36	1	57.21	3	71.55	1
江苏	28.05	3	23.56	3	51.60	4	54.42	5
山东	24.51	5	19.53	5	44.04	5	44.81	10
上海	22.32	9	16.76	7	39.08	6	47.23	7
四川	26.52	4	11.70	8	38.23	7	52.63	6
福建	20.91	11	16.91	6	37.81	8	47.21	8
江西	24.01	6	10.25	12	34.26	9	54.47	4
贵州	22.36	8	9.91	13	32.27	10	45.26	9

---

① 本书中"2022年评价周期"是指从2022年1月1日至2022年12月31日。
② 本书中"省份"是指中国31个省、自治区和直辖市，不包含港澳台。

续表

省份	政策推动评价 得分	政策推动评价 排名	市场效果评价 得分	市场效果评价 排名	总体评价 得分	总体评价 排名	上一周期总体评价 得分	上一周期总体评价 排名
甘肃	21.87	10	7.85	21	29.71	11	42.32	12
湖北	17.04	13	10.91	10	27.96	12	36.25	17
新疆	19.88	12	7.02	25	26.89	13	42.51	11
重庆	16.28	14	9.55	16	25.83	14	33.62	22
安徽	13.37	22	11.51	9	24.89	15	36.12	18
山西	15.83	15	8.64	19	24.47	16	35.9	19
河南	13.43	21	10.29	11	23.71	17	39.21	13
湖南	15.62	16	7.60	23	23.21	18	36.73	15
陕西	14.30	18	8.18	20	22.48	19	38.09	14
河北	13.56	19	8.91	18	22.47	20	36.69	16
广西	14.40	17	6.35	26	20.75	21	29.35	26
海南	10.91	25	9.73	15	20.64	22	30.51	25
天津	10.82	26	9.37	17	20.20	23	35.22	21
内蒙古	11.82	24	7.82	22	19.64	24	35.79	20
青海	13.43	20	5.83	29	19.26	25	32.48	23
云南	9.24	29	9.89	14	19.13	26	26.7	28
宁夏	12.28	23	6.31	27	18.59	27	30.55	24
黑龙江	9.96	28	7.42	24	17.38	28	28.69	27
辽宁	10.25	27	5.00	30	15.24	29	23.71	29
吉林	8.85	30	6.20	28	15.05	30	21.37	30
西藏	7.41	31	1.60	31	9.01	31	15.7	31

2022年，我国绿色金融发展可以分为三个梯队①（见图1）。第一梯队总得分不低于29.71分，分数分布在29.71~62.40分，内部得分差异较大。第一梯队省份共有11个，包括浙江、广东、江西、贵州和甘肃5个国家级绿金改试验区所在省份，以及北京、江苏、山东、上海、四川、福建6个绿色金融发展较快的地区。总分排名第一的是浙江，总得分为62.40分，显著

---

① 本书中三个梯队的划分基本以平均划分为原则，第一梯队共11个省份，第二、第三梯队各10个省份。

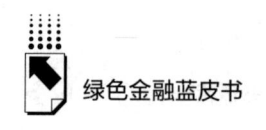

高于第一梯队其他省份；广东和北京分别以57.42分和57.21分位居第二和第三。

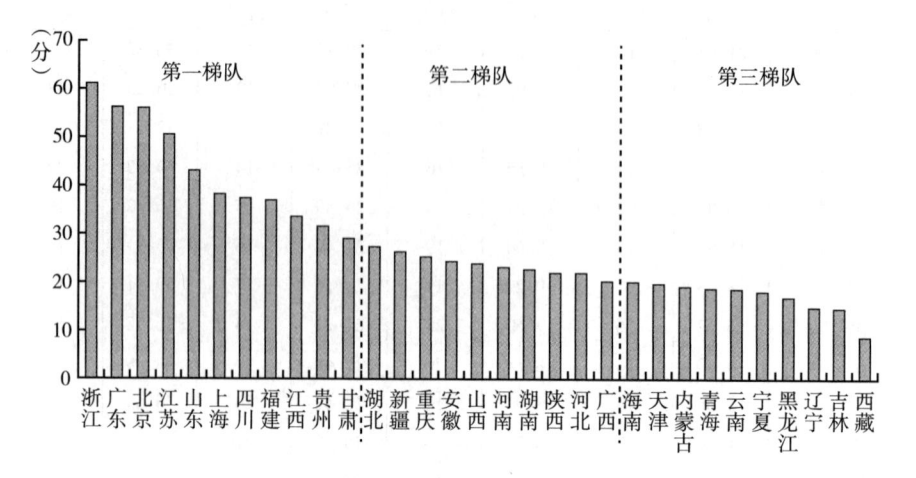

```
(分)70
     60 ┤█
     50 ┤█ █ █ █
     40 ┤█ █ █ █ █
     30 ┤█ █ █ █ █ █ █ █ █ █
     20 ┤█ █ █ █ █ █ █ █ █ █ █ █ █ █ █ █ █ █ █ █ █ █
     10 ┤█ █ █ █ █ █ █ █ █ █ █ █ █ █ █ █ █ █ █ █ █ █ █ █ █ █ █ █ █ █ █
      0 ┴──────────────────────────────────────────
       浙 广 北 江 山 上 四 福 江 贵 甘 │ 湖 新 重 安 山 河 湖 陕 河 广 │ 海 天 内 青 云 宁 黑 辽 吉 西
       江 东 京 苏 东 海 川 建 西 州 肃 │ 北 疆 庆 徽 西 南 南 西 北 西 │ 南 津 蒙 海 南 夏 龙 宁 林 藏
                                                              古         江
              第一梯队              │    第二梯队       │    第三梯队
```

图1　2022年全国地方绿色金融发展三个梯队

第二梯队分数分布在20.75~27.96分，属于三个梯队中内部得分差异最小的一组，体现出第二梯队省份整体绿色金融生态水平处于国内平均水平、发展情况较为接近。第二梯队的10个省份包括湖北、新疆、重庆、安徽、山西、河南、湖南、陕西、河北、广西。其中，新疆属于首批国家级绿金改试验区，重庆于2022年入选新一批国家级绿金改试验区。

第三梯队10个省份的总分均不高于20.64分，10个省份总分虽仍存在一定差距，但较2021年得分差距已明显缩小。第三梯队的10个省份分别为海南、天津、内蒙古、青海、云南、宁夏、黑龙江、辽宁、吉林、西藏。

从评价结果的地区排名来看，2022年全国31个省份的整体梯队排列较上一周期没有显著的变化，总体仍然呈现金融生态水平位居前列的地区绿色金融发展水平较高、国家级绿金改试验区所在省份的绿色金融发展水平持续领先等特点。但梯队内部的排名变化较为显著，尤其是山东、湖北、重庆、广西等地绿色金融发展指数排名较2021年有明显提升，这也显现出更多地方开始重视发展绿色金融。需要特别说明的是，基于对我国地方绿色金融发展状况的持续跟进，发现我国地方绿色金融发展已经进入一个新的阶段，即从原来以地方试点拉动为主的发展格局，转向全国各省域覆盖的发展格局，因此本次评价对指标的内容、权重等方面做了局部调整，在一定程度上导致2022年的得分较2021年有所下降，也从另一层面反映出地方绿色金融发展仍在深化中。调整的重点方向为：一是更加关注绿色金融下沉情况，即重视市区级绿色金融发展情况；二是更加关注推动绿色金融发展的颗粒度，即根据我国绿色金融"三大功能""五大支柱"的发展定位，更加重视重点任务的落实情况，如金融机构环境信息披露等；三是更加关注绿色金融的丰富性，即将多数省份基本完成的指标项，由考察"有没有"向"有多少"调整，同时将"双碳"目标、转型金融、气候投融资等新型议题纳入评价指标体系。

（二）地方绿色金融政策推动排名

2022年，全国31个省份的绿色金融政策推动得分为7.41~39.31分（见图2），政策推动得分的梯队排名与总体得分的梯队排名较为接近，各省份间的得分差距较为显著。

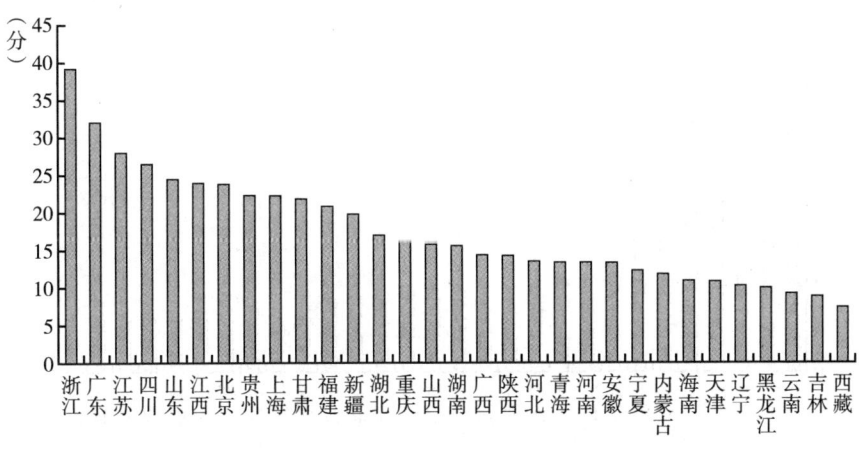

图2 2022年全国31个省份绿色金融政策推动评价得分

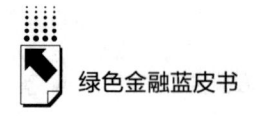

从排名分布来看，第一梯队的省份通常政策表现也较为突出。浙江以39.31分居全国政策推动评价得分首位。排名第二的为广东，政策推动评价得分为32.08分，虽与浙江存在一定差距，但领先性也较为明显。此外，江西、贵州、甘肃、新疆作为国家级绿金改试验区所在省份在政策推动方面保持突出优势，虽排名较2021年有所下降，但仍保持全国前列，体现出国家级绿色金融改革创新试验区在过去已积累较为牢固的政策基础、建成较为完善的绿色金融政策体系。2022年，江苏、山东、湖北等非试点省份的政策推动效果提升明显，排名分别较2021年进步了5位、5位和12位，从侧面反映出国家绿色金融政策体系正逐步成熟，政策正在从国家顶层设计层面向省域层面下沉。

从地理分布来看，华东地区多数省份绿色金融政策发展水平居于前列，东北地区省份的政策推动评价得分普遍靠后。

（三）地方绿色金融市场效果排名

2022年，全国31个省份的绿色金融市场效果得分为1.60~33.36分（见图3），各省份之间的分数差距较2021年有所缩小。前四名与2021年一样，分别是北京、广东、江苏和浙江。

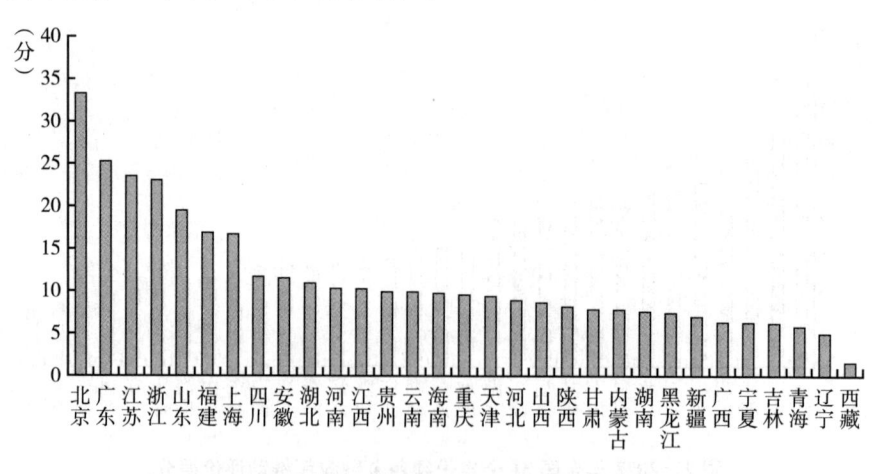

图3 2022年全国31个省份绿色金融市场效果评价得分

从排名分布来看，多数省份的市场效果排名与总体评价的梯队分布保持一致，但也有部分省份的市场效果排名与总体排名存在较大差别。具体来看，北京以33.36分的市场得分居于首位，这也是北京连续三年保持市场效果排名第一。广东、江苏、浙江位居其后，整体得分差异不大，分别为25.34分、23.56分和23.09分。虽名次与2021年保持相同，但与第一名的分数差距进一步缩小。江西、贵州、甘肃、新疆作为国家级绿金改试验区所在省份，在市场效果方面的表现不及政策推动方面突出，其中，甘肃和贵州相较于2021年提升两名，新疆维持不变。山东、四川、安徽、云南、海南的市场效果排名较2021年提升较大，提升3~10名不等，其中山东、四川、安徽已进入全国前列。

从地理分布来看，各地区绿色金融市场效果与当地金融总体活跃程度保持高度一致。华东地区省份的市场活跃程度普遍高于其他省份，西北和东北地区省份的市场效果得分相对靠后。

二 2022年全国及地方绿色金融发展总结

国家级绿金改试验区是我国绿色金融发展的一个缩影，2022年是首批国家级绿金改试验区的收官之年，其形成了一系列绿色金融改革创新经验，成为切实推动地方绿色金融深化发展的重要力量。在国家级绿金改试验区的引领下，绿色金融开始在中国更多地方应用推广，并涌现出一批国家级绿金改试验区之外的地区，其在绿色金融方面开展的探索更加值得关注。总体来看，绿色金融开始在中国更多地方深化运用，并成为中国金融供给侧改革的有力支撑。

（一）全国：绿色金融实现更广范围的运用与创新

从2022年的分析结果来看，全国绿色金融正在实现更广范围的运用与创新。更广的范围体现在两个方面：一是覆盖内容更广泛，即更多省份的绿色金融开始加速发展，同时发展绿色金融的维度也更加多元；二是部分地区

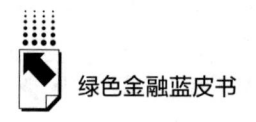

的绿色金融发展从省级向市级层面深化拓展。

从覆盖内容更广泛来看，具体可分为区域扩大和领域延伸。在区域扩大层面，多数省份的梯队分布较2021年变动不大，但同一梯队内部排名的变化较为显著，多个省份的绿色金融发展水平显著提升。在第一梯队中，2022年绿色金融发展水平较高的省份不再仅集中于首批国家级绿金改试验区所在省份和国家政治、经济中心，更多非试点区域表现亮眼，如山东、福建、四川等省份的绿色金融发展成果也值得关注，其政策和市场水平稳步提升。第二梯队中，湖北、重庆、山西等排名显著提升，尤其政策推动方面进展较快，带动总体排名提升。在领域延伸层面，2022年全国多数省份深入贯彻"双碳"目标，围绕产业转型升级加强对绿色金融发展的引导与推动，并因地制宜地向转型金融、碳金融、科技金融等领域拓展。例如，全国已有17个省份发布提及金融支持高碳行业、传统行业转型的转型金融相关政策，22个省份发布规范引导碳排放权交易的文件，多数省份已建成绿色信息共享平台，部分市也已推出服务当地的绿色金融平台。

从省级向市级层面的深化拓展来看，2022年市级层面的绿色金融表现更加活跃，由省级推动下沉到市级应用的趋势更加显著。一方面，市级单位对省级指导文件的响应更加迅速，衔接更加紧密，部分省份下辖市级单位的绿色金融表现整体提升，绿色金融基础设施建设加速，市场活跃度提高；另一方面，市级单位对绿色金融的自主布局意识增强，更多市级单位因地制宜地选择绿色金融发展思路，绿色发展路径更具地方特色。例如，青岛聚焦"气候投融资试点"，武汉探索"长江经济带清洁运输"，台州推进"小微企业绿色发展"。此外，2022年市级绿色金融政策更加细化，探索领域也更加多元。除市级综合性指导文件外，2022年大量市级单位出台更具实操性的政策，对绿色金融工具运用、绿色金融支持产业绿色化发展做出指导。同时，除积极推动绿色信贷、绿色债券结合产业需求进行创新外，部分市级单位还大量运用绿色保险、转型债券等赋能当地传统产业转型升级。

（二）国家级绿金改试验区：表现各异，持续探索

2022年，各国家级绿金改试验区表现存在差异。

一是浙江、广东、甘肃等地立足新起点、开展新探索。2022年，浙江、广东、甘肃三省维持上升趋势，各前进1名，分别处于第一梯队的第1、第2和第11的位置。其中，浙江领跑全国，先行围绕绿色金融体系深化融合的目标开展政策部署与市场探索：湖州基于既有实践经验，将普惠金融、转型金融、科技金融等多元化金融体系融合纳入2022年的推进计划；衢州立足"碳账户"的配套设施，深化碳账户与转型金融的衔接工程。广东以"双碳"行动为核心，聚焦绿色金融工具带动产业绿色升级、高碳行业转型的功能落实，并对珠三角、粤港澳地区形成辐射。甘肃持续在绿色金融工具方面发力，通过提供绿色金融工具贴息、引进绿色金融专业机构并给予补贴、引导企业发行绿色产业融资产品，带动更多绿色金融资源向当地集聚，提升地方金融机构和企业开展绿色行动的积极性。

二是重庆的绿色金融发展提速。2022年，重庆虽仍处于第二梯队，但总体排名较2021年提升8名，政策推动和市场效果排名分别提升4名和3名，绿色金融发展成效显著。结合其绿色金融发展总体方案来看，重庆将以绿色金融助力"双碳"目标实现为核心任务，围绕产融结合、碳金融、金融科技、跨区域合作等进一步深化绿色金融工作。重庆此前已开展地方碳排放权交易试点，同时又是新一批气候投融资试点地区之一，已有一定绿色金融发展的政策和市场基础。在跨区域合作方面，重庆与四川成都达成"双城经济圈"互助模式，共同探索绿色低碳联合行动，未来在不断加快绿色金融体系深化建设方面具备较大潜力。

三是江西、贵州、新疆持续推进绿色金融发展，市场能级的提升和政策的持续引导将成为下一步的发力点。2022年，江西、贵州、新疆作为国家级绿金改试验区所在省份，总体来看仍处于全国前列。江西以"产融深化"为抓手，探索绿色金融与普惠金融、生态产品价值实现、转型金融的融合，促进绿色金融产品与服务的多元化创新。贵州持续以绿色贷款、绿色保险为

重点，扩大绿色投融资供给。新疆引导绿色专营部门依托当地丰富的自然与生态资源，为绿色项目升级改造提供支持。但整体来看，相比2021年，三地的绿色金融综合排名有所下降，2022年三地绿色金融创新活力与其他领先地区相比略显不足，江西、贵州的创新能力有待提升，新疆的政策体系建设有待加强。

（三）其他地方：聚焦地方特色，打造绿色金融发展新引擎

2022年，地方绿色金融改革创新涌现出更多新的做法。

一是以点带面，引领绿色金融发展。选定某一领域或产品，持续推动地方政策和市场发展。例如，中国人民银行武汉分行出台《关于金融支持湖北省绿色低碳转型发展的实施意见》，创设"鄂绿融"专项政策工具，支持绿色贷款、绿色票据的投放与再贴现，2022年湖北绿色贷款总量表现突出。又如，福建在2022年创新上市5种绿色保险产品，对因极端天气造成的财产损失、气象对产业造成的潜在伤害等进行保障。

二是聚焦主题，开展全面布局。依托自身地理位置、资源优势，将新兴议题融入绿色金融发展，以此为主线开展绿色金融全面布局。例如，山东依托沿海的位置与资源优势，将海洋经济作为重要发力点，研究海洋生态保护与生态价值变现，并充分结合海洋碳汇、蓝色金融、气候投融资、碳金融等议题；山西根据"煤炭大省"的实际情况，加快转型金融支持山西经济高质量发展的布局，并组织相关产业、金融部门围绕煤炭行业推进"双碳"路径的研究与规划。

三是着眼落地，激发市场效能。畅通政策与市场之间的转化通道，强化政策对市场的支撑并由市场实践推动政策完善。例如，上海坚持市场先行，前期仅在各类金融指导性文件中融入绿色金融内容，经过局部发展后开始从顶层设计角度加快绿色金融发展，同时细化实施细则，市场效能加快释放，地方市场活跃度显著高于政策完善程度。又如，江苏在2019年发布的地方"绿金十条"的激励效应进一步显现，基于对绿色债券、绿色保险、绿色担保、绿色贷款等明确细化的贴息奖励，提升金融机构和企业主体对绿色金融的了解程度与应用积极性，最终促进绿色金融的快速发展。

三 地方产业绿色化发展水平总体分析

总体来看,2022年全国31个省份的地方产业绿色化发展水平差异较大(见表2)。2022年,全国31个省份的地方产业绿色化发展水平得分为15.89~88.38分,平均分为40分,分数的分布较广,且较为分散。2022年,全国31个省份的地方产业绿色化发展水平可以分为三个梯队。

表2 2022年全国31个省份的地方产业绿色化发展水平得分结果

单位:分

省份	地方产业绿色化发展水平构成						地方产业绿色化发展水平得分和排名	
	绿色产业经济贡献	绿色产业就业机会	绿色技术创新	资源利用效率	环境影响	可持续发展	总分	排名
广 东	26.51	27.00	11.83	8.31	9.99	4.74	88.38	1
江 苏	19.43	20.11	10.88	7.53	7.86	3.51	69.31	2
北 京	12.48	14.12	13.00	12.57	8.71	6.54	67.42	3
浙 江	13.93	20.52	6.97	10.29	9.05	3.67	64.43	4
上 海	14.41	14.09	4.80	11.66	8.43	5.02	58.42	5
重 庆	12.85	13.09	1.17	12.49	8.20	7.00	54.81	6
福 建	11.00	13.40	2.62	10.89	9.01	5.09	51.99	7
安 徽	9.67	11.47	3.74	10.02	6.99	4.27	46.17	8
吉 林	12.34	7.21	0.89	10.89	7.94	5.85	45.13	9
天 津	7.63	10.19	1.56	11.81	8.14	5.19	44.51	10
江 西	8.81	11.83	0.78	10.23	8.37	3.88	43.89	11
湖 北	9.96	10.37	3.24	9.45	6.38	4.28	43.68	12
湖 南	8.10	9.42	2.85	9.38	8.07	4.54	42.36	13
河 南	8.73	9.52	2.12	9.95	4.25	6.35	40.91	14
四 川	9.04	7.72	3.24	9.08	7.41	3.90	40.37	15
山 东	6.93	9.58	5.19	8.63	6.21	3.07	39.61	16
河 北	5.33	8.34	1.67	8.71	6.84	4.54	35.43	17
广 西	4.78	4.79	0.84	9.48	9.62	5.54	35.06	18
贵 州	6.10	5.09	0.45	10.87	9.35	2.16	34.01	19
辽 宁	5.47	6.96	2.12	9.40	6.49	3.45	33.89	20

续表

省份	地方产业绿色化发展水平构成						地方产业绿色化发展水平得分和排名	
	绿色产业经济贡献	绿色产业就业机会	绿色技术创新	资源利用效率	环境影响	可持续发展	总分	排名
陕西	9.53	6.00	2.57	5.90	2.84	4.88	31.72	21
云南	4.67	1.67	0.56	10.58	7.96	4.91	30.34	22
海南	1.09	0.53	0.11	11.96	9.01	5.98	28.68	23
甘肃	1.70	1.17	0.33	10.00	7.61	6.22	27.03	24
山西	2.08	2.35	0.95	9.79	6.90	3.55	25.62	25
黑龙江	2.69	2.84	1.12	7.59	7.64	2.22	24.10	26
宁夏	1.90	1.32	0.22	8.51	6.23	2.59	20.77	27
青海	1.53	0.87	0.11	10.06	7.11	0.86	20.55	28
西藏	0.00	0.00	0.00	8.74	7.10	3.78	19.62	29
新疆	2.43	1.12	0.33	3.22	6.08	5.08	18.26	30
内蒙古	0.87	0.41	0.33	7.91	6.36	0.00	15.89	31

第一梯队的评价得分在43.89分及以上，位于第一梯队的省份共有11个，包括广东、江苏、北京、浙江等省份。该梯队的平均分为57.68分，得分位居第一的是广东，总分为88.38分。

第二梯队的评价得分为31.72~43.68分，位于第二梯队的省份共有10个，包括湖北、湖南、河南等省份。该梯队的平均分为37.70分，得分位居第一的是湖北，总分为43.68分。

第三梯队的评价得分在30.34分及以下，位于第三梯队的省份共有10个，包括云南、海南、甘肃等省份。该梯队的平均分为23.09分，得分位居第一的是云南，总分为30.34分。

四 地方产业绿色化发展与绿色金融生态水平对比

如图4所示，全国31个省份的地方产业绿色化发展水平总体得分与绿色金融生态水平总体得分呈现较强的相关性，两组数据的相关系数为0.79。

地方产业绿色化发展水平相对较高的省份，绿色金融生态水平也相对较高。同时，部分省份的绿色金融生态水平高于地方产业绿色化发展水平，如浙江、贵州、甘肃、新疆等。

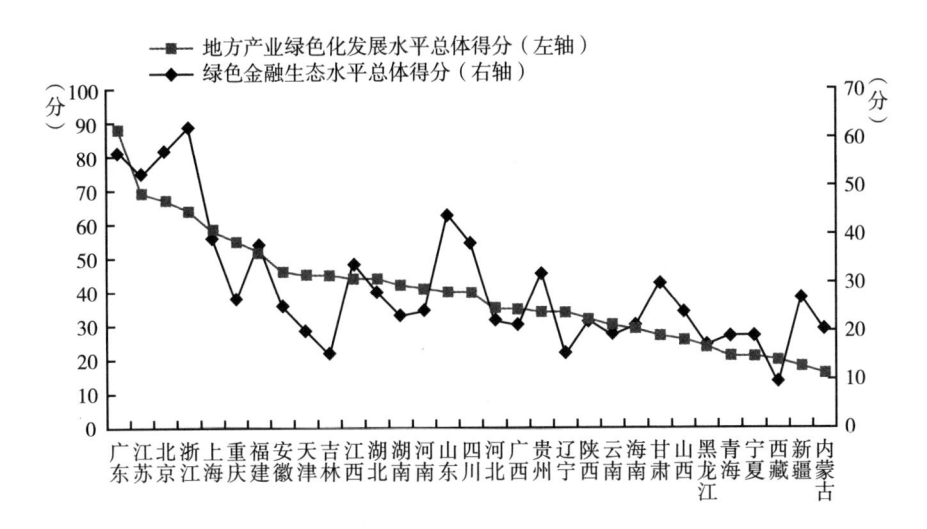

图 4　2022 年全国 31 个省份的产业绿色化发展水平与绿色金融生态水平总体得分

（一）地方产业绿色化发展水平第一梯队

在地方产业绿色化发展水平第一梯队中，大部分省份的绿色金融生态水平处于全国中上游，绿色产业经济规模和绿色技术创新水平与绿色金融产品体系的创新与应用相互赋能。其中，广东、浙江作为国家级绿金改试验区所在省份中金融发展水平相对较高的省份，有关绿色金融的政策设计及实践服务也较为丰富，两地积极开展产业绿色化转型和绿色低碳技术研发应用，促进绿色金融市场开拓、产品创新和人才培育，而绿色金融又反向赋能产业绿色升级。江苏、上海、福建等东部沿海省份依托经济优势，为绿色金融与产业的融合实践提供有力支持。天津、吉林的绿色金融发展指数总体评价相对靠后，在一定程度上说明未来这些地区的绿色金融发展可释放更大的动能。

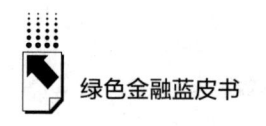

（二）地方产业绿色化发展水平第二梯队

在地方产业绿色化发展水平第二梯队中，多数省份的绿色金融生态水平处于全国发展的平均水平。其中，山东作为非国家级绿金改试验区所在省份，绿色金融生态水平显著高于梯队内其余省份，主要原因在于政策推动和产业转型驱动。在政策推动方面，为落实好中国人民银行总行推出的碳减排支持政策和支持煤炭清洁高效利用专项再贷款政策，中国人民银行济南分行与山东省发改委等部门联合出台一系列举措，指导金融机构编写《双碳政策工具助力山东低碳转型案例集》《山东省金融机构碳金融产品手册》，强化政策传导效果。在产业转型驱动方面，山东金融领域支持新旧动能转换的成效明显，高效助力高耗能、高排放产业转型升级。

（三）地方产业绿色化发展水平第三梯队

在地方产业绿色化发展水平第三梯队中，地区绿色金融发展普遍相对落后，但国家级绿金改试验区所在省份的表现相对突出。甘肃作为国家级绿金改试验区所在省份，在金融机构建设、金融产品创新上处于相对领先水平，因而绿色金融生态水平排名优于地方产业绿色化发展水平。云南、黑龙江、西藏等地由于市场环境的影响，在政策引导有限的情况下，绿色金融的发展水平总体偏低，地方产业绿色化水平也有待进一步提升。

分 报 告
Sub-reports

B.2
地方产业绿色化与绿色金融协同报告（2023）

任玉洁　施懿宸　金子曦＊

摘　要：	本报告从绿色产业经济贡献、绿色产业就业机会、绿色技术创新、资源利用效率、环境影响、可持续发展六个方面对地方产业绿色化发展水平进行评估。在绿色产业经济贡献方面，主要是衡量并比较绿色产业规模；在绿色产业就业机会方面，主要是衡量并比较开展绿色产业活动的企业数量；在绿色技术创新方面，主要是衡量并比较绿色低碳技术开发水平；在资源利用效率方面，主要是衡量并比较能源和水资源利用情况；在环境影响方面，主要是衡量并比较碳排放、水环境质

＊ 任玉洁，中央财经大学绿色金融国际研究院绿色金融研究中心主任，长三角绿色价值投资研究院院长助理，研究方向为生态文明建设、绿色金融、转型金融、生态产品价值实现；施懿宸，中央财经大学绿色金融国际研究院高级学术顾问、讲座教授，中财绿指（北京）信息咨询有限公司首席经济学家，研究方向为公司理财、资本市场、企业社会责任；金子曦，中央财经大学绿色金融国际研究院研究员，研究方向为产业经济、碳金融、绿色产业。

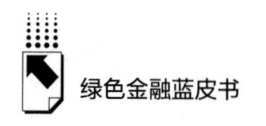

量和空气质量；在可持续发展方面，主要是衡量并比较企业ESG发展水平。评估发现，地方产业绿色化发展水平呈现东部省份普遍高于中部、西部省份，沿海省份普遍高于内陆省份的特征。

关键词： 绿色产业　绿色金融　绿色技术　可持续发展

一　产业绿色化发展水平与绿色金融的关联

地方产业绿色化发展水平与绿色金融发展成效具有高度关联性。一方面，绿色产业为绿色金融的深化发展提供扎实基础。绿色金融的投向领域主要包括能效提升、污染防治、资源节约与循环利用、可持续建筑、清洁交通、清洁能源及生态保护与建设等，绿色产业基础好，绿色金融的适用场景也将更加多元，为绿色金融的规模化发展提供更多可能。近年来，绿色金融集聚现象越发凸显，主要集中于优质的、绿色效益明显的行业。2021年以来，我国绿色信贷规模呈现不断上涨趋势，且具有直接和间接碳减排效益的项目贷款比例始终保持在66.1%~67.3%（见图1）。另一方面，绿色金融引导资金流向绿色产业，进而优化产业结构。根据中国人民银行确立的绿色金融"三大功能""五大支柱"的发展思路，绿色金融具有资源配置、风险管理与市场定价"三大功能"。其中，绿色金融的资源配置功能主要表现为推动更多资金精准投向绿色产业，拓宽绿色环保企业的融资渠道，形成绿色产业的新增长点，并通过对高排放、高耗能企业的资金源头加以限制，促进产业结构优化调整。进一步从定量研究结果来看，李晓率研究了2007~2020年我国30个省份的绿色金融发展对其产业结构优化调整的影响，实证分析后发现：绿色金融发展指数每增加1个单位，产业结构合理化水平提升0.324个单位，产业结构高级化水平提升3.308个单位，说明绿色金融发展水平的提高会促进产业结构优化调整①。韩璐敏研究了2007~2018年我国绿色金融对产业结构优化调整的作用，实证分析后发现：短期来看，绿色信贷对产业结构优化具有明显正向作用；长期来看，绿色金融对产业结构优化产生的积极作用逐渐加强②。

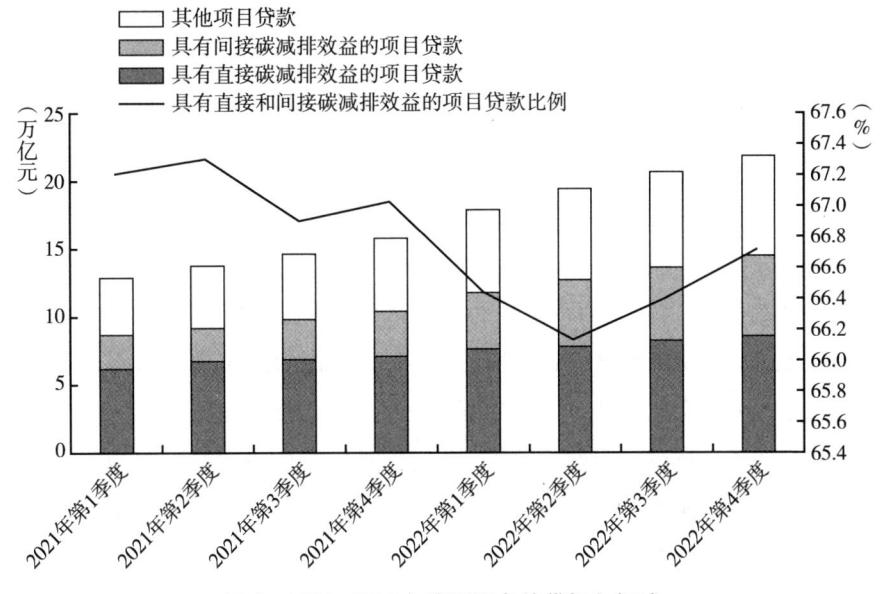

图1 2021~2022年我国绿色信贷投向领域

资料来源：中国人民银行、中央财经大学绿色金融国际研究院。

二 产业绿色化发展水平评价分析

（一）评价思路与指标选择

为更好地分析地方产业绿色化发展水平，本报告构建了地方产业绿色化

---

① 李晓率：《绿色金融发展对产业结构优化调整的影响研究》，硕士学位论文，山西财经大学，2023。
② 韩璐敏：《我国绿色金融对产业结构调整的影响研究》，硕士学位论文，首都经济贸易大学，2021。

发展水平评价指标体系，旨在评价某地区产业绿色化的进展。为提升指标体系的科学性与普适性，本报告借鉴了政策文件与学术研究中关于地方绿色发展水平评价的已有成果。从政策文件视角来看，具体细分领域的绿色评价标准有所差异，但均对经济增长、资源利用、环境影响等有所考量。2016年国家发改委印发了《绿色发展指标体系》，包括资源利用、环境治理、环境质量、生态保护、增长质量、绿色生活、公众满意程度7项一级指标，下含56项二级指标，采用综合指数法测算生成绿色发展指数，衡量地方每年生态文明建设的进展，侧重于工作引导。《四川绿色低碳优势产业统计监测方案》提出了绿色低碳优势产业发展、科技创新、主要工业产品产量、主要能源产品产量等方面的相关指标，用以统计四川省绿色低碳优势产业的运行及发展变化情况。《陕西省绿色生态城区指标体系（试行）》提出了土地利用及空间开发、环境与园林绿化、绿色建筑、基础设施、资源与能源、城市经营与管理、历史文化遗产及特色保护、产业8项一级指标，下含23项二级指标和60项三级指标，旨在从空间布局、基础设施、建筑、交通、产业配套等方面推动陕西省绿色生态城区规划建设。从学术研究视角来看，学界对地方绿色发展水平的评价通常包括社会经济、资源利用、环境影响、技术创新等方面。刘珊珊等从社会经济发展、资源禀赋与消耗、环境压力与治理、公众生活与社会状态、技术创新与政策等方面综合构建城市绿色发展水平测度指标体系[1]。傅晓华等选取资源承载力、环境支撑力、社会响应力和经济发展力4个准则层构建了环长株潭城市群绿色发展潜力评估指标体系，评估环长株潭城市群的绿色发展潜力[2]。郎萱等从绿色发展基础、绿色发展举措和绿色发展成果3个层面构建了柴达木盆地绿色发展效果评价指标体系，对西部大开发以来柴达木盆地的区域绿色发展效果进行评价[3]。向君和刘晓云

---

[1] 刘珊珊、吴文婕、王志强：《基于DPSIR-TOPSIS模型的乌鲁木齐市绿色发展水平测度及其影响因素》，《地球科学与环境学报》2023年第4期。
[2] 傅晓华、郑清星、傅泽鼎：《环长株潭城市群绿色发展潜力评估与预测研究》，《中南林业科技大学学报》（社会科学版）2023年第2期。
[3] 郎萱、张雨露、丁生喜：《柴达木盆地区域绿色发展效果动态评价》，《价值工程》2023年第16期。

从资源利用、环境治理、生态保护、绿色生活以及增长质量5个方面综合构建了黄河流域城市绿色发展水平测度指标体系①。

借鉴学术界对于地方绿色发展水平的研究成果与常用指标，综合数据可得性与结果可研性，本报告共选取绿色产业经济贡献、绿色产业就业机会、绿色技术创新、资源利用效率、环境影响、可持续发展6项一级指标并确定19项二级指标，具体指标体系构建如表1所示。

表1　地方产业绿色化发展水平定量评价指标体系

一级指标	二级指标	具体计算方法	指标方向
绿色产业经济贡献	规模以上绿色产业总产值	规模以上企业在绿色产业领域所生产的货物和提供的服务的总价值	正向
	规模以上绿色产业总产值占地区工业生产总值的比重	规模以上绿色产业所产生的总价值/地区工业生产总值	正向
	地区上市企业绿色收入	地区上市企业从其绿色产业活动中所获得的收入，由中央财经大学绿色金融国际研究院上市公司绿色棕色收入数据库测算得出	正向
	地区上市企业绿色收入占地区所有上市企业总收入的比重	地区上市企业从其绿色产业活动中所获得的收入/地区所有上市企业总收入	正向
绿色产业就业机会	规模以上绿色产业平均企业数量	规模以上工业企业中属于绿色产业的企业数量	正向
	规模以上绿色产业平均企业数量占工业企业总数量的比重	规模以上工业企业中属于绿色产业的企业数量/工业企业总数量	正向
绿色技术创新	地区绿色低碳专利数量	地区绿色低碳技术申请专利数量	正向
资源利用效率	能源消费总量	地区能源消费总量	负向
	单位GDP能源消费	能源消费总量/GDP	负向
	用水总量	用水总量	负向
	单位GDP用水总量	用水总量/GDP	负向

---

① 向君、刘晓云：《黄河流域城市绿色发展水平时空格局与收敛性研究》，《开发研究》，2023年第3期。

续表

一级指标	二级指标	具体计算方法	指标方向
环境影响	二氧化碳排放总量	二氧化碳排放总量	负向
	单位GDP二氧化碳排放强度	二氧化碳排放总量/GDP	负向
	地区上市企业二氧化碳排放平均强度得分	由中央财经大学绿色金融国际研究院企业碳排放测算与评级数据库测算得出	正向
	国家地表水考核断面水环境质量得分	国家地表水考核断面水环境质量前30名城市计正分,后30名城市计负分,其余不计分	正向
	国家地表水考核断面水环境质量变化得分	国家地表水考核断面水环境质量变化前30名城市计正分,后30名城市计负分,其余不计分	正向
	空气质量得分	168个重点城市中空气质量前20名城市计正分,后20名城市计负分,其余不计分	正向
	空气质量变化得分	168个重点城市中空气质量变化前20名城市计正分,后20名城市计负分,其余不计分	正向
可持续发展	地区上市企业ESG表现得分	由中央财经大学绿色金融国际研究院ESG数据库测算得出	正向

绿色产业经济贡献主要衡量各省份的绿色产业规模,从结构上反映产业绿色化的进展,具体选取规模以上绿色产业总产值、规模以上绿色产业总产值占地区生产总值的比重、地区上市企业绿色收入、地区上市企业绿色收入占地区所有上市企业总收入的比重4项二级指标,以反映各省份绿色产值的基本情况。

绿色产业就业机会主要衡量各省份开展绿色产业活动的企业数量,是从结构上反映产业绿色化进展的重要补充,同时也进一步反映了市场活跃度,具体选取规模以上绿色产业平均企业数量和规模以上绿色产业平均企业数量占工业企业总数量的比重2项二级指标。

绿色技术创新主要衡量各省份的绿色低碳技术开发水平,是地方产业绿色创新前景的指征,具体选取地区绿色低碳专利数量1项二级指标。

资源利用效率主要衡量各省份的能源和水资源利用情况,是从环境角度反映产业绿色化水平的指标，具体选取能源消费总量、单位 GDP 能源消费、用水总量、单位 GDP 用水总量 4 项二级指标。

环境影响主要衡量各省份的碳排放、水环境质量和空气质量情况，也是从环境角度反映产业绿色化水平的指标，具体选取二氧化碳排放总量、单位 GDP 二氧化碳排放强度、地区上市企业二氧化碳排放平均强度得分、国家地表水考核断面水环境质量得分、国家地表水考核断面水环境质量变化得分、空气质量得分、空气质量变化得分 7 项二级指标。

可持续发展主要衡量各省份的企业 ESG 发展水平，是从未来产业绿色化发展趋势的角度开展的评价，具体选取地区上市企业 ESG 表现得分 1 项二级指标。

选取的 19 项二级指标中除能源消费总量、单位 GDP 能源消费、用水总量、单位 GDP 用水总量、二氧化碳排放总量、单位 GDP 二氧化碳排放强度 6 项负向指标外，其余指标均为正向指标，即指标计算结果数值越大，指标得分越高，待评主体的该项指标表现越佳。相反，负向指标的计算数值越大，得分越低，待评主体的该项指标表现越差。

（二）指标权重确定

本报告对指标权重的赋值采用专家打分法。专家打分法是指通过匿名方式征询有关专家的意见，对专家意见进行统计、处理、分析和归纳，经过多轮意见征询、反馈和调整后，客观地综合多数专家的经验与主观判断，人为定义权重的方法。绿色产业经济贡献指标合计权重为 27%，绿色产业就业机会指标合计权重为 27%，绿色技术创新指标合计权重为 13%，资源利用效率指标合计权重为 13%，环境影响指标合计权重为 13%，可持续发展指标合计权重为 7%。

（三）绿色产业经济贡献分析

1. 规模以上绿色产业总产值

规模以上绿色产业总产值是指地区所有规模以上企业在绿色产业领域所

生产的货物和提供的服务的总价值。总产值是对这些行业所有企业的销售额或产出进行统计和累加得出的数值，反映了绿色产业的经济规模和贡献程度。绿色产业是指生产过程对环境影响小、行业整体碳排放强度较低的产业。规模以上绿色产业总产值作为正向指标，其数值越大，反映出相应省份在清洁能源、环保工程、可再生能源、节能环保设备制造、循环经济等绿色产业上的规模优势越明显。

2022年，规模以上绿色产业总产值最高的省份是广东，为986944200万元。排名前三的省份分别为广东、江苏、浙江，远高于其他省份。规模以上绿色产业总产值最低的省份是西藏，仅有10807万元（见图2）。全国31个省份规模以上绿色产业总产值的平均值为144800070万元，中位数为95848400万元，标准差为205279502万元，变异系数为1.417675，表明各省份规模以上绿色产业总产值的离散程度较大，地区发展不平衡。从地域分布来看，东部地区的省份排名普遍靠前，西部地区的省份排名普遍靠后。

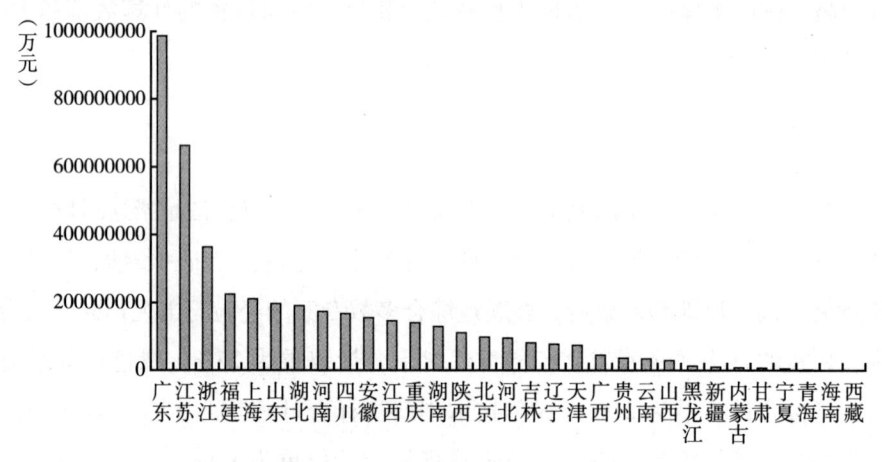

图2　2022年全国31个省份规模以上绿色产业总产值

资料来源：全国31个省份2022年统计年鉴。

2. 规模以上绿色产业总产值占地区工业生产总值的比重

规模以上绿色产业总产值占地区工业生产总值的比重是指在地区的工业部门中，规模以上绿色产业所产生的总价值占地区工业生产总值的比重，可以用来评估该地区工业发展的环保水平和可持续性，反映绿色产业的发展程度及其对经济的贡献程度。规模以上绿色产业总产值占地区工业生产总值的比重是正向指标，数值越高意味着该地区的产业结构绿色化水平越高。

2022年，吉林、广东、重庆和上海四地规模以上绿色产业总产值占地区工业生产总值的比重位于全国前列，均高于50%。新疆、宁夏、山西、甘肃、青海、海南、内蒙古、西藏规模以上绿色产业总产值占地区工业生产总值的比重较低，均低于10%（见图3）。整体来看，东部地区的该指标高于中西部地区。

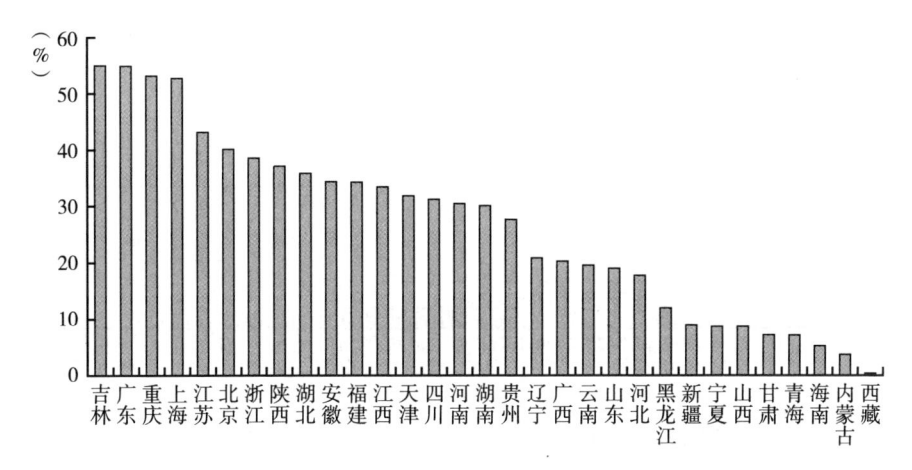

图3　2022年全国31个省份规模以上绿色产业总产值占地区工业生产总值的比重

资料来源：全国31省份2022年统计年鉴。

3.地区上市企业绿色收入

地区上市企业绿色收入是指地区上市企业从其绿色产业活动中所获得的收入。绿色收入是指企业通过生产和销售环保产品或提供环保服务所创造的收入。通过评估地区上市企业绿色收入的增长情况，可以从市场主体的角度衡量该地区的产业绿色化发展水平。地区上市企业绿色收入作为正向指标，强调了上市企业在地区经济发展中所发挥的作用，特别是在推动绿色产业发展和环境保护方面的作用。

2022年，地区上市企业绿色收入最高的省份是北京，为3186.7亿元。

排名前三的省份分别为北京、广东、江苏（见图4）。地区上市企业绿色收入最低的省份是西藏，宁夏、贵州、黑龙江、海南等省份的地区上市企业绿色收入也远低于平均水平。全国31个省份地区上市企业绿色收入的平均值为534.6亿元，中位数为218.1亿元，标准差为763.9亿元，变异系数为1.42885，表明各省份的地区上市企业绿色收入离散程度较大，地区发展不平衡。从地域分布来看，东部地区的省份排名较为靠前，部分中西部地区的省份紧随其后。

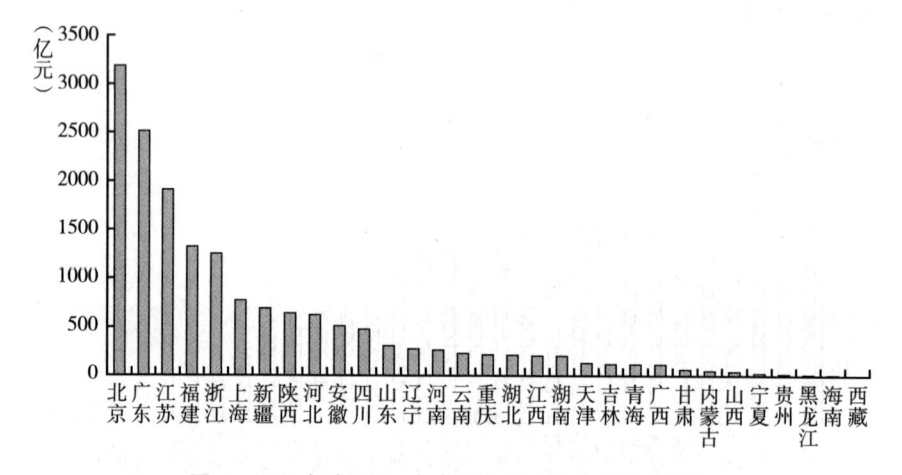

图4 2022年全国31个省份地区上市企业绿色收入

资料来源：中央财经大学绿色金融国际研究院上市公司绿色棕色收入数据库。

4. 地区上市企业绿色收入占地区所有上市企业总收入的比重

地区上市企业绿色收入占地区所有上市企业总收入的比重是指地区上市企业从其绿色产业活动中所获得的收入占其总收入的比重，可以进一步从结构上反映市场主体经济活动的绿色化水平。地区上市企业绿色收入占地区所有上市企业总收入的比重是正向指标，较高的比重表示地区上市企业的绿色产业经营占比较大，积极推动绿色经济发展；而较低的比重则意味着地区上市企业对绿色产业的投入相对较少，还有较大发展空间和提升潜力。

2022年，地区上市企业绿色收入占地区所有上市企业总收入的比重最高的省份是广东，占比近45%（见图5）。排名前三的省份分别为广东、江苏、浙江。地区上市企业绿色收入占地区所有上市企业总收入的比重最低的省份是西藏，全国31个省份上市企业绿色收入占地区所有上市企业总收入的比重的平均值为7.45%，中位数为3.90%，标准差为9.811%，变异系数为1.3165，表明各省份地区上市企业绿色收入占地区所有上市企业总收入的比重的离散程度较大，各地经济对绿色产业的依赖程度差异较大。从地域分布来看，东部地区省份在该项指标上具有明显优势。

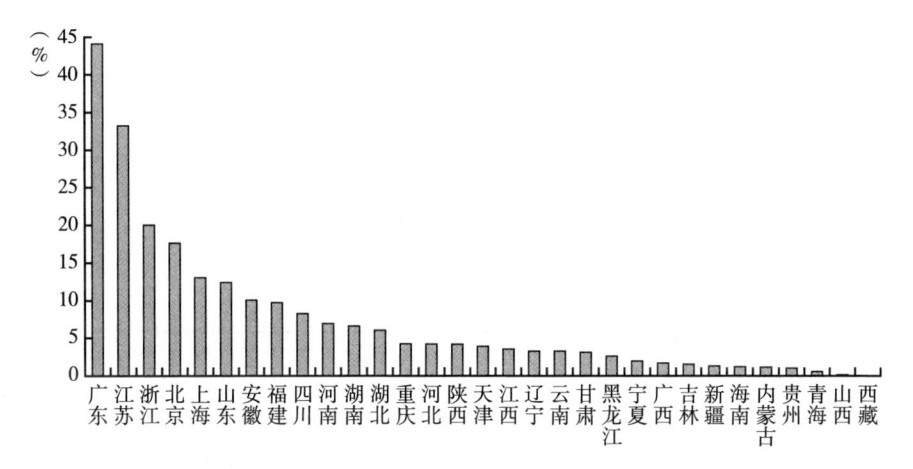

图5　2022年全国31个省份地区上市企业绿色收入占地区所有上市企业总收入的比重

资料来源：中央财经大学绿色金融国际研究院上市公司绿色棕色收入数据库。

（四）绿色产业就业机会分析

1. 规模以上绿色产业平均企业数量

规模以上绿色产业平均企业数量反映在特定时间（通常为一年）内，致力于环境保护、资源高效利用、低碳排放等方面的企业数量。规模以上绿色产业平均企业数量是正向指标，其数值越大，反映开展绿色经济活动的企业规模越大，进而表明地方与绿色产业相关的就业机会越多，绿色产业在地方经济发展中的重要性和贡献程度越大。

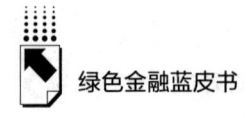

2022年，规模以上绿色产业平均企业数量最多的省份是广东，数量为31698家（见图6）。排名前三的省份分别为广东、江苏、浙江。规模以上绿色产业平均企业数量最少的省份是西藏，数量为7家。全国31个省份的规模以上绿色产业平均企业数量为4793家，中位数为1949家，标准差为7341家，变异系数为1.53，表明数据的离散程度较高。从地域分布来看，东部经济较为发达的省份排名靠前，西藏、青海、新疆等西部省份排名较为落后，规模以上绿色产业平均企业数量均少于500家。

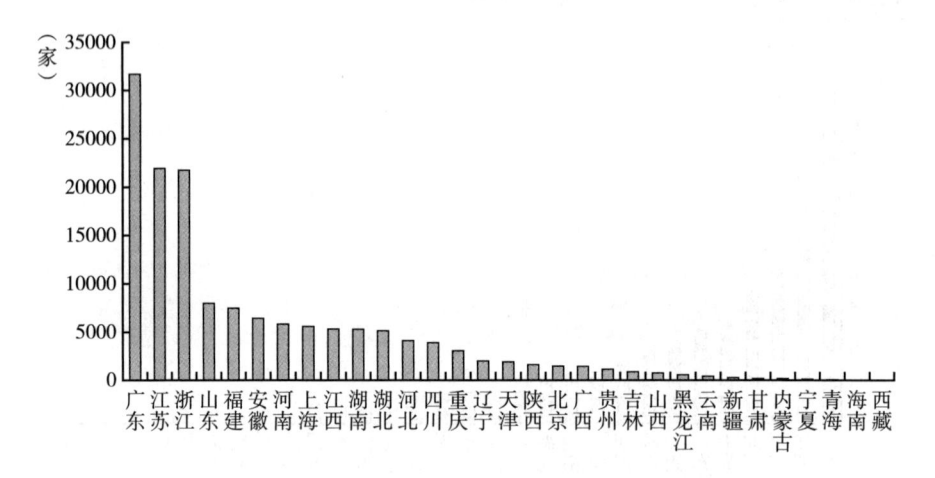

图6 2022年全国31个省份规模以上绿色产业平均企业数量

资料来源：全国31个省份2022年统计年鉴。

2. 规模以上绿色产业平均企业数量占工业企业总数量的比重

如果规模以上绿色产业平均企业数量占工业企业总数量的比重较高，说明绿色产业企业在所有工业企业中的份额相对较大，地方产业绿色化水平较高；如果比重较低，说明地方从事绿色产业的企业数量相对较少，市场主体的绿色化水平有限。

2022年，规模以上绿色产业平均企业数量占工业企业总数量的比重最高的省份是广东，为47.79%（见图7）。排名前三的省份分别为广东、北京、重庆。规模以上绿色产业平均企业数量占工业企业总数量的比重最低的省份是西藏，为4.19%。全国31个省份规模以上绿色产业平均企业数量占工业企业总数量的比重的平均值为23.97%，中位数为24.16%，标准差为14%，变异系数为0.57，表明数据的离散程度中等。从地域分布来看，东部地区的省份该项指标排名普遍靠前，而西部地区的大部分省份则排名靠后。

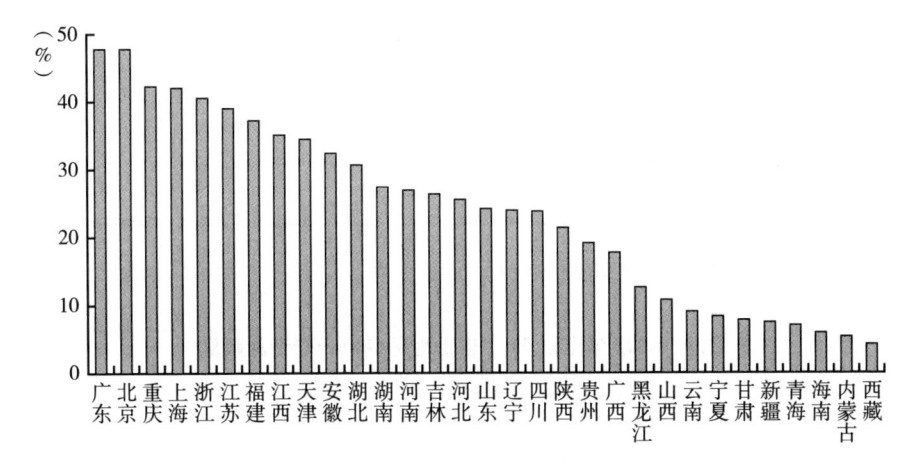

图7　2022年全国31个省份规模以上绿色产业平均企业数量占工业企业总数量的比重

资料来源：全国31个省份2022年统计年鉴。

（五）绿色技术创新分析

地区绿色低碳专利数量是反映绿色技术创新的重要指标。绿色低碳技术包括化石能源降碳技术、节能与能量回收利用技术、清洁能源技术、储能技术和温室气体捕集利用封存技术等，通过绿色低碳技术专利有助于了解各地区在相关领域的创新状况与竞争态势。地区绿色低碳专利数量是正向指标，其数值越大，反映地方绿色低碳技术发展越快或水平越高。

2022年全年，全国地区绿色低碳专利数量累计新增15.52万件。其中，北京数量最多，达到2.33万件；广东紧随其后，为2.12万件（见图8）。

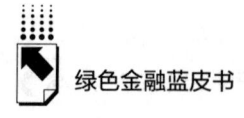

绝大部分绿色低碳专利来自东部经济较发达地区。贵州、甘肃、新疆、内蒙古、宁夏、青海、海南、西藏的数量均不足1000件。

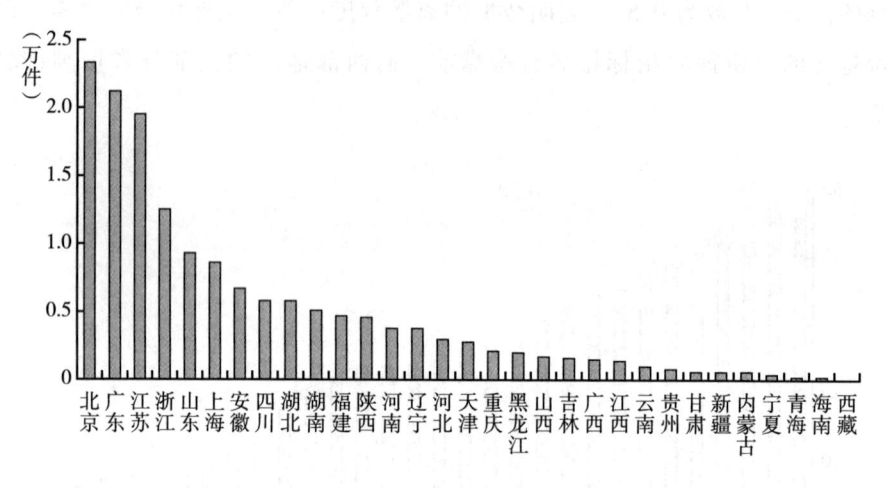

图8　2022年全国31个省份地区绿色低碳专利数量

资料来源：《全球绿色低碳技术专利统计分析报告（2023）》。

（六）资源利用效率分析

1. 能源消费总量

能源消费总量是指地区在一定时期消费的各种能源的总和，主要包括原煤和原油及其制品、天然气、电力等。能源消费总量是负向指标，其数值越大，反映地方发展所需能耗越大。

2022年，陕西能源消费总量达到58259.23万吨标准煤，位列31个省份第一（见图9）。陕西拥有丰富的煤炭资源，煤炭产业发达，煤炭消耗量大。山东以44461.11万吨标准煤的消费量位居第二，山东拥有丰富的煤矿资源，同时还是制造业比较发达的地区，对能源的需求量较大。广东的能源消费总量为36821.42万吨标准煤，位列第三。广东是中国经济最为发达的地区之一，工业、贸易、服务业繁荣，能源消费总量较大。全国31个省份能源消费总量的平均值为18243.57万吨标准煤，中位数为15157.51万吨标准煤，标准差为12739.47万吨标准煤，变异系数为0.70。整体来看，能源消费总量指标与地方产业能源结构及经济体量高度相关。

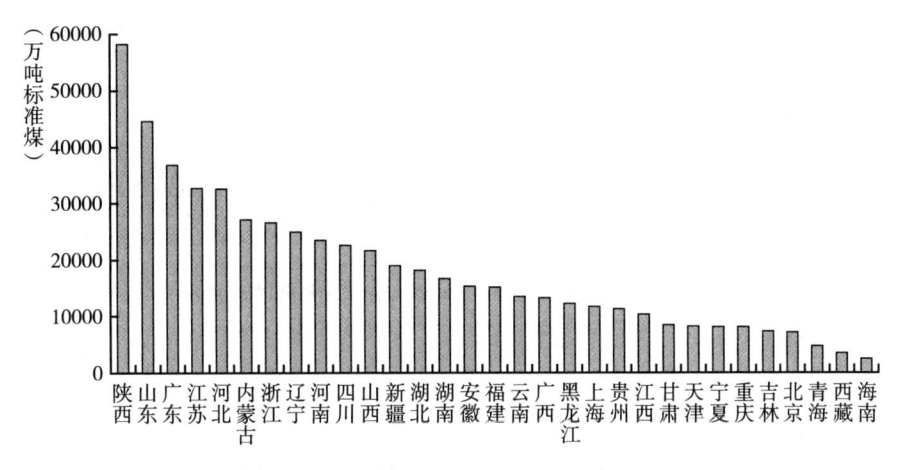

图9　2022年全国31个省份能源消费总量

资料来源：全国31个省份2022年统计年鉴。

2. 单位GDP能源消费

单位GDP能源消费是指单位GDP所需消耗的能源量，可以通过地区的能源消费总量（通常以常用能源单位如煤炭或石油等计量）除以该地区的GDP算出，用于衡量地区经济发展的能源效率。单位GDP能源消费是负向指标，其数值越低，表明经济在产出单位货物或服务时所需消耗的能源越少，即经济发展的能源效率越高。

2022年，单位GDP能源消费最高的省份是陕西，为1.78万吨标准煤/亿元。排名前三的省份分别为陕西、西藏、宁夏（见图10）。全国31个省份单位GDP能源消费的平均值为0.6697万吨标准煤/亿元，中位数为0.5015万吨标准煤/亿元，标准差为0.453万吨标准煤/亿元，变异系数为0.68，表明我国单位GDP能源消费在地区间存在较大差异。整体来看，中西部地区省份的单位GDP能源消费明显高于东部地区省份。

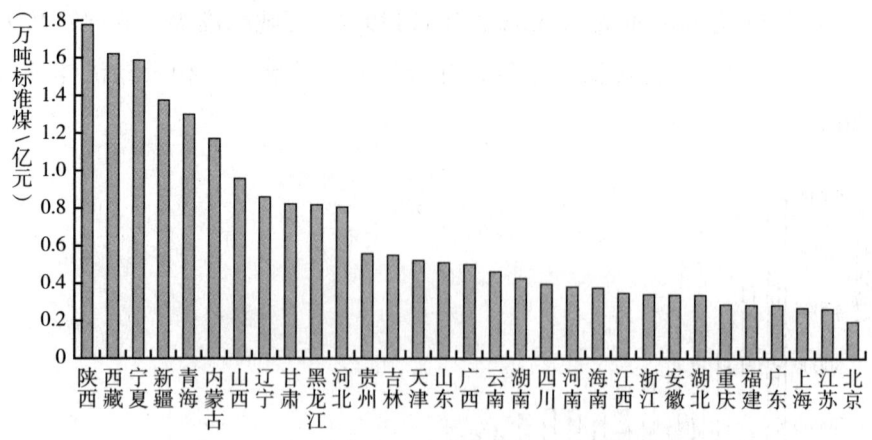

图10　2022年全国31个省份单位GDP能源消费

资料来源：全国31个省份2022年统计年鉴。

3. 用水总量

用水总量可以反映出地区的水资源利用状况、水资源管理能力以及经济和人口发展对水资源的需求程度。用水总量是负向指标，其数值越大，表明地方对水资源的消耗越大。

2022年，用水总量最多的省份是江苏，用水总量为567.6亿立方米（见图11）。江苏作为我国经济较为发达的地区，人口众多，生产生活用水

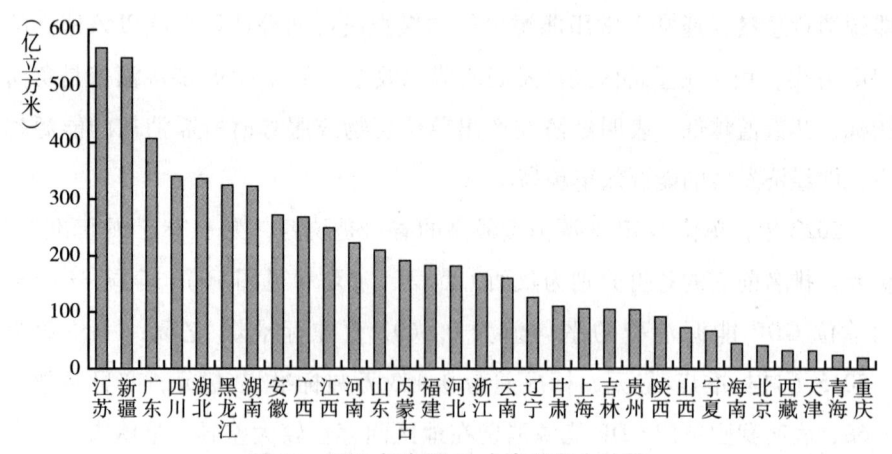

图11　2022年全国31个省份用水总量

资料来源：全国31个省份2022年统计年鉴。

需求量大。新疆由于特殊的地理条件，农业用水量大，用水总量达到549.93亿立方米，仅次于江苏。全国31个省份用水总量的平均值为191.30亿立方米，中位数为167.81亿立方米，标准差为145.88亿立方米，变异系数为0.76。

4. 单位GDP用水总量

单位GDP用水总量是指单位GDP所需的用水量，通过地区的用水总量除以该地区的GDP算出，用于衡量地区的水资源利用效率。单位GDP用水总量是负向指标，较低的单位GDP用水总量表示每增加1单位GDP，经济活动所需的用水量较少，表明该地区经济活动的水资源利用效率较高。

2022年，新疆单位GDP用水总量远高于排名第二的西藏，达到0.0399亿米^3/亿元（见图12）。新疆地区以农业为重要经济支柱，农业用水量较大。同时，新疆地区拥有丰富的矿产资源，许多对水资源有较高需求的工业行业（如石油化工、制造业等）发展较为突出，造成单位GDP用水总量的增加。全国31个省份单位GDP用水总量的平均值为0.0073亿米^3/亿元，中位数为0.0055亿米^3/亿元，标准差为0.0075亿米^3/亿元，变异系数为1.03。整体来看，东部经济水平较高地区的单位GDP用水总量较低，反映出当地产业绿色化的良好发展态势。

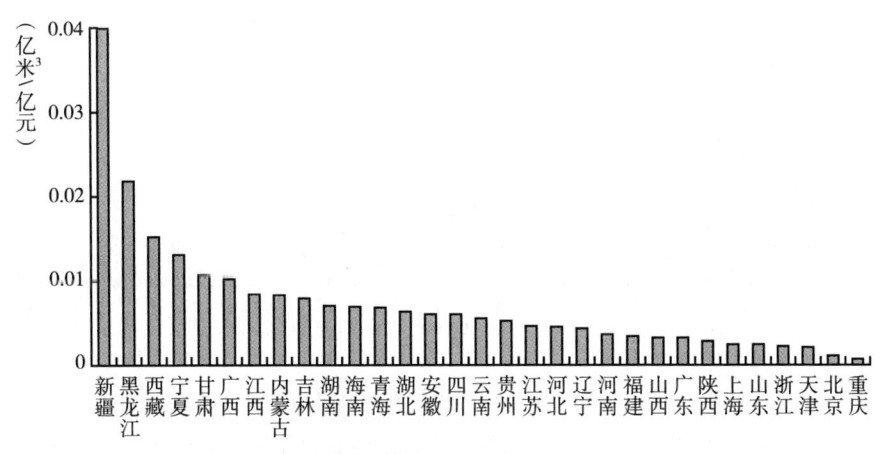

图12 2022年全国31个省份单位GDP用水总量

资料来源：全国31个省份2022年统计年鉴。

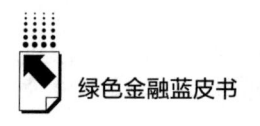

（七）环境影响分析

1. 二氧化碳排放总量

二氧化碳排放总量是指地区在一定时间内所排放的二氧化碳气体的总量，该指标由地区能源消费总量测算而得，可以反映出地区的碳排放水平。通过比较各地区的该项指标，可以反映出地区间存在的能源结构、产业结构和能源利用效率等方面的潜在差异。二氧化碳排放总量是负向指标，其数值越大，反映地方经济活动的环境效益越低，地方产业绿色化水平越需要提高。

2022年，二氧化碳排放总量最高的省份是陕西，为154969.55万吨二氧化碳。排名前三的省份分别为陕西、山东、广东。二氧化碳排放总量最低的省份是海南，为6506.87万吨二氧化碳（见图13）。全国31个省份二氧化碳排放总量的平均值为48527.88万吨二氧化碳，中位数为40318.98万吨二氧化碳，标准差为33886.99万吨二氧化碳，变异系数为0.70，表明数据的离散程度中等。

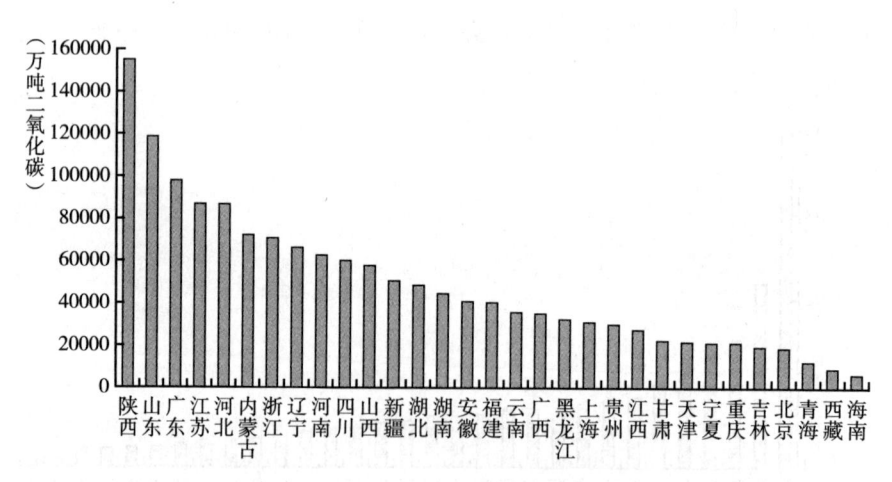

图13 2022年全国31个省份二氧化碳排放总量（估算）

资料来源：中央财经大学绿色金融国际研究院根据全国31个省份2022年统计年鉴测算。

2. 单位GDP二氧化碳排放强度

单位GDP二氧化碳排放强度通过二氧化碳排放总量与GDP总量的比值算出，可以用于衡量单位经济活动的碳排放量，是衡量产业绿色化水平的关键指标。单位GDP二氧化碳排放强度是负向指标，指标的数值较高，表明经济发展过程中使用能源和资源的效率较低、经济活动对环境的压力较大，需要及时改善。

2022年，单位GDP二氧化碳排放强度最高的省份是陕西，为4.73万吨二氧化碳/亿元。排名前三的省份分别为陕西、西藏、宁夏。单位GDP二氧化碳排放强度最低的省份是北京，为0.53万吨二氧化碳/亿元（见图14）。全国31个省份单位GDP二氧化碳排放强度的平均值为1.78万吨二氧化碳/亿元，中位数为1.33万吨二氧化碳/亿元，标准差为1.21万吨二氧化碳/亿元，变异系数为0.68，表明数据的离散程度中等。从地域分布来看，西部省份的排名普遍靠前，而东部省份的排名普遍靠后。

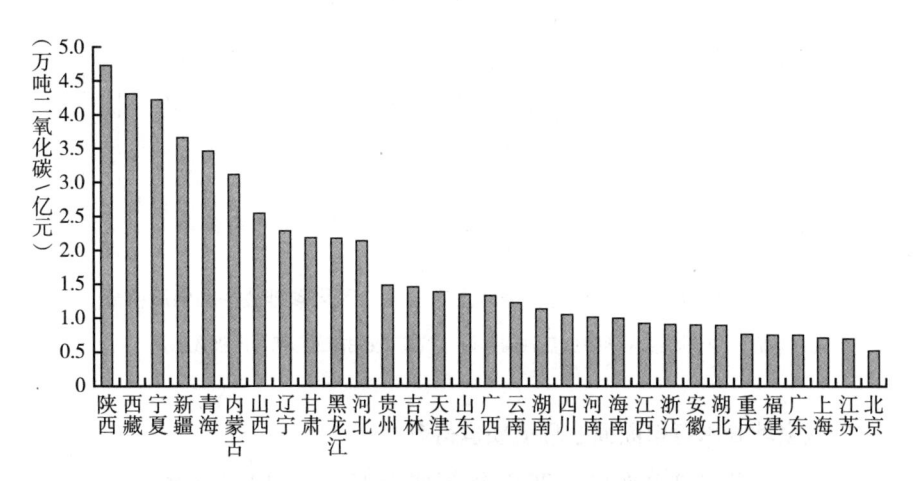

图14　2022年全国31个省份单位GDP二氧化碳排放强度

资料来源：中央财经大学绿色金融国际研究院根据全国31个省份2022年统计年鉴测算。

3. 地区上市企业二氧化碳排放平均强度得分

地区上市企业二氧化碳排放平均强度得分，是对地区上市企业在碳排放强度方面的综合评估得分，数据来源于中央财经大学绿色金融国际研究院企业碳排放测算与评级数据库，可以反映出地区上市企业的二氧化碳排放效率，是对市场主体绿色经营行为的评价指标。作为正向指标，地区上市企业二氧化碳排放平均强度得分越大，表明地区市场主体绿色发展的水平越高。

2022年，地区上市企业二氧化碳排放平均强度得分最高的省份是广东，为60.21分。排名前三的省份分别为广东、北京、福建。地区上市企业二氧化碳排放平均强度得分最低的省份是宁夏，为17.19分（见图15）。全国31个省份地区上市企业二氧化碳排放平均强度得分的平均值为42.76分，中位数为44.73分，标准差为9.81分，变异系数为0.23，表明数据的离散程度较低。

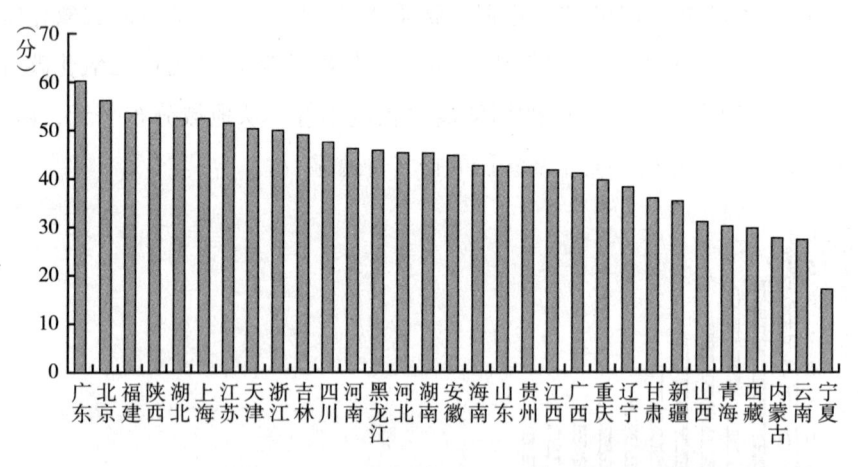

图15　2022年全国31个省份地区上市企业二氧化碳排放平均强度得分

资料来源：中央财经大学绿色金融国际研究院企业碳排放测算与评级数据库。

4. 国家地表水考核断面水环境质量得分

根据生态环境部公布的《2022年第四季度和1～12月全国地表水环境质量状况》数据，统筹考虑某一地区所有下辖城市，国家地表水考核断面水环境质量排名前30的计正分，国家地表水考核断面水环境质量状况排名后30的计负分，其余不计分。国家地表水考核断面水环境质量得分可反映地区地表水的整体状况、污染程度、水生态健康状况以及水资源的可持续利用情况。国家地表水考核断面水环境质量得分作为正向指标，其数值越大，反映相应省份的水环境质量越好，地方经济活动对环境的负面影响越小。

2022年，国家地表水考核断面水环境质量得分最高的省份是广西，为9分。排名前三的省份分别为广西、贵州、湖南。国家地表水考核断面水环境质量得分最低的省份是河南，为-5分（见图16）。全国31个省份国家地表水考核断面水环境质量得分的平均值为0分，中位数为0分，标准差为2.59分。

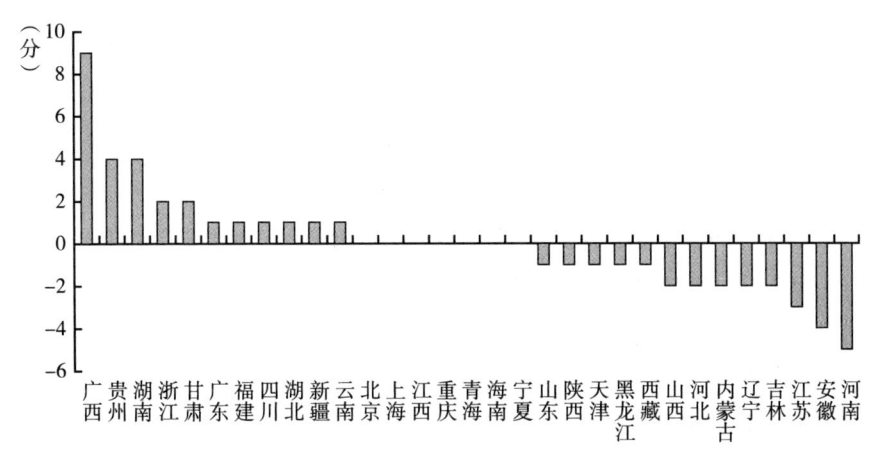

图16　2022年全国31个省份国家地表水考核断面水环境质量得分

资料来源：《2022年第四季度和1~12月全国地表水环境质量状况》。

5. 国家地表水考核断面水环境质量变化得分

根据生态环境部公布的《2022年第四季度和1~12月全国地表水环境质量状况》数据，统筹考虑某一地区所有下辖城市，国家地表水考核断面水环境质量变化排名前30的计正分，国家地表水考核断面水环境质量变化情况排名后30计负分，其余不计分。国家地表水考核断面水环境质量变化得分作为正向指标，其数值越大，反映相应省份的水环境质量变化越大，水环境质量改善成效越明显。

2022年，国家地表水考核断面水环境质量变化得分最高的省份是广东，得分为5分；国家地表水考核断面水环境质量变化得分最低的省份是湖北，为-4分（见图17）。全国31个省份国家地表水考核断面水环境质量变化得分的平均值为0分，中位数为0分，标准差为1.84分。

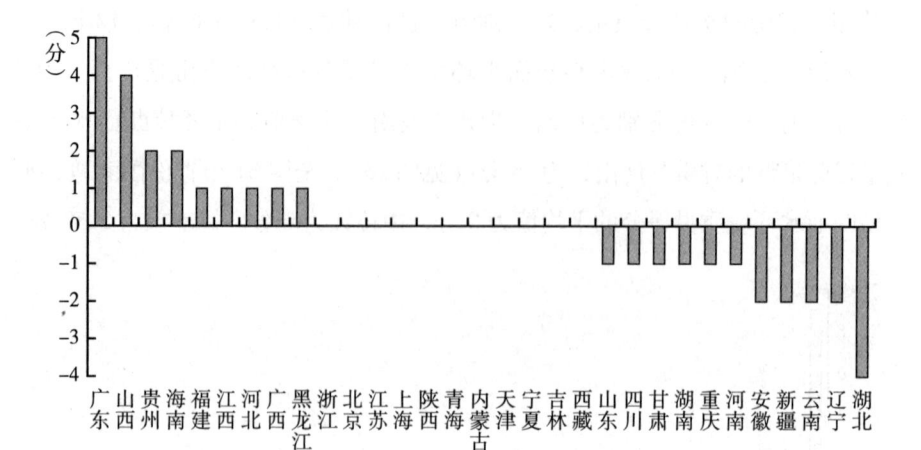

图 17　2022年全国31个省份国家地表水考核断面水环境质量变化得分

资料来源：《2022年第四季度和1~12月全国地表水环境质量状况》。

6.空气质量得分

根据生态环境部公布的《2022年12月和1~12月全国环境空气质量状况》数据，统筹考虑某一地区所有下辖城市，全国空气质量排名前20的计正分，全国空气质量排名后20的计负分，其余不计分。空气质量得分可反映城市空气污染的程度。空气质量得分是正向指标，其数值越大，反映相应省份的空气质量越好，地方产业发展对环境的负面影响越小。

2022年，空气质量得分最高的省份是广东，为5分。排名前三的省份分别为广东、浙江、福建。空气质量得分最低的省份是河南，为-6分（见图18）。全国31个省份空气质量得分的平均值为-0.03分，中位数为0分，标准差为2.14分，变异系数为-66.23，表明数据的离散程度较高，地区间空气质量差异较大。

7.空气质量变化得分

根据生态环境部公布的《2022年12月和1~12月全国环境空气质量状况》数据，统筹考虑某一地区所有下辖城市，全国空气质量变化排名前20的计正分，全国空气质量变化排名后20的计负分，其余不计分。空气质量变化得分可用于反映不同地区在改善空气质量方面的进展。空气质量变化得

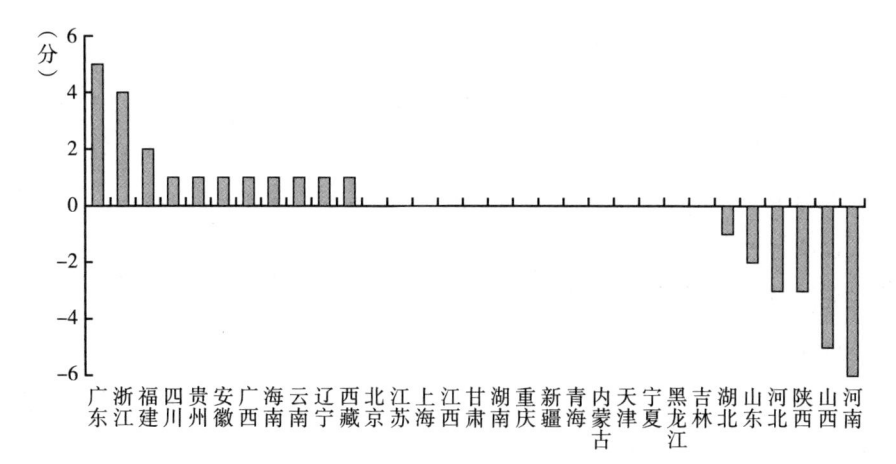

图18 2022年全国31个省份空气质量得分

资料来源：《2022年12月和1~12月全国环境空气质量状况》。

分是正向指标，其数值越大，反映相应省份的空气质量改善程度越高，地方产业绿色化成效越显著。

2022年，空气质量变化得分最高的省份是江苏和河北，均为3分。排名前三的省份分别为江苏、河北、内蒙古。空气质量变化得分最低的省份是河南，为-6分（见图19）。全国31个省份空气质量变化得分的平均值为0分，中位数为0分，标准差为1.75分。

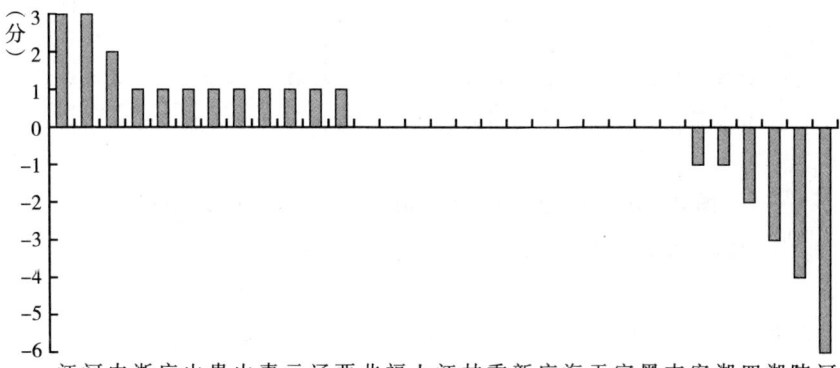

图19 2022年全国31个省份空气质量变化得分

资料来源：《2022年12月和1~12月全国环境空气质量状况》。

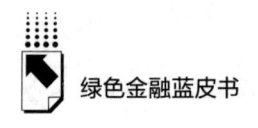

8. 可持续发展

地区上市企业ESG表现得分是对地区上市企业在环境（Environmental）、社会（Social）和公司治理（Governance）三个方面的综合评估得分，数据主要来源于中央财经大学绿色金融国际研究院ESG数据库。地区上市企业ESG表现得分是正向指标，其数值越大，反映相应省份的企业在绿色环保、社会责任履行方面的贡献越大，可持续发展水平越高，当地的绿色产业发展水平越高。

2022年，地区上市企业ESG表现得分最高的省份是重庆，为58分。排名前三的省份分别为重庆、北京、河南。地区上市企业ESG表现得分最低的省份是内蒙古，为35分（见图20）。全国31个省份地区上市企业ESG表现得分的平均值为49分，中位数为50分，标准差为5.3分，变异系数为0.11，表明数据的离散程度较低。

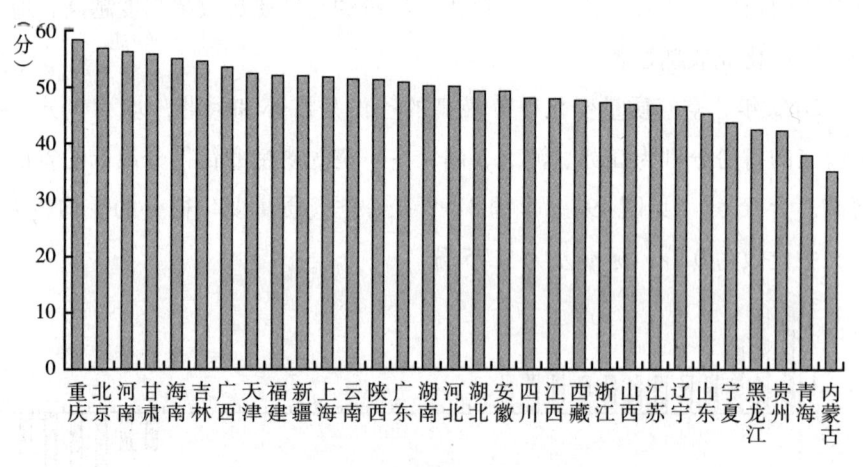

图20　2022年全国31个省份地区上市企业ESG表现得分

资料来源：中央财经大学绿色金融国际研究院ESG数据库。

三　地方产业绿色化发展水平总结

根据2022年全国31个省份的地方产业绿色化发展水平总得分（见

表2），排名前三的省份分别是广东、江苏、北京，排名后三的省份分别是西藏、新疆、内蒙古。地方产业绿色化发展水平呈现东部省份普遍高于中部、西部省份，沿海省份普遍高于内陆省份的特征。全国31个省份的总分排名可分为三个梯队：第一梯队是排名前11的省份，包括广东、江苏、北京、浙江、上海等绿色产业规模较大的省份，处于该梯队的省份规模以上绿色产业总产值、规模以上绿色产业总产值占地区工业生产总值的比重等指标显著高于其余省份；第二梯队是处于中部10位的省份，包括湖北、湖南、河南、四川等省份，该梯队的省份在绿色产业经济贡献、绿色产业就业机会、环境影响等方面的分项指标表现上有强有弱，总体地方产业绿色化发展处于全国中等水平；第三梯队是处于后10位的省份，包括青海、宁夏、黑龙江、山西等省份，这些省份的绿色战略新兴产业与传统重工业间的新旧动能转换仍在推进中，总体地方产业绿色化发展水平较低。

表2 2022年全国31个省份的地方产业绿色化发展水平得分及排名

单位：分

省 份	绿色产业经济贡献	绿色产业就业机会	绿色技术创新	资源利用效率	环境影响	可持续发展	总分
广 东	26.51	27.00	11.83	8.31	9.99	4.74	88.38
江 苏	19.43	20.11	10.88	7.53	7.86	3.51	69.31
北 京	12.48	14.12	13.00	12.57	8.71	6.54	67.42
浙 江	13.93	20.52	6.97	10.29	9.05	3.67	64.43
上 海	14.41	14.09	4.80	11.66	8.43	5.02	58.42
重 庆	12.85	13.09	1.17	12.49	8.20	7.00	54.81
福 建	11.00	13.40	2.62	10.89	9.01	5.09	51.99
安 徽	9.67	11.47	3.74	10.02	6.79	4.27	46.17
吉 林	12.34	7.21	0.89	10.89	7.94	5.85	45.13
天 津	7.63	10.19	1.56	11.81	8.14	5.19	44.51
江 西	8.81	11.83	0.78	10.23	8.37	3.88	43.89
湖 北	9.96	10.37	3.24	9.45	6.38	4.28	43.68
湖 南	8.10	9.42	2.85	9.38	8.07	4.54	42.36
河 南	8.73	9.52	2.12	9.95	4.25	6.35	40.91
四 川	9.04	7.72	3.24	9.08	7.41	3.90	40.37
山 东	6.93	9.58	5.19	8.63	6.21	3.07	39.61

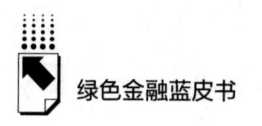

续表

省　份	绿色产业经济贡献	绿色产业就业机会	绿色技术创新	资源利用效率	环境影响	可持续发展	总分
河　北	5.33	8.34	1.67	8.71	6.84	4.54	35.43
广　西	4.78	4.79	0.84	9.48	9.62	5.54	35.06
贵　州	6.10	5.09	0.45	10.87	9.35	2.16	34.01
辽　宁	5.47	6.96	2.12	9.40	6.49	3.45	33.89
陕　西	9.53	6.00	2.57	5.90	2.84	4.88	31.72
云　南	4.67	1.67	0.56	10.58	7.96	4.91	30.34
海　南	1.09	0.53	0.11	11.96	9.01	5.98	28.68
甘　肃	1.70	1.17	0.33	10.00	7.61	6.22	27.03
山　西	2.08	2.35	0.95	9.79	6.90	3.55	25.62
黑龙江	2.69	2.84	1.12	7.59	7.64	2.22	24.10
宁　夏	1.90	1.32	0.22	8.51	6.23	2.59	20.77
青　海	1.53	0.87	0.11	10.06	7.11	0.86	20.55
西　藏	0.00	0.00	0.00	8.74	7.10	3.78	19.62
新　疆	2.43	1.12	0.33	3.22	6.08	5.08	18.26
内蒙古	0.87	0.41	0.33	7.91	6.36	0.00	15.89

B.3 地方绿色金融政策推动评价报告（2023）

万秋旭 张琦彬 吴倩茜*

摘　要： "双碳"目标的提出进一步提升了地方发展绿色金融的积极性，大部分地区均在不同程度上开始推动绿色金融发展，其中形成政策引导是发展绿色金融的基本举措。鉴于当前大部分地区已在政策布局中提出发展绿色金融，部分地区还形成了相对完善的政策体系，本报告在2021年地方绿色金融发展指标体系的基础上，对政策维度相关指标数据的收集、选取进行了完善，更加注重政策的数量、政策间的传导协同、绿色金融细分领域或前沿领域的政策出台情况等，以期从评价政策"有没有"向评价政策"全不全"过渡。总体来看，2022年，全国31个省份绿色金融相关政策的数量和种类均有增长，其中浙江、广东等绿色金融发展较为领先的省份，在政策体系完善程度及政策间协同方面的表现都更为突出。

关键词： 绿色金融　"双碳"　转型金融

---

* 万秋旭，中央财经大学绿色金融国际研究院研究员，研究方向为地方绿色金融、绿色产业、绿色金融工具；张琦彬，中央财经大学绿色金融国际研究院研究员，研究方向为绿色产业、绿色金融工具、能源金融；吴倩茜，中央财经大学绿色金融国际研究院研究员，研究方向为地方绿色金融、生态产品价值实现、绿色产业。

一 省级绿色金融政策推动情况

（一）省级绿色金融综合类政策引领

1. 推动绿色金融发展的顶层设计

（1）省级绿色金融综合性指导文件发布

综合性指导文件是指导地区绿色金融发展的纲领性文件，通常从顶层设计角度对绿色经济发展、绿色金融体系构建提出方向性指导。省级绿色金融综合性指导文件体现了未来全省全领域的战略目标与发展方向，是对中长期绿色金融发展工作的整体部署，也直接体现地方政府对绿色金融的重视程度。在2022年统计周期内①，全国31个省份累计已发布省级绿色金融综合性指导文件（包括与绿色金融直接相关的综合性指导文件，以及涉及绿色金融的绿色发展综合性指导文件）97项（见图1）。

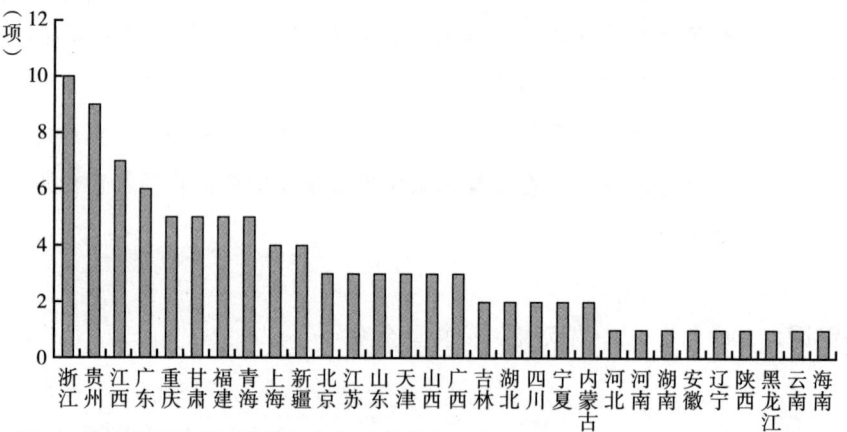

图1 截至2022年末全国31个省份累计发布省级绿色金融综合性指导文件数量

注：图题中"31个省份"是指统计范围为全国31个省份，西藏未发布省级绿色金融综合性指导文件，故图中未绘制，后文同此。

资料来源：中央财经大学绿色金融国际研究院整理。

---

① 本报告所有数据收集时间均截至2022年12月31日，未特别标明收集起止时间的数据即为对既往存量数据均做收集。

从发布数量来看，国家级绿色金融改革创新试验区（简称"国家级绿金改试验区"）所在省份发布的省级绿色金融综合性政策数量位居前列。其中，浙江以总计10项的数量居于首位，贵州、江西、广东分别以9项、7项和6项政策位列其后。重庆、甘肃、福建和青海以同样5项政策并列，其中福建和青海虽不属于国家级绿金改试验区，但福建自行设立省级绿金改试验区并开展诸多实践，而青海则基于其生态功能区的重要作用也较早推动了绿色金融政策制定。整体来看，目前全国31个省份中只有西藏尚未发布省级层面绿色金融综合性指导文件，绿色金融理念的宣传及工作方向的部署已在全国基本实现全面覆盖。

从发布时间来看，在2016年《关于构建绿色金融体系的指导意见》发布前，绿色金融综合性指导文件的发布较为零散（见图2）。最早发布的绿色金融综合性指导文件是青海于2010年发布的《关于支持绿色金融发展的实施意见》。此后贵州于2015年印发《绿色贵州建设三年行动计划（2015~2017年）》，提出加大绿色投入。2016年，在生态文明与绿色金融体系建设的总体战略引导下，陆续有省份发布涉及绿色金融的政策。2017年，随着国家选定部分地区设立国家级绿金改试验区，全国省级绿色金融综合性指导文件也迎来首个发布高峰，年度累计发布政策达19项，其中12项由首批五

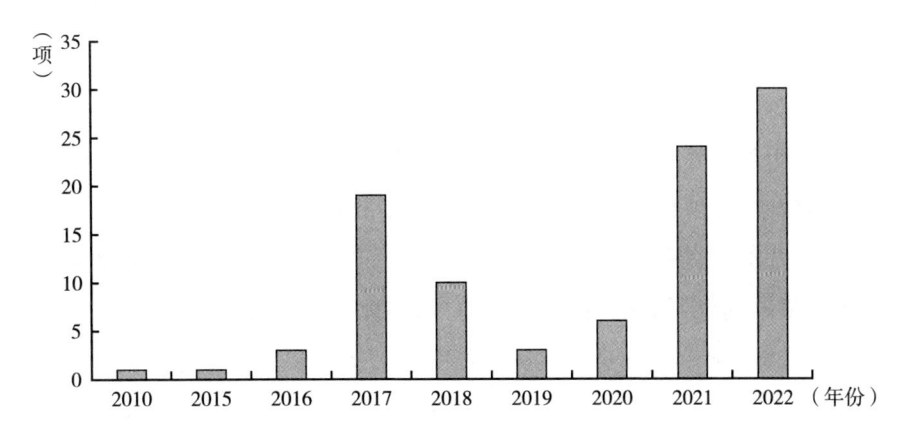

图2 2010~2022年全国省级绿色金融综合性指导文件发布情况

资料来源：中央财经大学绿色金融国际研究院整理。

省八地国家级绿金改试验区发布，北京、天津、重庆、山西、福建、内蒙古也于当年发布相关指导政策。此后各年间省级绿色金融综合性政策的发布未间断。2020年9月"双碳"目标的正式提出为绿色金融工作的普及推广提供深层动能，直接表现在2021年绿色金融综合性政策数量快速增长并达到24项。而基于绿色金融"三大功能""五大支柱"发展思路的确立，以及绿色金融体系逐步转向深化完善的现实情况，2022年绿色金融综合性政策延续增长趋势，向全国更大范围的省份普及。部分已出台政策的省份如贵州、福建也基于经济发展需求与阶段的变化对绿色金融综合性文件做出完善升级，总体来看，2022年全国累计发布绿色金融综合性政策数量达30项。

从具体内容来看，绿色金融指导性文件多立足当地的经济特色、市场特点、需求特征等，体现出其绿色金融发展的重点方向。如《江西省绿色金融发展规划（2022~2025年）》提出加快绿色金融改革创新，构建具有江西特色的绿色金融体系，支持和促进江西省生态文明建设和经济社会可持续发展。山东立足工业基地与北方经济战略支点的定位，注重深化新旧动能转化，推动地方经济绿色、低碳、高质量发展。山西立足资源型省份的实际情况，探索运用金融手段高质量推进地区可持续发展。

（2）省级"双碳"总体方案及目标路径

自2020年9月习近平总书记在第七十五届联合国大会一般性辩论上提出中国"碳达峰""碳中和"的目标以来，在《2030年前碳达峰行动方案》和《中共中央国务院关于完整准确全面贯彻新发展理念做好碳达峰碳中和工作的意见》两项行动方案的指引下，各省份围绕地方发展现状和产业结构布局先后发布具备地方特色的"双碳"综合性指导文件，为地方落实"双碳"战略提供明确的目标与路径。从整体来看，截至2022年12月底，全国已有29个省份发布省级"碳达峰"或"碳中和"总体方案，三个绿色金融梯队[①]间的表现差异较小（见图3）。

---

① 本报告中绿色金融三个梯队的省份划分与B1地方绿色金融发展指数排名中的三大梯队一致。

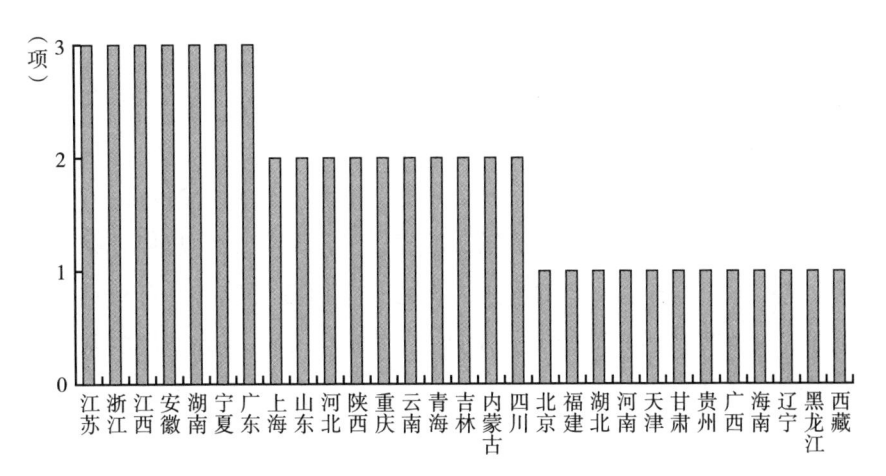

图3 截至2022年末全国31个省份发布省级"碳达峰""碳中和"总体方案的数量

注：重庆、四川两地联合发布《成渝地区双城经济圈碳达峰碳中和联合行动方案》。
资料来源：中央财经大学绿色金融国际研究院整理。

从发布时间来看，自2020年"双碳"目标宣布以来，中国正式进入"双碳"元年，由此带动了地方聚焦"双碳"目标的政策部署，多数省份的"双碳"规划类文件在2021年6月至2022年12月紧密出台（见图4）。较

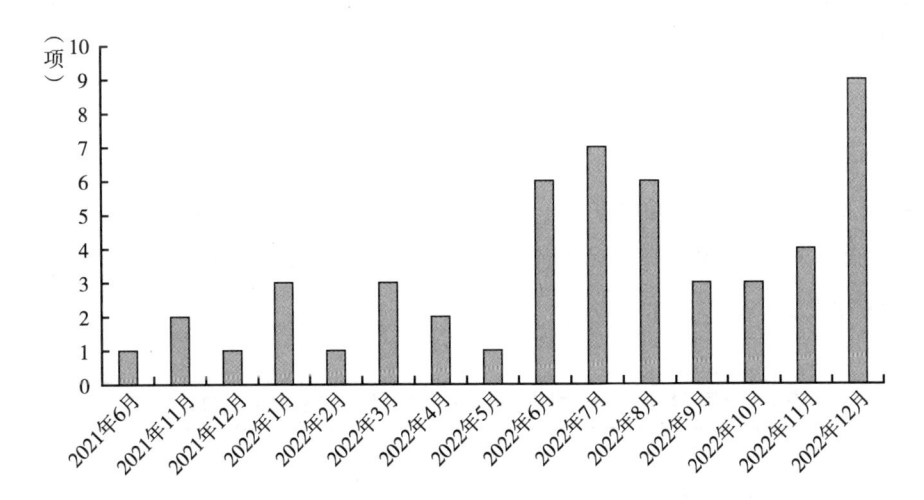

图4 全国31个省份发布省级"碳达峰""碳中和"总体方案的时间

资料来源：中央财经大学绿色金融国际研究院整理。

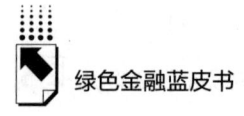

早发布的省级"碳达峰""碳中和"顶层设计文件可追溯至2021年6月浙江省发布的《浙江省碳达峰碳中和科技创新行动方案》，该文件是全国较早出台的科技创新支持"双碳"目标的方案。随后，各省份陆续发布"碳达峰""碳中和"实施方案，并于2022年末基本实现各地区全覆盖。

从政策类型来看，各省份已发布的省级"双碳"目标总体方案主要有以下两类：基于国务院发布的相关工作意见，由各省份结合自身具体情况设置的"双碳"目标和路线图；在自身"双碳"目标及路线图的基础上进一步延伸，以"碳达峰"为主要目标部署阶段性工作（见表1）。例如，宁夏从自治区层面对"双碳"工作做出系统谋划与全面部署，在2022年1月发布的《关于完整准确全面贯彻新发展理念做好碳达峰碳中和工作的实施意见》中明确提出2025年、2030年和2060年"三个阶段"和41条措施。而在之后10月发布的《宁夏回族自治区碳达峰实施方案》中，针对2025年和2030年两个关键节点，宁夏政府做出进一步细化，重点实施工业"碳达峰"、城乡建设低碳发展、交通运输低碳转型、生态碳汇建设等"十大行动"，保障"十五五"期间自治区如期完成"碳达峰"任务。部分省份因对"双碳"规划的起步时间较早，政策层层递进，配套设施日渐完善。例如，浙江出台《浙江省财政厅关于支持碳达峰碳中和工作的实施意见》《浙江省碳达峰碳中和科技创新行动方案》，从财政激励、科技创新两个维度保障"双碳"工作顺利推进。同时，"双碳"目标的落实与区域协同发展战略的联系更加紧密，如重庆、四川联合出台《成渝地区双城经济圈碳达峰碳中和联合行动方案》，有效探索跨区域"双碳"行动与部门协同方式。

表1 全国31个省份已发布的省级"碳达峰""碳中和"总体方案

省份	文件名称
北京	《北京市碳达峰实施方案》
上海	《关于印发上海市2022年碳达峰碳中和及节能减排重点工作安排的通知》 《上海市碳达峰实施方案》

续表

省份	文件名称
广东	《广东省碳达峰实施方案》
	《广东省人民政府办公厅关于印发广东省发展绿色金融支持碳达峰行动实施方案的通知》
	《关于完整准确全面贯彻新发展理念推进碳达峰碳中和工作的实施意见》
江苏	《关于推动高质量发展做好碳达峰碳中和工作实施意见》
	《江苏省碳达峰碳中和科技创新专项资金管理办法(暂行)》
	《江苏省碳达峰实施方案》
浙江	《浙江省碳达峰碳中和科技创新行动方案》
	《关于完整准确全面贯彻新发展理念做好碳达峰碳中和工作的实施意见》
	《浙江省财政厅关于支持碳达峰碳中和工作的实施意见》
江西	《关于支持和保障碳达峰碳中和工作促进江西绿色转型发展的决定》
	《中共江西省委江西省人民政府关于完整准确全面贯彻新发展理念做好碳达峰碳中和工作的实施意见》
	《江西省碳达峰实施方案》
福建	《关于完整准确全面贯彻新发展理念做好碳达峰碳中和工作的实施意见》
安徽	《中共安徽省委安徽省人民政府关于完整准确全面贯彻新发展理念做好碳达峰碳中和工作的实施意见》
	《安徽省碳达峰实施方案》
	《安徽省科技支撑碳达峰碳中和实施方案(2022~2030年)》
湖南	《中共湖南省委湖南省人民政府关于完整准确全面贯彻新发展理念做好碳达峰碳中和工作的实施意见》
	《湖南省碳达峰实施方案》
	《湖南省科技支撑碳达峰碳中和实施方案(2022~2030年)》
湖北	《湖北省碳达峰碳中和科技创新行动方案》
河南	《河南省碳达峰试点建设实施方案》
天津	《天津市碳达峰实施方案》
山东	《山东省碳达峰实施方案》
	《贯彻落实〈中共中央国务院关于完整准确全面贯彻新发展理念做好碳达峰碳中和工作的意见〉的若干措施》
河北	《关于完整准确全面贯彻新发展理念认真做好碳达峰碳中和工作的实施意见》
	《河北省碳达峰实施方案》
陕西	《陕西省碳达峰实施方案》
	《关于完整准确全面贯彻新发展理念做好碳达峰碳中和工作的实施意见》
甘肃	《关于完整准确全面贯彻新发展理念做好碳达峰碳中和工作的实施意见》

续表

省份	文件名称
重庆	《成渝地区双城经济圈碳达峰碳中和联合行动方案》
	《关于完整准确全面贯彻新发展理念做好碳达峰碳中和工作的实施意见》
四川	《关于完整准确全面贯彻新发展理念做好碳达峰碳中和工作的实施意见》
	《成渝地区双城经济圈碳达峰碳中和联合行动方案》
贵州	《贵州省碳达峰实施方案》
云南	《关于印发云南省碳达峰实施方案的通知》
	《中共云南省委云南省人民政府关于完整准确全面贯彻新发展理念做好碳达峰碳中和工作的实施意见》
广西	《广西壮族自治区碳达峰实施方案》
海南	《海南省碳达峰实施方案》
青海	《关于完整准确全面贯彻新发展理念做好碳达峰碳中和工作的意见》
	《青海省碳达峰实施方案》
宁夏	《宁夏碳达峰碳中和科技支撑行动方案》
	《关于完整准确全面贯彻新发展理念做好碳达峰碳中和工作的实施意见》
	《宁夏回族自治区碳达峰实施方案》
辽宁	《辽宁省碳达峰实施方案》
吉林	《中共吉林省委吉林省人民政府关于完整准确全面贯彻新发展理念做好碳达峰碳中和工作的实施意见》
	《吉林省碳达峰实施方案》
黑龙江	《黑龙江省碳达峰实施方案》
内蒙古	《内蒙古自治区党委自治区人民政府关于完整准确全面贯彻新发展理念做好碳达峰碳中和工作的实施意见》
	《内蒙古自治区碳达峰实施方案》
西藏	《西藏自治区碳达峰行动实施方案》

资料来源：中央财经大学绿色金融国际研究院整理。

2. 绿色金融政策的联动

（1）跨部门协同推进情况

绿色金融工作牵涉领域众多，仅依靠金融主管部门进行政策引导与支持效果有限。而省级金融主管部门与其他部门形成政策联动一方面反映了绿色金融在不同领域的普及与应用程度，另一方面也展现出地方政府协同机制的实践情况，是了解地方未来绿色金融发展潜力的窗口。

从整体来看，除甘肃、吉林、黑龙江、内蒙古和西藏外，其余26个省份均已发布由省级金融主管部门与其他部门联合形成的绿色金融相关政策文件（见表2）。其中，第一梯队与第二梯队表现良好，第一梯队中除甘肃外均发布了绿色金融联合政策；第二梯队全部省份均已出台了绿色金融联合政策；第三梯队的表现仍有待提升，目前仅天津、云南、海南、辽宁、宁夏和青海发布了相关联合文件。

表2 全国已发布绿色金融联合政策的省份

梯队	省份
第一梯队	北京、上海、广东、江苏、山东、江西、浙江、福建、四川、贵州
第二梯队	河北、河南、安徽、重庆、湖北、山西、陕西、广西、新疆、湖南
第三梯队	天津、云南、海南、辽宁、宁夏、青海

资料来源：中央财经大学绿色金融国际研究院。

从联动方式来看，主要可分为跨部门合作与跨区域合作。其中，多数省份以省内跨部门合作出台绿色金融相关文件以推动具体工作落实为主，部分特定区域（如京津冀、长三角、粤港澳、川渝地区）在跨区域绿色金融合作方面达成共识并共同发布多项指导性文件。

从联动对象来看，除了金融监管局外，省（区、市）发改委、财政厅、中国人民银行地方分行、地方银保监局、外汇局地方分局，以及包括工信厅、生态环境厅、自然资源厅、农业农村厅、科技厅、住建厅、交通运输厅等在内的具体职能部门均是绿色金融政策联动的重要部门（见表3）。

表3 全国部分省份省级金融主管部门与其他部门联动情况

省份	联动部门
北京	北京市发改委、北京市经信局、北京市财政局、北京市生态环境局、中国人民银行营业管理部、北京银保监局、北京证监局 天津银保监局、河北银保监局
江苏	中国人民银行南京分行、江苏银保监局、江苏证监局、江苏省发改委、江苏省科技厅、江苏省工信厅、江苏省财政厅、江苏省自然资源厅、江苏省生态环境厅、江苏省住建厅、江苏省水利厅、江苏省农业农村厅 上海银保监局、浙江银保监局

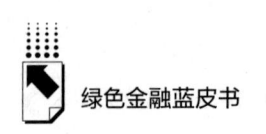

续表

省份	联动部门
广东	广东省推进粤港澳大湾区建设领导小组
浙江	浙江银保监局、浙江省经信厅、浙江省生态环境厅、浙江省住建厅、中国人民银行杭州中心支行 上海银保监局、江苏银保监局
山东	中国人民银行济南分行、山东省生态环境厅、山东省财政厅、山东省地方金融监管局、山东省银保监局、山东省科技厅、山东省发改委、山东省工信厅、山东省自然资源厅、山东省住建厅、山东省交通运输厅、山东省农业农村厅、山东省能源局
上海	上海银保监局、上海市发改委、上海市经信委、上海市科技委、上海市交通委、上海市住建委、上海市生态环境局、上海市地方金融监管局 江苏银保监局、浙江银保监局
河北	河北省地方金融监管局、中国人民银行石家庄中心支行、河北银保监局 天津银保监局、北京银保监局
河南	河南省发改委、河南省工信厅、河南省生态环境厅、中国人民银行郑州中心支行、河南银保监局
安徽	中国人民银行合肥中心支行、安徽省财政厅、安徽省发改委、安徽省生态环境厅、安徽银保监局、安徽证监局
天津	河北银保监局、北京银保监局
重庆	中国人民银行重庆营业管理部、重庆市发改委 中国人民银行成都分行、外汇局四川分局
江西	江西省生态环境厅、江西省发改委、江西省工信厅、江西省住建厅、江西省交通运输厅、江西省农业农村厅、江西省能源局
湖北	湖北省生态环境厅、湖北省发改委、湖北省经信厅、湖北省住建厅、湖北省交通运输厅、湖北省农业农村厅、湖北省能源局
福建	福建省金融监管局、福建省银保监局、中国人民银行福州中心支行、福建省住建厅、福建省市场监管局、福建省绿色金融改革试验工作领导小组
四川	中国人民银行成都分行、四川省财政厅、四川银保监局、四川证监局、外汇局四川分局 中国人民银行重庆营管部、外汇局重庆外管部
山西	中国人民银行太原中心支行、山西省发改委、山西省能源局、山西省国有资本运营公司
陕西	陕西银保监局、陕西证监局、陕西省发改委、陕西省财政厅、陕西省生态环境厅
辽宁	中国人民银行沈阳分行、辽宁省发改委、辽宁省工信厅、辽宁省财政厅
青海	中国人民银行西宁中心支行、青海省金融办、青海银保监局
贵州	贵州省绿色金融创新发展工作领导小组办公室
云南	云南省发改委、云南省财政厅
宁夏	自治区生态环境厅、中国人民银行银川中心支行

续表

省份	联动部门
海南	中国人民银行海口中心支行、外汇局海南分局、海南银保监局、海南证监局、海南省财政厅、海南省农业农村厅、海南省乡村振兴局
新疆	自治区发改委、自治区工信厅、中国人民银行乌鲁木齐中心支行
广西	自治区发改委、自治区财政厅、自治区生态环境厅、中国人民银行南宁中心支行、广西银保监局、广西证监局

资料来源：中央财经大学绿色金融国际研究院整理。

从联动发布政策的主要方向来看，大致可分为绿色金融体系建设，以及绿色金融支持产业转型、生态环境保护、具体污染防治等。其中，与发改部门的联动主要体现在集中协调方面，推动各部门根据目标制订具体工作计划，保证合作的有效性；与具体职能部门的合作主要集中于产业发展、环境保护、城乡规划等方面，有效实现绿色金融服务实体经济、服务环境保护的目标；金融主管部门之间的联动则更加关注绿色金融体系建设和产品服务创新指导。

（2）省级绿色金融相关主题工作会议

政府专题会议是地方政府贯彻绿色金融政策、部署绿色金融工作的重要手段，通过协调各方政策并优化资源配置，可有效提高决策效率和科学性，推动具体工作的落实和执行。从2022年绿色金融相关的会议主题来看，各省份高度重视绿色金融发展。

根据政府公开的数据查询结果来看，2022年，全国31个省份累计召开绿色金融相关政府专题会议96次（见图5）。其中，内蒙古全年共召开11次绿色金融相关政府专题会议，数量位居全国第一。

（3）省级政金企绿色金融战略合作

省级政金企绿色金融战略合作是指省级政府相关部门与金融机构、企业等市场主体签署绿色金融相关战略合作协议[1]，可在一定程度上反映地方政府对绿色金融发展的重视程度，有助于推动绿色金融相关政策的部署及落地。

---

[1] 对于该项指标，主要收录在政府公开宣传渠道可查询到的绿色金融战略合作。

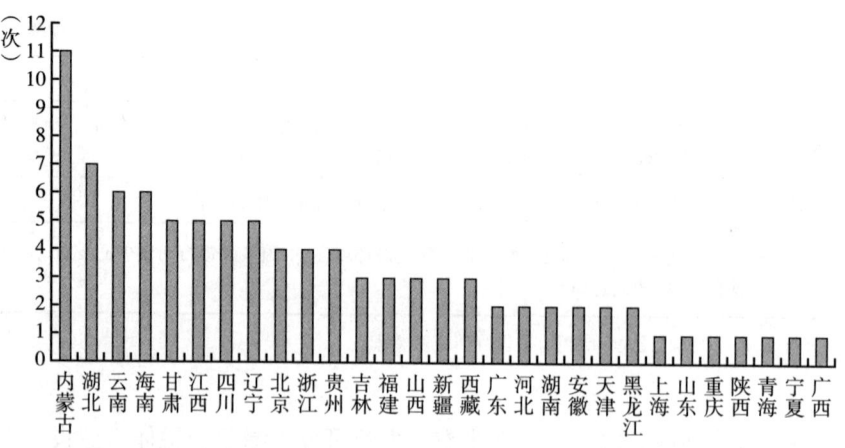

图5 2022年全国31个省份绿色金融相关政府专题会议召开次数

资料来源：中央财经大学绿色金融国际研究院整理。

从整体开展情况来看，截至2022年底，全国已有18个省份围绕绿色金融与市场主体达成战略合作。其中，国家级绿金改试验区均已在省级层面达成绿色金融战略合作，为其他地区落实绿色金融投融资活动、完善配套设施提供了示范。

从梯队分布来看，积极推动绿色金融战略合作的地区通常绿色金融总体发展水平也较为突出（见表4）。第一梯队省份在绿色金融战略合作方面表现突出，已有8个省份达成绿色金融相关战略合作；第二梯队中公开绿色金融战略合作的省份较少，除重庆和新疆两个国家级绿金改试验区所在省份外，仅陕西签署了绿色金融相关合作协议；第三梯队的表现比第二梯队活跃，共7个省份达成了绿色金融战略合作。

表4 截至2022年末已公开达成绿色金融相关战略合作的省份梯队分布

梯队	省份
第一梯队	广东、山东、浙江、甘肃、江西、江苏、四川、贵州
第二梯队	重庆、陕西、新疆
第三梯队	天津、黑龙江、云南、海南、宁夏、内蒙古、青海

资料来源：中央财经大学绿色金融国际研究院整理。

从合作内容来看，各省份在绿色金融战略合作中普遍关注的主题包括乡村振兴、科技赋能、基础设施建设等。一方面，这与国家推进的战略工程关联较大；另一方面，这也符合绿色金融体系逐步向多元化领域延伸的总体趋势。总体来看，政金企战略合作的方向具备较为鲜明的地域特点，如广东省将"粤港澳大湾区建设"列入战略合作框架，重庆、四川、云南等西南省份均在战略合作中提及"打造西部金融中心"的目标，甘肃、青海、宁夏、新疆等生态脆弱地区将"生态修复与保护"作为绿色金融的合作重点，山东、天津等工业城市将"新旧动能转换""制造业高质量发展"列入绿色可持续合作方向。值得关注的是，"绿色教育培训"等新兴议题也正在成为绿色金融合作的新方向。

从合作方来看，各省份合作方包括商业银行、政策性银行、保险公司、行业协会、高校、企业等，其中银行是最主要的合作签署方（见表5）。同时，部分省份围绕科技保险、农业保险创新等思路，先后与国有保险机构达成战略协议，共同推动基于产业可持续发展的保险产品创新。

表5 截至2022年末全国部分省份既有与绿色金融相关的战略合作内容梳理

省份	战略合作主题	合作方
广东	粤港澳大湾区建设、科技保险	银行、保险公司
山东	乡村振兴、新旧动能转换	银行
浙江	"一带一路"、绿色智造融通、乡村振兴	银行
天津	乡村振兴、绿色低碳发展、制造业高质量发展	银行
重庆	绿色投融资、绿色产业发展、西部金融中心建设	银行
甘肃	小微企业发展、科技创新、绿色生态产业发展	银行、保险公司
江西	财税金改、科研合作、绿色物流仓储、基础设施建设、生态环境保护	高校、企业、银行
江苏	节能增效、能源转型、城乡建设	银行
四川	小微企业发展、西部金融中心建设	银行
陕西	林业建设	企业、银行
黑龙江	农业保险、乡村振兴、绿色产业投融资	保险公司、企业
青海	生态环境保护、清洁能源产业、绿色食品产业	银行、保险公司

续表

省份	战略合作主题	合作方
贵州	绿色金融产品服务、水资源利用与保护、生态旅游、绿色出行	银行
云南	水质修复、生态保护、区域性金融中心建设	银行
海南	小微企业、乡村振兴、基础设施建设、绿色教育培训	银行、保险公司、行业协会
宁夏	生态保护、绿色优势产业发展	银行
内蒙古	绿色产业基金、基地建设、绿色产业发展、现代能源、新型城镇化	银行
新疆	特色产业发展、生态保护、新型农业	银行

资料来源：中央财经大学绿色金融国际研究院整理。

3. 绿色金融政策的延伸

（1）转型金融

转型金融自2019年在国际社会被提出以来，受"双碳"目标工作部署与行业转型实际需求的影响，正逐步成为我国各地重视的新兴议题。其将引导更多融资资金与绿色金融形成互补，共同支持各行业有序转型与升级。2022年《G20转型金融框架》的发布也为我国从国家层面到地方层面推进转型金融体系的建设实践提供了参考。

从转型金融相关政策发布情况来看，截至2022年末，全国已有17个省份发布转型金融相关政策文件共22项并开展工作部署（见表6），不过其中仅少数直接提及"转型金融"关键词，多数省份则从金融支持行业转型、加大转型类金融工具运用等角度间接推动转型金融的前期布局。

表6 截至2022年末全国31个省份发布转型金融相关政策的情况

梯队分布	发布省份	发布数量（项）
第一梯队	北京、广东、江苏、山东、浙江、甘肃、江西	9
第二梯队	河北、河南、湖南、湖北、山西、广西	9
第三梯队	天津、辽宁、云南、内蒙古	4

资料来源：中央财经大学绿色金融国际研究院整理。

从发布地区来看，第一梯队已有 7 个省份发布 9 项与转型金融直接或间接相关的政策，与第一梯队绿色金融发展水平领先、已先行进入绿色金融体系建设深化阶段、率先探索绿色金融内涵延伸以释放更多绿色发展动能的情况相符。第二梯队共有 6 个省份发布转型金融相关政策，发布省份中多数以传统棕色产业为经济支柱，在"双碳"目标下对转型金融需求强烈，故其发布政策数量与第一梯队持平。第三梯队有 4 个省份发布转型金融相关政策。

从发布时间来看，22 项转型金融相关政策均在 2020～2022 年期间发布（见表 7）。山西省于 2020 年发布《金融机构支持山西资源型经济转型发展实施意见》，其中虽未直接提及"转型金融"概念，但已涉及转型金融相关理念。2021 年共计发布政策 3 项，分别由北京、江苏和广西发布。2022 年发布政策 18 项，与各地"双碳"路线图与产业转型升级规划出台、绿色金融体系深化延伸的趋势基本符合。

表 7 截至 2022 年末全国既有转型金融相关政策梳理

省份	转型金融相关政策名称	发布年份
北京	《金融支持北京市制造业转型升级的指导意见》	2021
广东	《关于印发广东省发展绿色金融支持碳达峰行动实施方案的通知》	2022
江苏	《关于印发江苏省"十四五"金融发展规划的通知》	2021
山东	《关于推动碳减排支持工具落地见效 助力山东省绿色低碳转型的若干措施》	2022
山东	《关于支持山东深化新旧动能转换推动绿色低碳高质量发展的意见》	2022
河北	《关于印发河北省制造业高质量发展"十四五"规划的通知》	2022
河北	《河北省加快推进钢铁产业高质量发展的若干措施》	2022
河南	《实施绿色低碳转型战略工作方案》	2022
浙江	《深化建设绿色金融改革创新试验区探索构建低碳转型金融体系的实施意见》	2022
浙江	《湖州市转型金融支持目录》	2022
湖南	《湖南省工业领域碳达峰实施方案》	2022
湖南	《湖南省制造业绿色低碳转型行动方案（2022～2025 年）》	2022
天津	《天津市金融服务绿色产业发展推动碳达峰碳中和工作若干措施》	2022

续表

省份	转型金融相关政策名称	发布年份
甘肃	《关于实施金融"四大工程"激发市场活力的意见》	2022
江西	《江西省绿色金融发展规划（2022~2025年）》	2022
湖北	《关于金融支持湖北省绿色低碳转型发展的实施意见》	2022
山西	《金融机构支持山西资源型经济转型发展实施意见》	2020
山西	《山西省推进资源型地区高质量发展"十四五"实施方案》	2022
辽宁	《辽宁省促进工业经济平稳增长若干措施》	2022
云南	《云南省产业强省三年行动（2022~2024年）》	2022
广西	《广西传统产业转型升级高质量发展总体方案》	2021
内蒙古	《关于金融支持内蒙古绿色低碳转型发展的通知》	2022

资料来源：中央财经大学绿色金融国际研究院整理。

从发布类型来看，仅浙江、江西两地在发布的政策中直接指明"转型金融"，其中浙江湖州于2022年发布全国首项转型金融政策《湖州市转型金融支持目录》，江西则在《江西省绿色金融发展规划（2022~2025年）》中对省内开展区域性转型金融试点做出指导。山东发布的政策《关于推动碳减排支持工具落地见效 助力山东省绿色低碳转型的若干措施》虽未明确提及"转型金融"，但政策内容与转型金融高度相关。其他间接提及转型金融的政策文件主要是提出利用金融支持传统行业转型升级。

（2）环境与气候相关风险管理

风险管理是绿色金融"三大功能"的重要内容，在推进绿色金融发展的过程中，环境与气候相关风险开始受到关注。围绕环境与气候相关风险的管理，部分省份在其绿色金融框架性文件或工作部署中着重强调金融机构应提升环境与气候相关风险识别、防范和管理水平。据不完全统计，截至2022年末，全国已有24个省份明确在金融或绿色金融综合性文件中提出应对环境与气候相关风险的重要性，并提出要增强风险识别与应对能力，累计相关政策文件达33项（见图6）。

从发布数量来看，第一梯队省份已发布14项政策文件，聚焦环境与气候相关风险管理；第二梯队省份对环境与气候相关风险的关注度与第一梯队

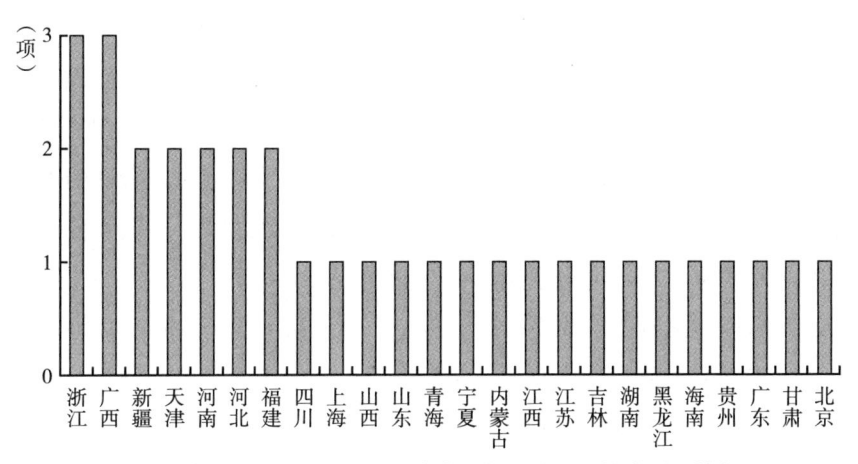

图6 截至2022年末全国31个省份指导金融机构应对环境与气候相关风险的政策文件数量

资料来源：中央财经大学绿色金融国际研究院整理。

基本相当，累计在12项政策文件中将"环境与社会风险识别""风险防范""金融机构风险管理能力提升"等主题列入地方绿色金融建设的重要举措；第三梯队省份发布了7项涉及相关内容的政策。

从发布时间来看，全国既有指导金融机构应对环境与气候相关风险的政策文件主要出现在2022年（见图7）。2016年，青海发布《关于发展绿色金

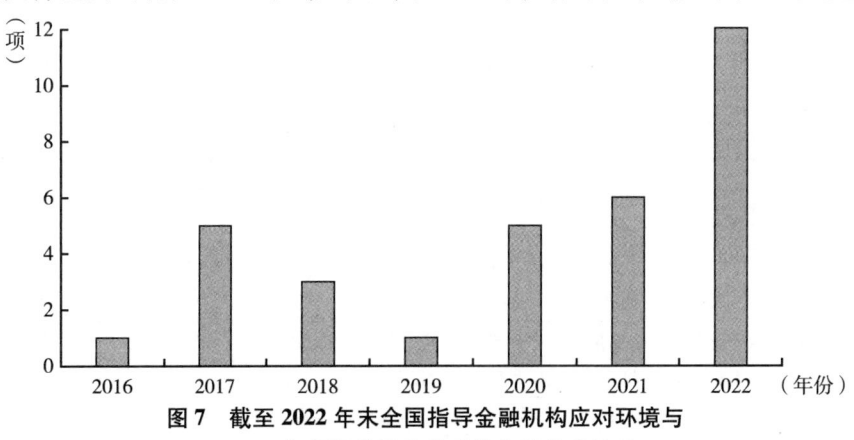

图7 截至2022年末全国指导金融机构应对环境与气候相关风险的政策文件发布情况

资料来源：中央财经大学绿色金融国际研究院整理。

融的实施意见》，首次提出绿色金融发展的风险防范措施。2017 年，G20 绿色金融小组明确环境与气候风险向金融风险转化，为各地有针对性地将风险管理纳入绿色金融政策体系奠定了理论基础，河北、湖南等省份在其绿色金融建设方案中列入相关内容。随着绿色金融的发展及金融风险管理的不断深化，叠加 2022 年《银行业保险业绿色金融指引》中提出的环境、社会、治理风险应对要求，2022 年相关政策数量显著提升。

从发布内容来看，目前全国暂无省份从省级层面出台专项的环境与气候相关风险识别、防范和管理政策，多数省份仍倾向于在绿色金融相关文件中加入相应内容（见表 8）。例如，上海、广东、江苏等地在其绿色金融支持"双碳"目标的相关意见中，将"提升绿色金融领域新型风险识别能力，严守金融安全底线"作为开展工作的基础性原则。中国人民银行天津分行发布《关于进一步推动天津市绿色金融创新发展的指导意见》，将完善绿色金融风险防控机制作为地方绿色金融创新发展的十条措施之一，并从引进第三方绿色评估机构、增强金融机构对绿色金融工具的风险分析能力、完善环境与气候相关风险评估和管理流程等方面做出细化部署。2021 年出台的《浙江省银行业金融机构（法人）绿色金融评价实施细则》进一步将"绿色金融风险管理"纳入金融机构绿色金融评价考核范畴。

表 8　截至 2022 年末全国指导金融机构应对环境与气候相关风险的省级政策梳理

省份	政策名称	发布年份
北　京	《关于印发〈"两区"建设绿色金融改革开放发展行动方案〉的通知》	2022
上　海	《关于印发〈上海加快打造国际绿色金融枢纽服务碳达峰碳中和目标的实施意见〉的通知》	2021
广　东	《广东省人民政府办公厅关于印发广东省发展绿色金融支持碳达峰行动实施方案的通知》	2022
江　苏	《关于推动高质量发展做好碳达峰碳中和工作的实施意见》	2022
山　东	《关于发展绿色金融服务生态文明建设和高质量绿色发展的实施意见》	2020
河　北	《关于银行业保险业发展绿色金融助力碳达峰碳中和目标实现的指导意见》	2021
	《河北省银行业支持产业结构调整防治大气污染防控银行风险的指导意见》	2017

续表

省份	政策名称	发布年份
河南	《关于推进河南省银行业保险业绿色金融发展的指导意见》	2022
河南	《河南省金融支持经济社会平稳健康发展工作方案》	2022
浙江	《关于印发〈浙江省银行业金融机构(法人)绿色金融评价实施细则〉的通知》	2021
浙江	《关于金融支持浙江高质量发展建设共同富裕示范区的意见》	2022
浙江	《关于金融支持浙江经济绿色发展的实施意见》	2020
湖南	《关于促进绿色金融发展的实施意见》	2017
天津	《中国人民银行天津分行关于进一步推动天津市绿色金融创新发展的指导意见》	2020
天津	《关于印发构建天津市绿色金融体系实施意见的通知》	2017
吉林	《吉林省生态环境厅关于印发〈吉林省"十四五"应对气候变化规划〉的通知》	2022
甘肃	《关于推进绿色金融发展的若干意见》	2019
江西	《关于印发〈江西省绿色金融发展规划(2022~2025年)〉的通知》	2022
福建	《关于印发〈福建省绿色金融体系建设实施方案〉的通知》	2017
福建	《关于印发〈推动绿色金融发展的若干措施〉的通知》	2022
四川	《关于印发〈四川省绿色金融发展规划〉的通知》	2018
山西	《关于进一步加强绿色金融工作的通知》	2020
黑龙江	《关于印发〈黑龙江省绿色金融工作实施方案〉的通知》	2021
青海	《关于发展绿色金融的实施意见》	2016
贵州	《关于印发〈贵州省绿色金融改革创新专项工作方案〉的通知》	2022
海南	《海南省绿色金融改革发展实施方案》	2018
宁夏	《宁夏银行业保险业支持经济社会发展全面绿色低碳转型的指导意见》	2022
广西	《关于加快发展"五个金融"的实施意见》	2022
广西	《关于构建绿色金融体系实施意见的通知》	2018
广西	《广西壮族自治区绿色金融改革创新实施方案》	2020
内蒙古	《内蒙古自治区人民政府关于构建绿色金融体系的实施意见》	2017
新疆	《关于印发〈喀什地区推动绿色金融创新发展实施方案〉的通知》	2021
新疆	《新疆农村信用社绿色金融工作实施方案》	2021

资料来源：中央财经大学绿色金融国际研究院整理。

(3) 金融机构环境信息披露

金融机构环境信息披露是我国绿色金融"五大支柱"之一，是推动绿色金融市场规范运行的基础。按照中国人民银行推动金融机构环境信息披露的总体要求，多地因地制宜地推进环境信息披露，通过编制环境信息披露指南、实施绿色金融改革专项方案、出台金融中心建设规划、公布绿色金融条例等多种形式，督促金融机构提高环境信息的披露率、有效性和可靠性。

从金融机构环境信息披露专项指导文件的发布情况来看，截至2022年末，全国31个省份中有7个省份出台了环境信息披露相关文件，总体数量较少，多数省份仍集中于在实践层面推进环境信息披露相关工作，尚未形成细化的环境信息披露专项指导文件。已发布专项指导文件的省份分别为广东、浙江、湖南、安徽、重庆、四川和贵州，其中广东、浙江、重庆、贵州均为国家级绿金改试验区所在省份，而湖南则是国内首个实现银行、证券、保险三类金融机构环境信息披露全覆盖的省份。

结合金融机构环境信息披露实际覆盖面积来看，2022年，全国共有559家区域性金融机构发布环境信息披露报告，各地发布情况存在明显差异（见图8）。金融机构环境信息披露覆盖面较广、执行度较高的4个省份为湖南、贵州、重庆和浙江，其均已发布金融机构环境信息披露专项指导政

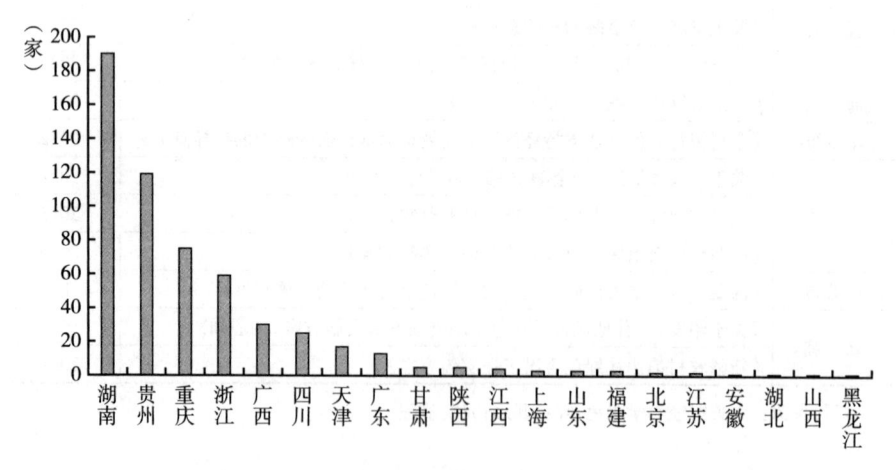

图8　2022年全国31个省份已开展环境信息披露的金融机构数量

资料来源：中央财经大学绿色金融国际研究院整理。

策,表明政策对市场实践的引导效果突出。部分地区出台相关政策文件提及披露要求,但金融机构披露程度仍较低。此外,天津、甘肃等地尚未出台相关政策文件,但金融机构在相关部门的指导下已开展环境信息披露。

从梯队分布来看,第一、第二梯队省份金融机构开展环境信息披露的表现较好。第一梯队所有省份均已有一定数量的金融机构开展环境信息披露,其中国家级绿金改试验区所在省份金融机构环境信息披露的程度整体较高。第二梯队中总体排名前列的省份在金融机构环境信息披露方面表现良好,第二梯队省份中除河北、新疆、河南外均已有金融机构发布环境信息披露报告。第三梯队省份对金融机构开展环境信息披露的重视程度仍有待提升,除天津和黑龙江外大部分地区尚未出台金融机构环境信息披露专项细化要求,同时当地金融机构多数也未主动披露环境信息。

4. 环境权益领域政策的细化

环境权益交易能够通过市场化手段为环境权益定价,以专门责任机制落实相关主体的环境责任,从而更好地解决环境外部性问题,同时通过建立生态资源向生态资本转化的渠道,激发市场主体参与低碳环保的积极性。我国于20世纪80年代逐步探索环境权益交易制度,但由于各地区交易基础不同、经济发展不平衡、地方环境权益制度存在差异等,总体来看相关试点与创新进展相对缓慢。

2016年,《关于构建绿色金融体系的指导意见》正式提出完善环境权益交易市场的相关任务,并将碳排放权、排污权、用能权和水权作为环境权益交易的重点建设方向。目前,除碳排放权交易市场已建成且具备一定规模外,其他三类环境权益交易仍处于推广阶段并以地方试点模式为主,其中水权交易虽已形成全国水权交易市场,但交易主体仍以试点省份的企业为主,交易规模及范围有限(见表9)。

表 9　主要的 4 类环境权益交易试点政策及开展现状

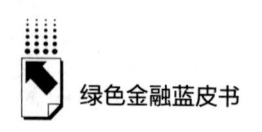

开始年份	环境权益交易类型	试点政策文件	所处阶段
2007	排污权交易	国务院办公厅《关于进一步推进排污权有偿使用和交易试点工作的指导意见》	在地方层面开展交易试点
2011	碳排放权交易	国家发改委《关于开展碳排放权交易试点工作的通知》	全国碳排放权交易市场已建成并开展交易
2014	水权交易	水利部《关于开展水权试点工作的通知》	全国水权交易市场已建成并开展交易,但仅试点省份参与活跃
2016	用能权交易	国家发改委《关于开展用能权有偿使用和交易试点工作的函》	在地方层面开展交易试点

资料来源：中央财经大学绿色金融国际研究院整理。

（1）碳排放权交易

我国地方碳排放权交易市场的探索开始时间较早。2011 年国家发改委发布《关于开展碳排放权交易试点工作的通知》，正式批准北京、上海、天津、重庆、湖北、广东和深圳七省市先行开展碳排放权交易试点。2016 年，福建省成为第八个地方碳排放权交易试点区域，同时四川作为非试点地区首度开展碳排放权交易。2017 年，国家发改委印发《全国碳排放权交易市场建设方案（发电行业）》，着手推进全国统一的碳排放权交易市场的建设。2021 年 7 月，全国碳排放权交易市场正式上线，首批 2162 家发电行业重点排放单位被纳入履约范畴，各地相继发布省级碳排放权交易配额管理名录，并对碳排放权交易实施文件进行发布或修订。

截至 2022 年底，全国共有 22 个省份累计发布引导或规范碳排放权交易的文件 89 项，其中北京发布数量最多，达到 19 项（见图 9）。

从发布地区来看，省级碳排放权交易相关文件的数量差别较为显著。率先开展地方碳排放权交易试点的区域文件数量较多，东部地区总体数量远高于中部和西部地区，除北京、上海、广东、福建等地方试点市场外，浙江、江苏、山东等非试点地区也已发布相关政策，这与东部地区的市场主体更为

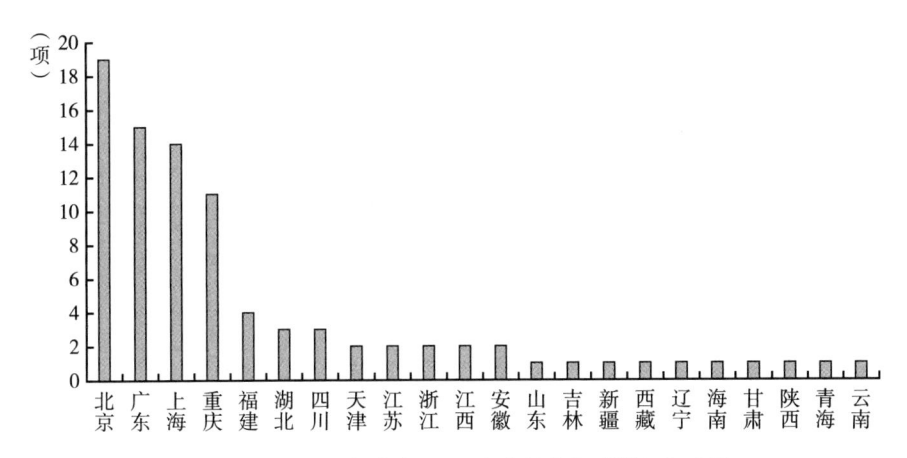

图9 截至2022年末全国31个省份省级碳排放权交易市场建设或规范类文件数量

资料来源：中央财经大学绿色金融国际研究院整理。

活跃存在较大关系。

从发布时间来看，2011年逐步启动地方碳排放权交易试点后，以北京、上海、广东为代表的试点区域开始陆续出台省级碳排放权交易指导文件，并在2012～2014年期间形成第一个政策出台高峰期。2016年，除福建、四川两地出台碳排放权交易政策外，江西、浙江、甘肃、青海四地也从协助落实全国碳排放权交易市场建设等维度出台相关政策。随着全国碳排放权交易市场的建设完成及投入运行，更大范围的省份出台相关政策，同时，包括"碳普惠""碳资产质押融资"等新兴议题的政策文件也陆续出台。截至2022年末省级碳排放权交易市场建设或规范类文件发布情况如图10所示。

从发布内容来看，政策多面向市场监管方、市场参与方和第三方机构，其中面向市场监管方的文件主要涉及行政处罚、履约监管、数据质量监督，面向市场参与方的文件主要涉及市场交易机制、交易场所运行、交易流程，面向第三方机构的文件则基本集中于对第三方核查的规范与引导。

图 10　截至 2022 年末省级碳排放权交易市场建设或规范类文件发布情况

资料来源：中央财经大学绿色金融国际研究院整理。

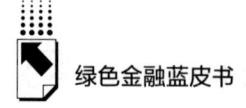

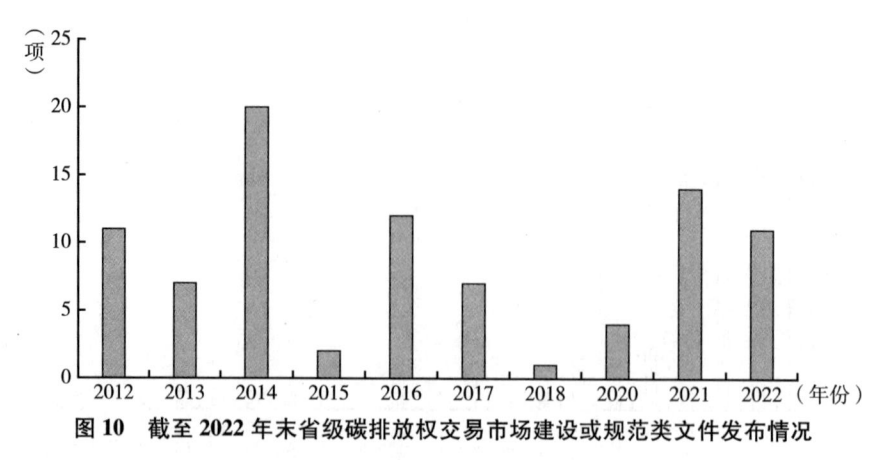

(2) 排污权交易

我国最早的排污权管理办法是国家环保总局于 1988 年发布的《水污染物排放许可管理暂行措施》，该文件率先对水污染物的排放许可与处罚做出强制规定。进入 21 世纪后，江苏和浙江先行探索并开展排污权交易相关工作。2001 年，江苏省南通市启动我国首次排污许可交易。2007 年，浙江省嘉兴市成立全国首家排污权交易中心。2014 年，国务院办公厅印发《关于进一步推进排污权有偿使用和交易试点工作的指导意见》，正式确定以试点形式推进地方排污权有偿使用与交易，并批复江苏、浙江、天津、湖北、湖南、山西、内蒙古、重庆、河北、陕西、河南开展试点交易。2017 年，山东省青岛市被财政部、环保部、国家发改委追加纳入试点范围。此后，更多省份开始出台关于排污权交易市场建设的政策文件。截至 2022 年底，全国累计已有 28 个省份发布省级排污权交易市场建设或规范类文件共计 87 项（见图11），其中除 12 个国家级排污权交易试点省份外，福建、安徽、江西、山东、广东、青海、甘肃、宁夏、新疆等 16 个省份自行开展排污权交易探索。

从发布地区来看，湖南省以累计 9 项政策文件的数量居于首位，政策内容涵盖排污权有偿使用与交易方式、价格管理、资金使用与金融工具管理等方面，福建、河北位列其后。结合试点地区的分布来看，政策发布数量最多

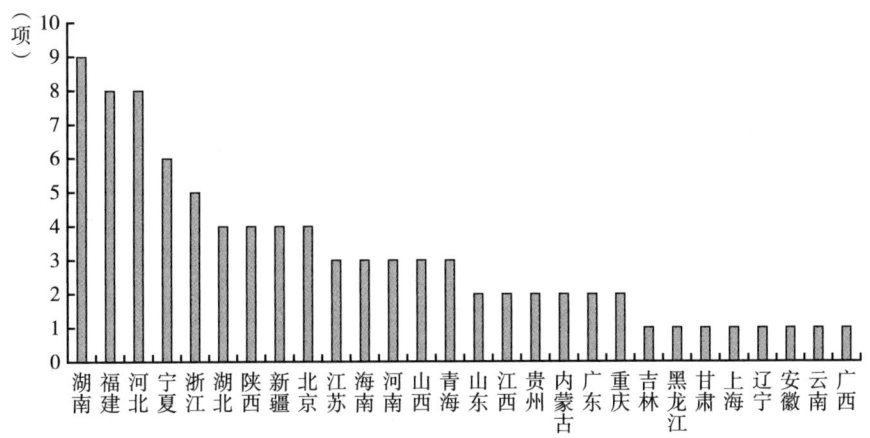

图 11　截至 2022 年末全国 31 个省份发布省级排污权
交易市场建设或规范类文件数量

资料来源：中央财经大学绿色金融国际研究院整理。

的前 10 个省份中有 6 个属于试点省份，福建、宁夏、新疆因自行开展排污权试点较早而发布较多政策。从地理分布区域来看，我国东部与中部地区发布排污权专项文件数量较多，这与开展排污权交易试点工作的省份多数位于东部和中部地区，且排污量较大的企业主要分布在这两个地区关联较大。

从发布时间来看，集中于 2014 年及以后（见图 12）。2014 年前，山东、湖北、湖南、浙江、山西、陕西、内蒙古、贵州、辽宁、黑龙江等地陆续发

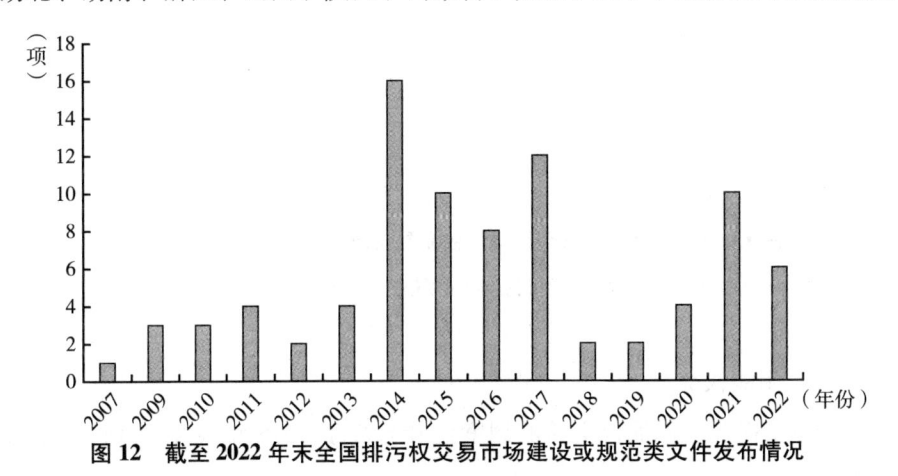

图 12　截至 2022 年末全国排污权交易市场建设或规范类文件发布情况

资料来源：中央财经大学绿色金融国际研究院整理。

布了少量排污权市场交易类文件。2014年，在国务院办公厅《关于进一步推进排污权有偿使用和交易试点工作的指导意见》的指导下，各试点省份及部分非试点省份集中发布省级排污权交易市场建设或规范类文件，政策发布出现第一个高峰。2017年青岛市被追加为试点地区，同时《对排污权有偿使用和交易试点工作开展调研和评估的通知》出台，提升了各地完善排污权交易政策的积极性，推动政策发布出现第二个高峰。之后，排污权交易市场相关专项文件数量增长放缓，到2021年再次出现一个小高峰。

从文件发布类型来看，省级排污权交易市场建设或规范类文件主要可分为顶层设计类文件和细化机制类文件（见图13）。其中，顶层设计类文件共49项，占比为56.32%，主要包括各省份出台的排污权有偿使用与交易管理办法；细化机制类文件共38项，占比为43.68%，涉及具体污染物交易规则、政府收储管理、定价机制、资格审查及排污权抵押贷款等专项产品的管理细则。

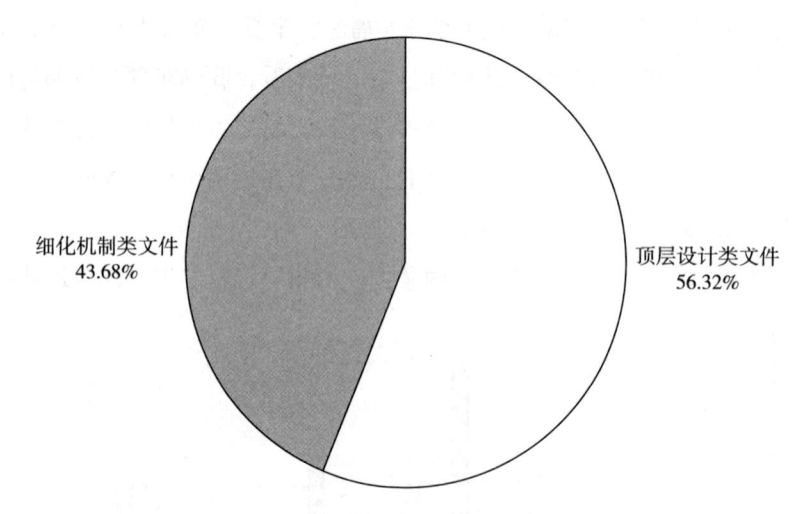

图13 截至2022年末全国排污权交易市场建设或规范类文件分类

资料来源：中央财经大学绿色金融国际研究院整理。

（3）用能权交易

国家层面关于用能权交易的制度设计起步于2015年（见图14），中共中央、国务院在《生态文明体制改革总体方案》中首次提出用能权交易制

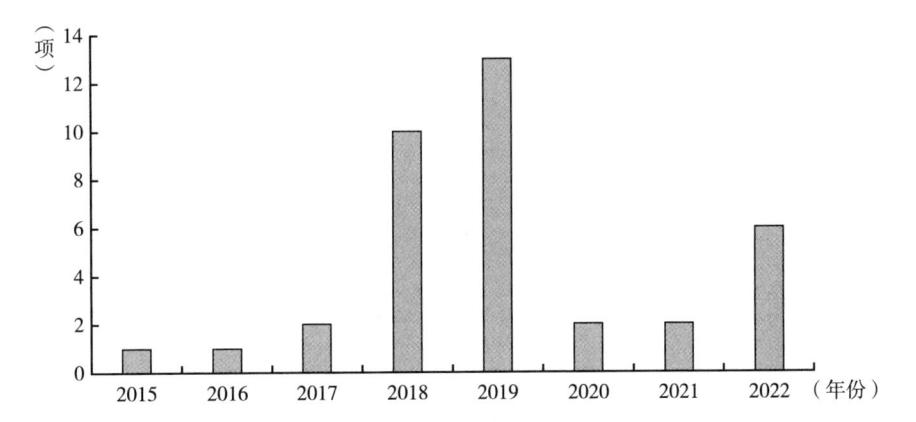

图 14　截至 2022 年末全国用能权交易市场建设或规范类文件发布情况

资料来源：中央财经大学绿色金融国际研究院整理。

度。2016 年 9 月，国家发改委发布的《用能权有偿使用和交易制度试点方案》选定浙江、福建、河南、四川 4 个省份进行用能权有偿使用和交易试点。2017 年底，四省关于用能权的建设方案与试点文件得到正式批复，由此用能权交易市场建设或规范类文件开始密集出台，并于 2019 年达到年度政策发布数量峰值。值得注意的是，2019 年前发布的用能权专项政策主要由浙江、福建、四川和河南 4 个试点省份和河北 1 个非试点省份作为主体发布，2019 年及之后，以四川为代表的试点省份逐步开始出台用能权市场运作细则，其中四川联合环境交易所在 2019 年大力推进用能权市场建设，连续出台 7 项细则。除试点省份外，包括江西、吉林、宁夏等在内的非试点省份于 2019 年后逐步响应国家开展用能权市场交易的号召，陆续出台关于用能权有偿使用与交易的建议办法及实施方案。截至 2022 年底，我国已有 10 个省份出台省级用能权交易市场建设或规范类文件（见图 15）。

从政策内容来看，非试点省份发布的政策多数停留在较为初期的框架设计阶段，政策发布内容主要为用能权有偿使用与交易管理办法。河北除基本用能权管理办法外，还于 2018 年对跨市域用能权交易发布相关通知。试点省份的专项政策涉及类型则更加多样，除基础性试点方案和交易管理办法外，普遍出台能源消费量确权、核查指南，以及对第三方审核机构的管理办

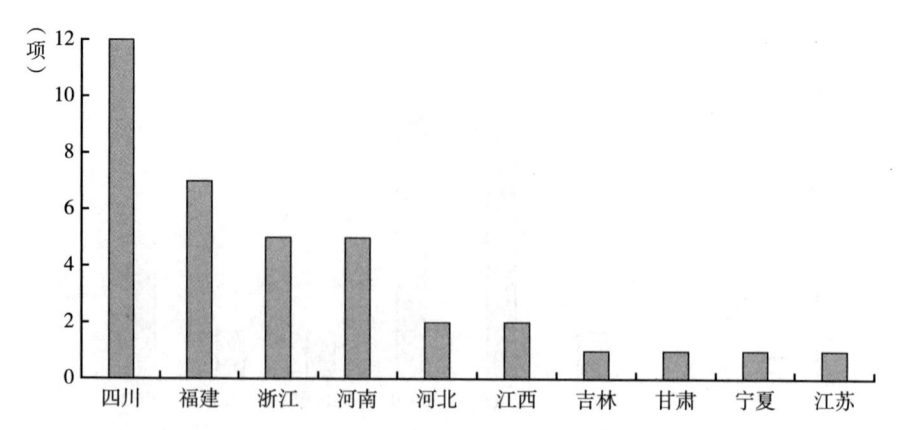

图15 截至2022年末全国31个省份发布用能权交易市场建设或规范类文件数量

资料来源：中央财经大学绿色金融国际研究院整理。

法。此外，福建和四川进一步细化市场管理机制，福建围绕信用评价、市场调节等出台实施细则，四川则针对信息披露、违约纠纷处理、交易结算、风险控制等发布更详细的办法。

（4）水权交易

2000年由浙江东阳和义乌签订的水权转让协议开了我国水权交易的先河。2006年国务院发布的《取水许可和水资源费征收管理条例》（国务院令第460号）明确指出，依法获得取水权的单位或者个人可依法有偿转让其节约的水资源，该行政法规正式为水资源确权定价及交易奠定了基础。之后直至2014年，水利部才首次印发《关于深化水利改革的指导意见》，选定宁夏、湖北、江西、内蒙古、广东、甘肃、河南7个省份开展水权交易试点。2016年，中国水权交易所正式成立。基于此，从2016年开始，各省份关于水权交易的专项政策开始出台，虽整体数量不多，但政策发布持续跟进（见图16）。2022年8月，水利部、国家发改委和财政部联合印发《关于推进用水权改革的指导意见》，旨在加快建立归属清晰、权责明确、流转顺畅、监管有效的用水权制度体系。该意见的发布也激励了尚未进行水权交易市场建设的省份持续推行水权交易。截至2022年底，全国已有19个省份发布累计26项水权交易市场建设或规范类文件（见图17）。

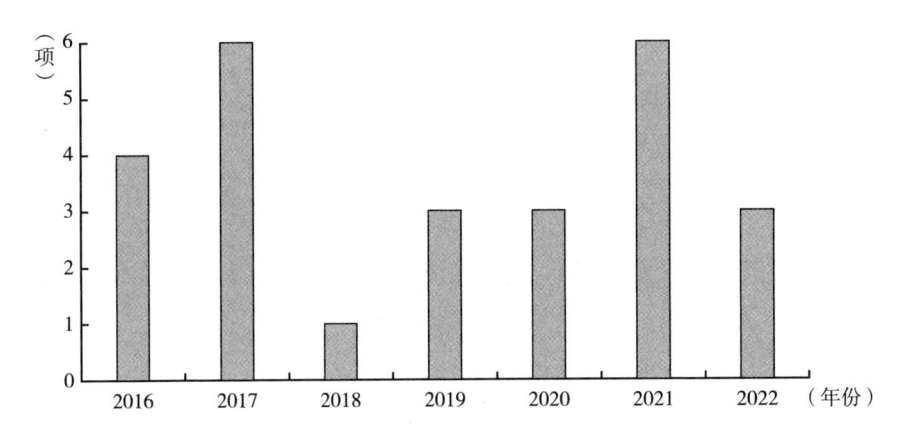

图 16　截至 2022 年末全国水权交易市场建设或规范类文件发布情况

资料来源：中央财经大学绿色金融国际研究院整理。

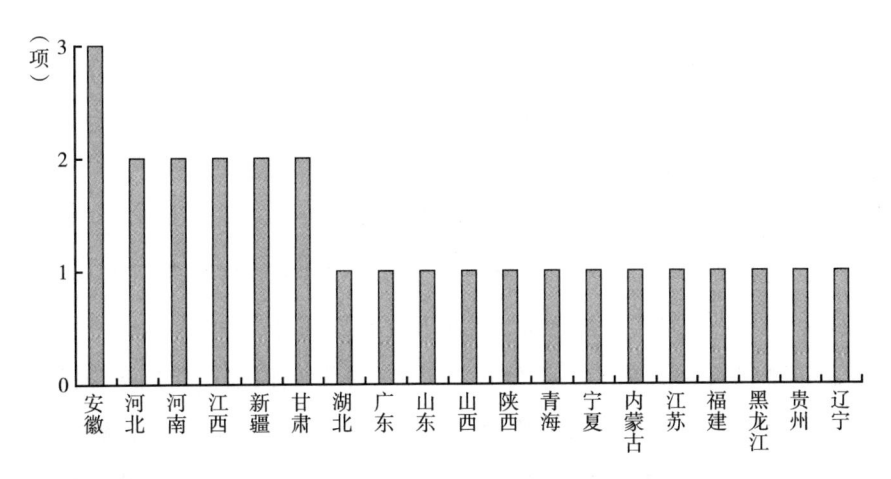

图 17　截至 2022 年末全国 31 个省份发布水权交易市场建设或规范类文件数量

资料来源：中央财经大学绿色金融国际研究院整理。

从发布地区来看，已发布相关专项政策的省份多数属于国家"南水北调"途经省份。除宁夏、湖北、江西、内蒙古、广东、甘肃、河南等试点省份外，河北、新疆、山西等非试点省份也已自行开展省级水权交易的政策规划探索。结合空间来看，发布水权交易市场建设或规范类文件的省份

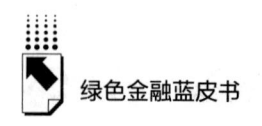

在南北方之间存在较大差异，北方地区发布的水权交易市场建设或规范类文件总数远超南方。这反映出我国水资源地区分布不均所导致的市场需求差异，相比南方，西北、华北等地区水资源缺乏，对水权市场建设的需求更加急迫。

我国的水权交易虽存在初始分配制度不健全、市场机制不完善、水价的杠杆作用不显著、计量监测不完善等诸多不足，但随着水权交易机制的拓展建设，全国水权交易政策体系将不断完善。

5.绿色金融试点地区的建设

（1）国家级绿金改试验区

自2017年确定设立首批国家级绿金改试验区以来，"以点带面"推进绿色金融体系建设已过5年的试验时间（见表10）。经过多年实践探索，除绿色金融改革创新的基础性工作外，各个试验区均已形成一些典型特点和经验，例如：广东地区依靠自身区位优势，将绿色金融改革创新工作与粤港澳大湾区建设衔接，积极开展跨区域、跨境绿色金融合作；浙江在绿色金融服务多样化产业及民营经济发展方面探索出有益经验；江西依托良好的生态环境条件，利用绿色金融支持生态资源价值转化；贵州利用绿色金融支持乡村振兴、环境保护和生物多样性，同时在金融科技方面开展诸多探索；新疆围绕能源、农业两大产业，基于清洁能源禀赋探索绿色产业发展与能源结构转型，促进现代农业发展；甘肃依托"一带一路"倡议推动绿色基础设施建设，基于自然资源禀赋探索绿色产业发展、生态治理与保护，构建以"绿色化工+绿色金融"为特色的绿色金融发展路径。2022年8月，重庆作为最新获批的国家级绿金改试验区，围绕绿色金融服务"双碳"、金融科技、区域融合发展等方面做出新的部署。国家级绿金改试验区所在省份在我国绿色金融发展中普遍位居前列，重庆由于尚处于绿色金融改革创新的初始阶段，且受经济体量等相关因素影响，暂列第二梯队，但整体来看其发展态势良好，2022年排名较2021年已有明显提升。

表10 截至2022年末已设立国家级绿金改试验区的省份梯队分布

梯队	设立时间	国家级绿金改试验区
第一梯队	2017年6月	广东花都区
		浙江湖州、衢州
		江西赣江新区
		贵州贵安新区
	2019年11月	甘肃兰州新区
第二梯队	2017年6月	新疆昌吉、哈密、克拉玛依
	2022年8月	重庆

从实践内容来看，5年时间内第一批国家级绿金改试验区积累了一系列可推广、可复制的宝贵经验，为各地绿色金融改革创新工作的推进提供了有效的支持。2022年正值首批国家级绿金改试验区5年试点期满之际，随着绿色金融"三大功能""五大支柱"发展思路的确立，各省份在加强试点经验总结的同时，仍需持续深入推进绿色金融发展机制建设和政策完善，以适应不断变化的经济发展和环境保护的新需要。例如，贵州于2022年发布《贵州省绿色金融改革创新专项工作方案》，充分结合地方实际，借鉴近年来贵安新区绿金改试验区的建设经验，对贵州省的绿色金融改革创新工作进行了新阶段的规划，聚焦大生态战略行动、碳达峰碳中和等相关重点工作，提出了进一步的发展目标。甘肃于2022年结合地方复工复产的现实需要，重点支持绿色金融平台建设，依托"绿金通"平台，开辟复工复产融资绿色通道，通过企业线上申请、金融机构线上审批，实现了绿色金融需求端和供给端随时随地的快速精准对接。

（2）国家级气候投融资试点地区

气候投融资是引导和促进更多资金投向应对气候变化领域，以推动可持续发展和低碳经济转型的投资和融资活动，是落实延缓和应对气候变暖、助力"双碳"目标如期达成的重要手段。自2020年10月生态环境部等多部门联合印发《关于促进应对气候变化投融资的指导意见》以来，推动气候投融资的相关政策也在加快部署（见表11）。

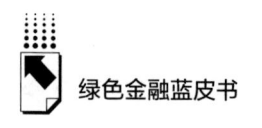

表 11　截至 2022 年末国家气候投融资相关政策梳理

发布时间	发布文件及部门	主要内容
2020 年 10 月	生态环境部、国家发改委、人民银行、银保监会、证监会《关于促进应对气候变化投融资的指导意见》	这是中国为贯彻落实"碳达峰""碳中和"出台的第一项文件，也是气候投融资领域首项顶层设计文件。首次提出要大力推进应对气候变化投融资发展，引导和撬动更多社会资金进入应对气候变化领域，进一步激发潜力、开拓市场，推动形成减缓和适应气候变化的能源结构、产业结构、生产方式和生活方式
2021 年 12 月	生态环境部、国家发改委、工业和信息化部、住房和城乡建设部、人民银行、国务院国资委、国管局、银保监会、证监会《气候投融资试点工作方案》	方案提出气候投融资试点目标，正式启动我国气候投融资地方试点的申报工作，并明确编制试点方案、坚决遏制"两高"项目发展、有序发展碳金融、强化碳核算与信息披露、强化模式和工具创新、强化政策协同、建设国家气候投融资项目库、加强人才队伍建设和国际交流合作 8 项重要任务
2022 年 8 月	生态环境部、国家发改委、工业和信息化部、住房和城乡建设部、人民银行、国务院国资委、国管局、银保监会、证监会《关于公布气候投融资试点名单的通知》	北京市密云区、通州区，河北省保定市，山西省太原市、长治市等共计 19 个省份的 23 个市（区）入选气候投融资试点。通知要求，各部门应加强统筹协调，高质量建设气候投融资试点。各地在试点过程中涉及金融改革创新事项的，应遵循"一事一议"原则，按程序报人民银行、银保监会、证监会等金融管理部门审批同意后实施
2022 年 11 月	生态环境部《气候投融资试点地方气候投融资项目入库参考标准》	入库项目包括减缓气候变化类项目和适应气候变化类项目，可指导地方试点地区制定地方气候投融资项目评价方法并搭建项目库

资料来源：中央财经大学绿色金融国际研究院整理。

从首批国家级气候投融资试点地区的地理分布来看，除新疆、西藏等 12 个省份未有试点外，其他省份均有气候投融资试点落地，部分省份的试点达到 2 个及以上，如北京、广东、山西、辽宁。

从国家级气候投融资试点地区的梯队分布来看，获批的 23 个试点市（区）多属于绿色金融发展水平的第一、第二梯队，已具备较好的绿色金融发展基础，能够更好地推动气候投融资的落实深化（见表 12）。

表12 截至2022年末已设立国家级气候投融资试点的省份梯队分布

梯队	气候投融资试点
第一梯队	北京、浙江、广东、山东、福建、四川、上海、甘肃
第二梯队	湖北、安徽、湖南、重庆、河南、山西、河北、陕西、广西
第三梯队	内蒙古、辽宁

资料来源：中央财经大学绿色金融国际研究院整理。

从气候投融资政策的跟踪部署来看，继全国23个试点市（区）确立以来，各试点市（区）围绕《气候投融资试点工作方案》中的重点任务，对投融资模式、组织形式、服务方式和管理制度等进行进一步探索。例如：浙江省丽水市已编制出台了《浙江省丽水市森林经营碳汇普惠方法学》《丽水银行业保险业支持"6+1"重点领域 助力碳达峰碳中和行动方案》等文件，对丽水市的气候投融资工作提出了明确目标，并规划了目标实现路径；青岛西海岸新区发布了《青岛西海岸新区气候投融资试点工作方案》《青岛西海岸新区气候投融资试点实施方案》等文件，按照国家有关要求，紧密结合西海岸新区实际，明确组织协调机制和各部门权责分工，提出构建气候投融资政策体系、打造项目示范集群等六大方面的19项重点任务。

（二）省级绿色金融专项类政策引导

1. 绿色金融工具类专项指导文件

绿色金融工具类专项指导文件主要是指省级政府部门发布的与绿色信贷、绿色债券、绿色保险、绿色信托、绿色基金、环境权益市场相关的具体支持文件。该类文件形成了绿色金融具体应用的实操指导。截至2022年末，全国31个省份累计发布的省级绿色金融工具类专项指导文件共计90项。

从发布地区的分布来看，第一梯队省份政策发布积极（见图18）。其中，山东以12项绿色金融工具类专项指导文件的数量居全国首位，其他省份如贵州、上海、江西也位居全国前列。第一梯队省份累计发布绿色金融工具类专项指导文件43项，几乎占政策总数的一半。第二梯队省份共发布绿色金融工具类专项指导文件23项，其中湖南、安徽、湖北发布的文件数量相对较多。第三梯队省份虽整体表现不及前两个梯队，但部分省份表现仍较为突出，如青海和天津分别发布了6项和4项绿色金融工具类专项指导文件。

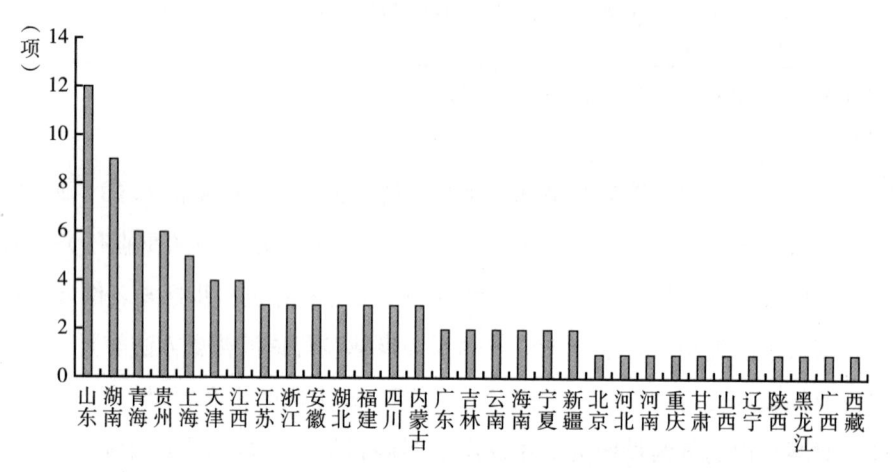

图18　截至2022年末全国31个省份发布省级绿色金融工具类专项指导文件数量

资料来源：中央财经大学绿色金融国际研究院整理。

从文件类型来看，绿色金融工具类专项指导文件主要集中在绿色信贷、绿色债券、绿色保险等领域（见图19）。其中，涉及绿色信贷的专项指导文件数量最多，达43项，其后依次为绿色债券和绿色保险领域的文件，分别

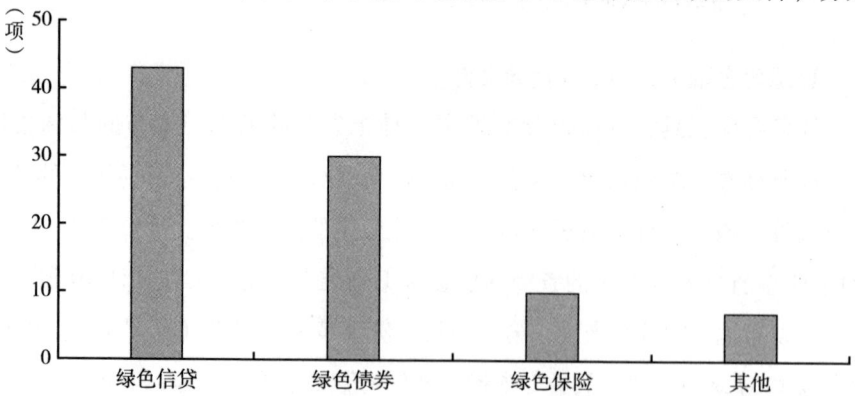

图19　截至2022年末全国31个省份绿色金融工具类专项指导文件类型分布

资料来源：中央财经大学绿色金融国际研究院整理。

为30项和10项,其他包括绿色基金、绿色信托及环境权益交易等领域的文件共7项。政策分布类型与市场实际进展、规模相匹配,符合当前绿色信贷发展最为成熟、绿色债券加速扩张、绿色保险等其他绿色金融工具逐步发力的情形,体现了我国虽已基本建立多层次、多样化的绿色金融产品体系,但诸多工具仍处于较为初期的发展阶段,亟须下一步深入探索。

2. 绿色金融支持产业发展类专项文件

绿色金融支持产业发展类专项指导文件是指支持某类产业发展的绿色金融专项政策。绿色金融政策的制定,归根结底是为了切实满足绿色产业发展的资金需求,以融资手段推进绿色转型。2016年,中国人民银行等七部门发布《关于构建绿色金融体系的指导意见》,明确指出绿色金融发展的重要意义在于动员和激励更多社会资本投入绿色产业,同时更有效地抑制污染性投资,并加快我国经济向绿色化转型,支持生态文明建设,促进环保、新能源、节能等领域的技术进步,加快培育新的经济增长点,提升经济增长潜力。

从发布数量来看,截至2022年末,全国31个省份累计发布237项省级绿色金融支持产业发展类专项指导文件(见图20)。其中,浙江发布的绿色金融支持产业发展类专项指导文件最多,达19项,且涉及10余个产业领域。

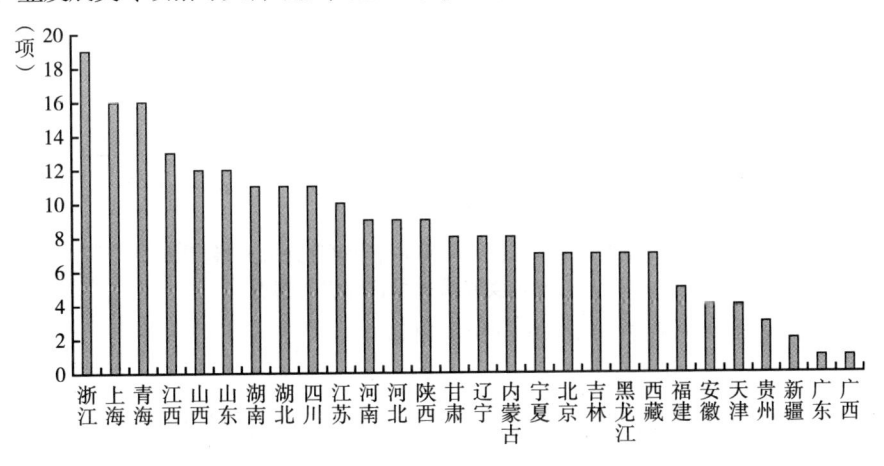

图20 截至2022年末全国31个省份发布省级绿色金融支持产业发展类专项指导文件数量

资料来源:中央财经大学绿色金融国际研究院整理。

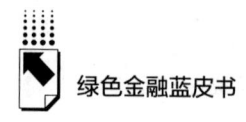

从梯队分布来看，第一梯队省份在绿色金融支持产业发展的专项布局上较为积极。第二梯队中山西、湖南和湖北表现突出，这与山西省产业转型需求强烈、湖南和湖北绿色金融资源丰富等有一定关系。第三梯队在绿色金融支持产业发展方面整体表现逊色，但其中青海表现突出。

从发布时间来看，2020年之后各省份发布省级绿色金融支持产业发展类专项指导文件的积极性显著增强（见图21）。在已发布的237项相关文件中，较早提及绿色金融支持产业发展的文件通常以要求金融部门试行"环保一票否决制"，或要求对经济效益好的环保企业、产品和项目优先安排信贷资金为主要方向。2020年后，在"双碳"目标导向下，产业绿色化发展导向更加清晰，在某种程度上促进了相关文件的出台落地。从2021年开始，绿色金融支持产业发展类专项指导文件数量快速增长，仅2021年和2022年就累计发布文件128项，超过总量的一半。

图21 截至2022年末全国既有省级绿色金融支持产业发展类专项指导文件发布情况

资料来源：中央财经大学绿色金融国际研究院整理。

从发布内容来看，绿色金融支持产业发展类专项指导文件覆盖面广泛，涉及低碳与节能减排行业、生态环境与资源保护行业、污染防治行业、农业、服务业等领域。部分省份围绕新兴行业积极提供指导，例如：上海发布《上海市培育"元宇宙"新赛道行动方案（2022~2025年）》，聚焦国际级绿色数据中心集群，综合运用资补贴息等手段支持绿色产业发展与成果转化；甘肃发布《甘肃省绿色化信息化智能化改造 推进传统产业转型升级实施方案（2019~2022年）》，加强绿色生态产业发展基金的作用，重点投向智能工厂、绿色工厂等关键领域。

3. 绿色金融激励类专项指导文件

绿色金融激励类专项指导文件聚焦于利用财政或货币激励措施为绿色金融工具提供贴息补助，或直接面向绿色产业、绿色企业、绿色项目提供奖励优惠，在一定程度上反映并调动了地方金融机构和企业主体开展绿色经济活动的积极性。截至2022年末，全国已有29个省份累计发布省级绿色金融激励类专项指导文件68项。由于不同省份存在奖补措施、资金管理政策定期修订、废止，奖补实施细则未公开发布等现象，故本部分数据仍属于不完全统计，下文主要基于有政策依据、公开渠道可查询等原则进行统计分析。

从发布省份来看，第一梯队省份在省级绿色金融激励类专项指导文件发布方面依旧整体保持领先水平，累计发布33项政策（见图22）。其中，上海、江苏两地分别以6项和5项绿色金融激励类专项指导文件数量居于前列，与当地经济生态条件好、资金资源较为充足存在较大关联。其他第一梯

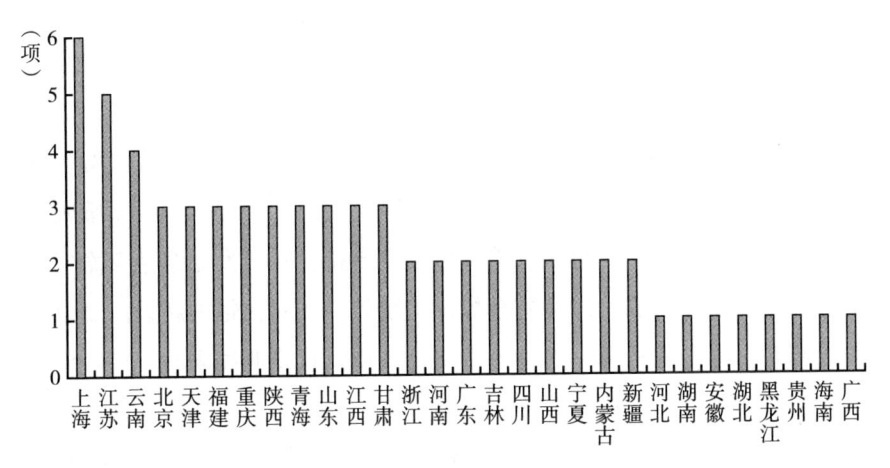

图22 截至2022年末全国31个省份发布省级绿色金融激励类专项指导文件数量

资料来源：中央财经大学绿色金融国际研究院整理。

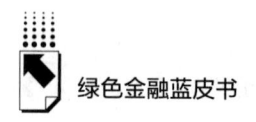

队省份北京、福建、山东、江西、甘肃则以3项绿色金融激励类专项指导文件的数量紧随其后。第二梯队省份累计发布17项绿色金融激励类专项指导文件，其中重庆、陕西表现良好。第三梯队省份累计发布18项绿色金融激励类专项指导文件，其中云南、天津、青海三省在绿色金融激励方面表现较为突出。值得注意的是，在绿色金融专项激励方面，4个直辖市均表现出较大积极性，累计发布15项绿色金融专项激励指导文件。此外，既有国家级绿金改试验区所在省份发布了16项绿色金融激励类专项指导文件，起到了良好的引导与带动作用。

从发布时间来看，在2018年前绿色金融激励类专项指导文件相对较少，从2019年开始，绿色金融相关激励措施开始呈现逐步增长的趋势，更主要的是，绿色产业领域的激励性政策加快出台，如工信部、住建部联合财政部支持产业绿色发展，并在各省份征集评选"绿色制造""绿色建筑"企业名单。

从发布类型来看，省级绿色金融专项激励政策以方向性指导为主，具体激励细则相对有限。整体来看，主要针对金融端与产业端。从金融端来看，对金融机构的激励重在吸引机构集聚或升级金融供给方式，以对地方经济提质增速发挥积极影响。各省份对绿色专营机构提供奖励资金，由政府与金融机构共同承担绿色金融产品创新中的不确定性，激发金融机构创新绿色金融工具、扩大绿色金融服务范围。例如：江苏于2019年连续发布《江苏省绿色债券贴息政策实施细则（试行）》《江苏省环境污染责任保险保费补贴政策实施细则（试行）》《绿色担保奖补政策实施细则（试行）》3项细则，对绿色债券、绿色保险、绿色贷款等提供贴息支持；甘肃发布绿色金融发展奖励政策，除对绿色贷款、绿色基金提供奖励外，还对在辖内新设的金融机构总部、绿色金融专营机构一次性给予奖励扶持。从产业端来看，对融资主体的激励侧重于降低主体成本，或激励绿色生产经营行为。例如，通过一次性奖励的形式对绿色表现突出的企业给予奖励资金，激励企业的绿色经营行为。目前已有产业端的绿色激励政策涉及建筑业、农业、能源业、制造业等。例如，北京、上海等通过一次性奖励或补贴促进绿色建筑、生态农业、新能源行业发展，为评选的绿色示范项目提供专项扶持或以奖代补，从而激发企业绿色创新的主观能动性。

二 市级绿色金融政策推动情况

（一）市级绿色金融综合性指导文件

1. 推动市级绿色金融发展的顶层设计

市级绿色金融综合性指导文件是指导市级管辖范围内绿色金融发展的纲领性文件，在遵循省级综合性指导文件方向的前提下，结合当地经济水平与产业需求进行进一步细化。市级绿色金融综合性指导文件体现了全市在绿色金融领域未来某一阶段的战略目标与发展方向，也直接体现了地方政府对绿色金融的关注度与推动力。

从整体分布来看，第一梯队省份发布的市级绿色金融综合性指导文件总数远大于第二梯队省份，进一步显现出第一梯队发展绿色金融，已经从省级向市级下沉的总体趋势。第二梯队省份中湖北发布的政策文件数量在该梯队中最多，表现突出。第三梯队省份发布的市级绿色金融综合性指导文件数量较少。

从发布数量来看，截至2022年末，全国31个省份中已有26个省份的下辖市级行政单位发布市级绿色金融综合性指导文件，累计发布数量达到154项（见图23）。其中，广东发布数量最多，以40项居于全国首位，占全国已发布的市级绿色金融综合性指导文件的26%，反映出广东在市级层面的绿色金融政策普及度高，在全国范围内起到了表率作用。上海、江苏和北京以接近的数量（分别为20项、19项和18项）位居第二、第三和第四。除黑龙江、海南、宁夏、西藏等省份外，多数省份已从市级层面出台绿色金融综合性指导文件。

从政策内容来看，相比于省级绿色金融综合性指导文件，市级绿色金融综合性指导文件的指向性更强，也更加具体和详细。部分城市重点关注气候

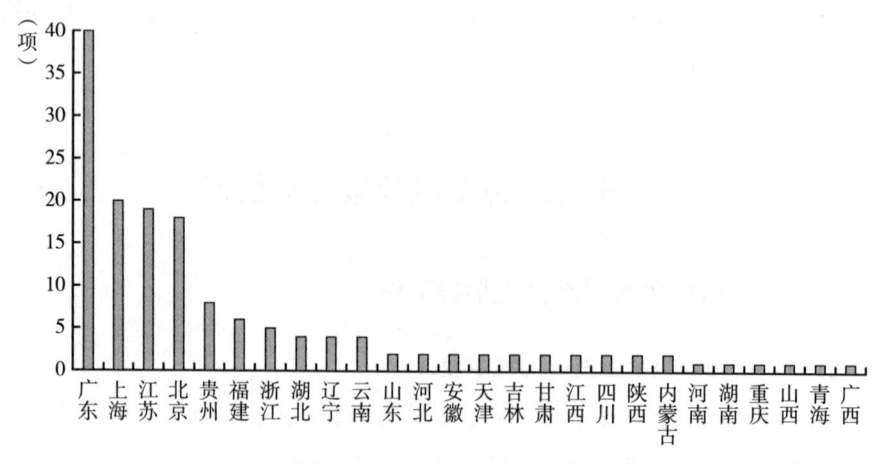

图23 截至2022年末全国已发布市级绿色金融综合性指导文件数量

资料来源：中央财经大学绿色金融国际研究院整理。

投融资，明确表示将推进项目库建设相关工作。部分地区则对促进低碳和蓝绿空间的发展提出了具体的目标要求，如武汉市发布《武汉长江经济带降碳减污扩绿增长十大行动实施方案》，从生产、流通、消费等方面对绿色低碳发展提出目标，并围绕"深化长江大保护金融创新实践行动实施方案"提出了深化绿色金融发展的相关要求。

2.市（县）级绿金改试验区的设立

除国家级绿金改试验区外，部分省份也高度重视自身绿色金融的先行先试，从省级或市（县）级层面确立区域性绿金改试验区，以此激励地方绿色发展。截至2022年底，全国已有16个省份共设立市（县）级绿金改试验区32个（见表13）。

表13 截至2022年末全国各省份市（县）级绿金改试验区分布

所在省份	市级绿金改试验区	设立年份
广　西	河池市南丹县、南宁市、柳州市、桂林市、贺州市	2018、2020
四　川	成都市、广元市、南充市、雅安市、阿坝州	2018
云　南	普洱市、曲靖市、红河州、蒙自市	2021

续表

所在省份	市级绿金改试验区	设立年份
黑龙江	双鸭山市、齐齐哈尔市、伊春市	2021
湖 北	京山市、黄石市	2017
福 建	三明市、南平市	2020
陕 西	安康市、汉中市西乡县	2016
江 苏	徐州市	2022
河 南	南阳市	2017
安 徽	合肥市庐阳区	2017
甘 肃	武威市	2017
山 西	大同市	2020
青 海	格尔木市柴达木盆地	2016
内蒙古	鄂尔多斯市	2020
北 京	北京市通州区	2017
湖 南	湘乡市	2021

资料来源：中央财经大学绿色金融国际研究院整理。

从梯队分布来看，第一梯队中多数非国家级绿金改试验区所在省份设立了市（县）级绿金改试验区。第二梯队省份设立市（县）级绿金改试验区的表现积极，包括广西、湖北、陕西、河南、安徽、山西、湖南在内的省份均在2016~2021年设立了地方试点。第三梯队中青海早在2016年设立了地方试点，云南、黑龙江于2021年陆续开展试点建设工作。

在气候投融资试点方面，2022年生态环境部公布23个国家级试点地区，除此之外，仅广西百色发布了支持开展气候投融资试点的相关政策，全国市级试点数量仍较少，有待进一步探索建设。

3. 推动绿色金融与市场主体的联动

总体来看，第一梯队中多数省份的市级政府已和市场主体达成绿色金融战略合作协议，但达成协议的数量有差别。其中，北京、广东、上海三地下辖市级政府部门依托发达的地方经济和繁荣的金融市场，已和市场主体进行了广泛的绿色金融合作。第二和第三梯队省份的市级政府部门在与市场主体合作方面的表现远逊色于第一梯队，仅部分市级政府部门和市场主体达成了协议，如第二梯队的陕西省西安市和第三梯队的内蒙古自治区呼和浩特市。

从达成战略合作协议数量来看，2022年，北京、广东、上海、山东、江苏五地下辖市级政府部门与市场主体达成的战略合作协议较多（见图24）。2022年，深圳市政府签署4项战略合作协议，居于首位；广州市政府、南京市政府、青岛市政府、贵阳市政府各签署2项战略合作协议；福建、湖北、甘肃、内蒙古、陕西五地省会（首府）城市的市政府均签署1项战略合作协议。经济发达、金融市场繁荣的东部省份的市政府与市场主体合作的项目更多、范围更广、程度更深，而经济增速较慢、体量较小的中西部省份的市级政府与市场主体的合作进度较慢、规模较小。总体上，各省会（首府）城市政府部门对绿色金融发展的重视程度更高。

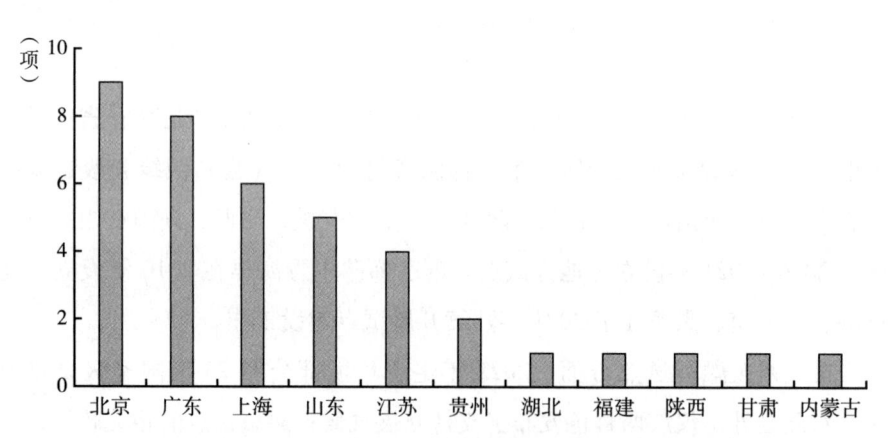

图24 2022年全国31个省份市级政府部门与市场主体达成的绿色金融战略合作协议数量

资料来源：中央财经大学绿色金融国际研究院整理。

苏州市作为非省会城市、非国家级绿金改试验区，是推动绿色金融和市场主体联动的典范。作为工业大市，苏州致力于通过绿色金融实现城市经济低碳转型，持续加强政企联动，推动"产学研金"合作。智库、研究院的加入有效推动了苏州绿色金融产品和服务的开发与绿色金融体系的建立。同时，科研机构的研究成果在一定程度也为苏州金融监管机构的政策制定提供了支持。

（二）市级绿色金融专项指导文件

1. 绿色金融工具类专项指导文件

从总体来看，第一梯队省份发布市级绿色金融工具类专项指导文件数量最多，文件出台数量排名前5的省份均属于第一梯队，其中四川和甘肃的表现尤为突出。第二梯队和第三梯队省份发布的市级绿色金融工具类专项指导文件数量相近，略逊于第一梯队，第二和第三梯队中不同省份的表现存在较大的差异，其中文件发布数量最多的为第三梯队中的内蒙古，累计发布9项市级绿色金融工具类专项指导文件。此外，国家级绿金改试验区所在省份均已发布市级绿色金融工具类专项指导文件，其中甘肃发布数量最多，累计16项，甘肃下辖7市已发布市级绿色金融工具类专项指导文件，其中武威市的发布数量最多，累计4项。

从发布时间来看，市级绿色金融工具类专项指导文件的发布时间跨度较大，不同省份发布市级绿色金融工具类专项指导文件的时间有较大差异。整体来看，市级绿色金融工具类专项指导文件的发布时间主要集中在2017~2022年。

从发布内容来看，市级绿色金融工具类专项指导文件主要围绕绿色金融发展工作展开，与银行业、保险业等行业密切相关。同时，市级绿色金融工具类专项指导文件还对绿色信贷、绿色保险、绿色债券、绿色基金、绿色直接融资渠道、碳账户等绿色金融工具的建设和使用做出部署。市级绿色金融工具类专项指导文件的类型大多数为实施方案和实施意见，多着眼于推动绿色金融工具应用的具体措施，重视和细化任务操作指南，提供具体的指导和支持，划定多部门、多利益相关方的职责，推动各方协同合作，以确保政策

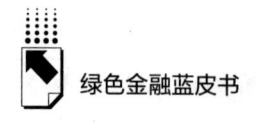

的有效性和可操作性。

2.绿色金融支持产业发展类专项指导文件

总体来看，截至2022年末，我国有30个省份已制定市级层面的绿色金融支持产业发展类专项指导文件，但完备程度呈现较大的差异（见图25）。第一梯队中广东、北京、江苏、福建等省份较好地发挥了绿色金融手段对产业融资的支持作用，主动通过完善绿色金融政策，引导产业绿色健康发展；四川、浙江等省份在省级政策支持方面较为完善，但在市级层面形成的具有针对性的政策较为有限，仅针对部分地区进行了布局。第二梯队中的湖北长期以来将修复长江生态环境摆在关键位置，对绿色发展的高度重视使其在产业支持政策方面的发展较为突出。第三梯队各省份的发展整体相对滞后，其中宁夏在2022年以来有较明显提升，以银川、吴忠、固原三市为主，在市级政策完善方面积极探索。

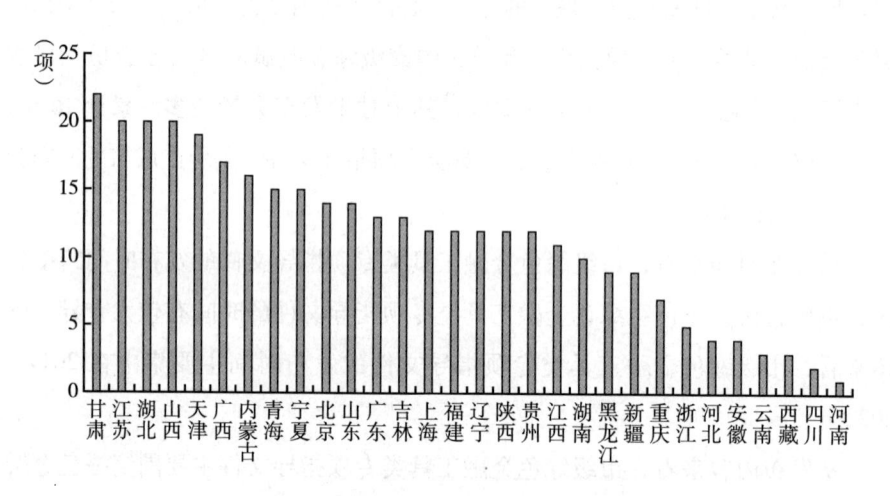

图25　截至2022年末全国已发布市级绿色金融支持
产业发展类专项指导文件数量

资料来源：中央财经大学绿色金融国际研究院整理。

从政策内容来看，政策重点的差异性也较为显著。例如，江苏各市级行政单位因地制宜地在绿色建筑、绿色建材、绿色石化、绿色制造业、绿色物流、工业区转型等方面出台政策，并在其中提出了绿色金融支持的相关要求，体现出各市各行业的特征和差异，可操作性更强。

从发展趋势来看，我国市级层面绿色金融支持产业发展类专项指导文件的发展大致可分为三个阶段（见图26）。2008~2014年为起步阶段，缺乏整体性的政策架构，绿色金融支持局限在少数行业，主要涉及的领域为节能减排、绿色建筑和绿色城市建设。其中，节能减排政策体现出较强的强制性，对违规企业进行关停以及融资限制等。例如，2010年天津市《滨海新区节能工作实施方案》要求"对违规在建项目，有关部门要责令停止建设，金融机构一律不得发放贷款。对违规建成的项目，要责令停止生产，金融机构一律不得发放流动资金贷款，有关部门要停止供电供水"。2014~2021年为完善阶段，借"十三五"规划的契机，各地政府逐步将绿色金融和绿色产业政策纳入市级规划框架之中。例如，2016年山西省忻州市发布《忻州市金融业"十三五"发展规划（2016~2020年）》，明确提出了绿色金融对煤炭、电力、铁矿等重点传统产业的支持要求。在这一时期，循环经济、绿色经济等概念逐步取代了单纯的节能减排概念，体现了政策适应社会经济发展和环保概念演进的特征，绿色金融专门政策开始出台。2021年至今为细化阶段，在较为明确的地

	起步阶段 （2008~2014年）	完善阶段 （2014~2021年）	细化阶段 （2021年至今）
主要 特征	少数行业引导的局部性产业支持政策	绿色金融专门政策出台	整体性政策进一步完善，支持性政策所涉及行业的多样性提升，"碳达峰""碳中和"市级具体实施方案逐步推广
代表 领域	节能减排	绿色建筑	高新产业、工业区转型
	绿色建筑	绿色城市建设	新能源、氢能
	绿色城市建设	农业、矿业	林业、养殖业、地方特色产业

图26 我国市级绿色金融支持产业发展类专项指导文件的发展脉络

资料来源：中央财经大学绿色金融国际研究院整理。

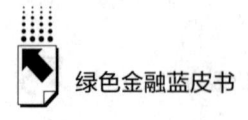

方性绿色产业框架下，各地基于产业结构和资源禀赋的差异以及地方特色，出台具体的多元化行业支持政策，同时也开始了在新能源、氢能、高新产业和传统工业区转型等方面的布局，力求在产业升级过程中给予绿色产业更明确的支持。

3.绿色金融激励类专项指导文件

传统经济模式和产业结构对环境造成了巨大的压力，我国政府在应对气候变化和推动可持续发展方面采取了积极行动，通过引入绿色金融激励政策，调动资金流向低碳和可持续发展领域，推动经济的绿色化转型（见表14）。一方面，政府积极鼓励金融机构提供绿色贷款和绿色债券，以支持对可再生能源、节能环保项目等低碳领域的投资，减少对高碳行业的依赖；另一方面，政府通过税收优惠、减免和奖励机制等方式，加快引导资金流向绿色领域。此外，政府加强对金融机构的监管，确保其在投资决策中考虑环境和社会的因素，在促进绿色产业发展的同时减少污染和资源消耗，为未来的可持续发展奠定坚实的基础。

表14 截至2022年末全国部分省份市级绿色金融激励类专项文件发布情况

省份	政策名称	具体措施
北京	《"两区"建设绿色金融改革开放发展行动方案》	鼓励银行业金融机构加强对绿色项目的信贷支持。用好用足人民银行创设的碳减排支持工具，发挥"京绿融"专项再贷款工具和"京绿通"专项再贴现工具作用,提高绿色企业获贷率和信用贷款率
	《关于构建首都绿色金融体系的实施办法》	对于绿色信贷支持的项目，可按规定申请财政贴息支持。完善全市绿色担保体系,建立专业化绿色担保机制,撬动更多社会资本投资于绿色产业
	《东城区"十四五"时期生态环境保护规划》	完善财政支持政策,对重大低碳节能工程、示范项目给予补助、奖励。鼓励金融机构加大对绿色低碳企业和项目的信贷支持力度,开展绿色金融、能效融资等业务

续表

省份	政策名称	具体措施
上海	《上海绿色金融行动方案》	一是积极部署绿色金融发展战略。健全绿色金融发展规划，制定绿色运营行动方案。二是加快完善绿色金融推进机制。建立绿色金融组织体系，优化绿色金融资源配置，完善绿色金融管理流程，开发绿色金融专业系统。三是全力服务重点领域绿色发展。推进重点行业绿色发展，推进重点企业绿色改造，推进重点区域绿色建设，推进绿色科技发展，推动绿色生活方式构建。四是主动深化绿色金融创新实践。推动绿色信贷产品和服务创新，拓宽绿色融资渠道，丰富绿色保险产品和保障体系，探索碳金融市场服务创新。五是深入探索绿色金融合作模式。推进绿色金融跨部门协作，推进绿色金融银行业保险业合作，推进绿色金融产学研联动，推进绿色金融区域合作和绿色金融国际合作。六是持续健全绿色金融风险防控体系。建立健全环境、社会和治理（ESG）风险管理体系，完善对客户的环境、社会和治理风险管理，加强绿色金融风险管理，运用保险工具进行环境风险管理。七是逐步推动绿色金融标准体系建设。建立对标国际的ESG信息披露机制，完善绿色金融标准体系，推动建立碳金融评价标准体系。八是营造良好绿色金融发展外部环境。积极推动绿色项目库建设。发挥行业协会协调服务作用，加强同业互促与宣传贯彻交流
	《上海加快打造国际绿色金融枢纽服务碳达峰碳中和目标的实施意见》	大力发展绿色债券。扩大绿色债券发行规模，建立绿色债券项目储备，推动绿色债券增量扩面。支持金融机构发行绿色债券，支持符合条件的企业发行绿色企业债、公司债和非金融企业债务融资工具。通过信用风险缓释凭证和担保增信等方式，降低绿色低碳企业发债难度和成本。支持发行地方政府债券用于绿色低碳项目
	《上海银行业保险业"十四五"期间推动绿色金融发展服务碳达峰碳中和战略的行动方案》	号召上海市全体银行业金融机构，切实担负起绿色发展的金融责任。具体倡议包括九个方面：一是助力上海在2025年率先实现碳达峰；二是助推上海国际绿色金融中心建设；三是推动长三角一体化高质量绿色发展；四是加快绿色金融产品创新；五是加强绿色信息披露和数据共享；六是推动完善绿色金融政策和标准；七是健全绿色风险防控体系；八是努力探索绿色金融赋能社会治理；九是积极践行绿色环保低碳运营

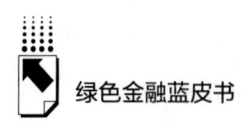

续表

省份	政策名称	具体措施
广东	《关于促进中山市绿色信贷发展的指导意见》	强化政策设计，确立绿色金融发展导向。从牢固树立绿色发展理念、加强绿色信贷管理、创新绿色信贷产品及服务、防范绿色金融风险、落实绩效评价及信贷政策支持五大方面提出16条具体措施，明确发展绿色金融的政策导向
	《中国人民银行中山市中心支行关于运用再贷款再贴现工具支持绿色金融发展的通知》	运用货币工具，向绿色金融导入政策资金。运用再贴现工具引导银行机构创新开办绿色票据业务，有效促进政策资金精准流向绿色金融领域。截至2021年10月末，累计办理绿色再贴现业务509笔、金额1.5亿元。开展绿色信贷业绩评价，落实常态化激励机制。2019年以来，每季度对中山农商行开展绿色信贷业绩评价，将评价结果纳入宏观审慎评估（MPA评估）和央行评级，形成对地方法人银行机构开展绿色信贷业务的常态化激励机制
	《关于促进广州绿色金融改革创新发展的实施意见》	加大绿色信贷产品创新力度。鼓励银行业金融机构加大对广州绿色产业和项目信贷的支持力度，信贷产品重点向节能减排、生态农业、海绵城市建设、黑臭水体整治、排水防涝等领域倾斜，支持开展合同能源管理、企业特许经营权、排污权和碳排放权等环境权益抵质押业务，支持新能源汽车等重点产业。对上年度绿色贷款余额增量达到25亿元（含）以上的银行机构，给予贷款余额增量0.02%的补贴，最高不超过100万元
	《关于支持广州区域金融中心建设的若干规定》	对普惠金融、绿色金融、农村金融发展项目按以下标准给予补贴：鼓励在穗银行机构加大对绿色金融的服务力度，对上年度绿色贷款余额增量达到25亿元（含）以上的（统计口径依照中国人民银行），给予贷款余额增量0.02%的补贴，最高不过100万元。此外，2017年7月广州市花都区率先出台支持绿色金融和绿色发展"1+4"配套政策体系，每年安排10亿元资金，对各类金融机构落户、开展绿色金融创新和绿色金融业务等给予补贴奖励。2018年10月，广州市金融局印发《2018年广州高层次金融人才目录及评定标准》，将绿色金融人才纳入金融高级专业人才范畴，对获评的绿色金融专业人才最高给予20万元奖励。目前，广州在市、区两级已基本形成较为完备的绿色金融扶持奖励体系
	《广东省广州市建设绿色金融改革创新试验区总体方案》	"绿色金融10条"围绕机构、产品、市场、平台、创新五大维度，从绿色金融组织机构、绿色贷款、绿色债券及资产证券化、绿色保险、绿色基金、绿色企业上市挂牌、地方金融机构绿色业务、绿色金融风险补偿、绿色认证费用、绿色金融创新10个方面落笔，提出22项具体措施

续表

省份	政策名称	具体措施
广东	《深圳经济特区绿色金融条例》	第一,构建全国最优的绿色经济发展法治化营商环境,促进绿色经济发展。从组织体系、管治架构、投资评估和环境信息披露等角度规范金融机构的绿色金融业务和行为,从发展规划、标准制度、政策支持、国际合作、人才培养等领域促进和保障金融机构的绿色金融业务。第二,构建全球领先的绿色金融可持续发展商业生态,吸引全球资本。对金融机构环境信息披露,以及绿色融资主体资金使用、防止和惩罚"洗绿"等方面进行规定。第三,打造深圳市"绿色金融"品牌,实施"双品牌"运营。在全市"十四五"规划中提出打造三个中心,即全球创新资本形成中心、全球金融科技中心和全球可持续金融中心
	《金融支持汕头建设新时代中国特色社会主义现代化活力经济特区的实施意见》	在用好用足支小支农再贷款、再贴现等政策工具的基础上,立足地方绿色产业,探索开办"绿票易"再贴现业务,建立130多家绿色信贷企业名单库,支持银行开展绿色票据业务,通过安排专项额度、优先办理等措施支持机构用好再贴现工具,支持绿色产业发展
	《湛江市发展绿色金融支持碳达峰行动实施方案》	方案提出,力争到2025年,与碳达峰相适应的绿色金融服务体系基本建立,绿色信贷占全部贷款余额的比重达到10%左右,绿色保险深入参与气候和环境风险治理,绿色企业利用资本市场直接融资取得积极进展。到2030年,绿色金融服务体系持续优化,绿色信贷占全部贷款余额的比重达到15%左右,多样化的绿色金融产品与衍生工具不断创新丰富,生态产品价值实现与交易体系不断完善,2030年前支持湛江市碳达峰目标顺利实现。方案要求实施"六大行动":一是实施绿色金融体系培育行动,完善绿色金融组织体系,加大绿色金融资源投入;二是实施绿色金融服务提质行动,开展常态化绿色融资对接,创新绿色信贷产品服务,加快发展绿色保险业务,拓宽绿色低碳融资渠道,推动绿色金融数字化转型;三是实施绿色产融结合升级行动,提高金融服务绿色产业发展能级,支持产业发展高端化、能源利用高效化、交通运输低碳化、城乡建设节能化;四是实施绿色金融支持"红树林之城"建设行动,加大红树林保护修复信贷支持,强化红树林生态产业金融支持,推动碳汇开发和交易;五是实施绿色资本市场赋能行动,支持绿色企业上市挂牌,加快发展绿色债券融资;六是实施绿色金融环境优化行动,加强绿色金融风险防控,深化绿色金融交流合作
	《茂名银保监分局推进用好政策性金融工具工作方案》	扩大绿色金融供给。引导辖区银行机构强化对绿色化工、清洁能源、生态治理等领域的金融支持,绿色信贷规模实现快速发展

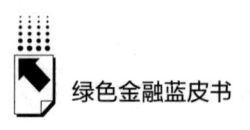

续表

省份	政策名称	具体措施
广东	《肇庆市推动绿色金融创新发展十项行动计划》	一是充分发挥货币信贷政策工具的绿色导向作用,完善绿色金融的正向激励机制;二是健全完善绿色金融组织体系,推动金融机构绿色转型发展;三是加快创新绿色金融产品和服务,积极推动环境权益融资产品创新和探索绿色信贷资产证券化;四是加快发展绿色债券,拓宽绿色经济主体的融资渠道;五是加快发展绿色保险,拓展绿色发展领域风险管理手段;六是积极发展绿色直接投资,引导更多社会资本流入绿色产业领域;七是积极推进绿色金融基础设施建设,提高绿色金融服务质量和效率;八是积极推进多层次绿色金融合作,积极争取绿色"融资、融智"支持服务;九是构建绿色金融服务产业转型升级发展机制,助力肇庆市工业发展"366"工程和创新驱动发展"1133"工程实施;十是健全完善绿色金融风险防范化解机制,推动绿色金融持续健康发展
	《关于印发创新金融服务支持实体经济发展若干措施的通知》	先后牵头召开梅州稳住经济大盘电视电话会、助企纾困政策落实分析会,举办梅州市金融支持乡村振兴现场会、"创新金融服务、支持实体经济"调研座谈会以及文化旅游和交通运输等行业纾困惠企政策宣贯会,推动金融政策落地见效
江苏	《关于印发大力发展绿色金融实施方案的通知》	方案锚定了6个方面18项重点任务:搭建绿色金融基础性制度框架;加大绿色金融重点领域支持;完善绿色金融服务体系;创新绿色金融产品服务;积极申报绿色金融改革创新试点;健全绿色金融风险防控机制。同时,发挥财政政策的重要作用,运用财政奖励、贴息、费用补贴、风险补偿等方式,促进绿色金融发展,引导金融资源向绿色产业和绿色项目集聚。到2025年末全市绿色信贷余额达1400亿元以上,年均增速不低于25%,绿色信贷新增占比不低于10%,绿色企业直接融资规模不低于1000亿元
	《关于支持南京高新区绿色发展的实施细则》	培育绿色产业和企业,鼓励各高新园区围绕打造节能环保、新能源汽车、智能电网三大绿色产业,布局一批绿色技术新业态、建设一批高能级绿色创新平台和新型研发机构,引进一批绿色产业项目,培育一批绿色技术创新企业、推广一批绿色技术(产品),打造绿色主导产业。鼓励企业和科研机构开展绿色技术(产品)研发或绿色先进技术循环化改造。推动企业加快实现绿色技术成果转化,依据企业项目申报组织评审,给予每个项目最高50万元的支持

据不完全统计，截至2022年末，全国30个省份已发布市级绿色金融激励类专项指导文件，累计数量达150项（见图27）。其中，第一梯队表现最为突出，共出台66项市级层面的绿色金融激励类专项指导文件。其中，甘肃（20项）、广东（13项）出台的数量较多。第二梯队与第一梯队相差不大，共出台绿色金融激励类专项指导文件51项，其中广西出台的政策高达13项。第三梯队的表现参差不齐，共出台绿色金融激励类专项指导文件33项，其中天津达11项。

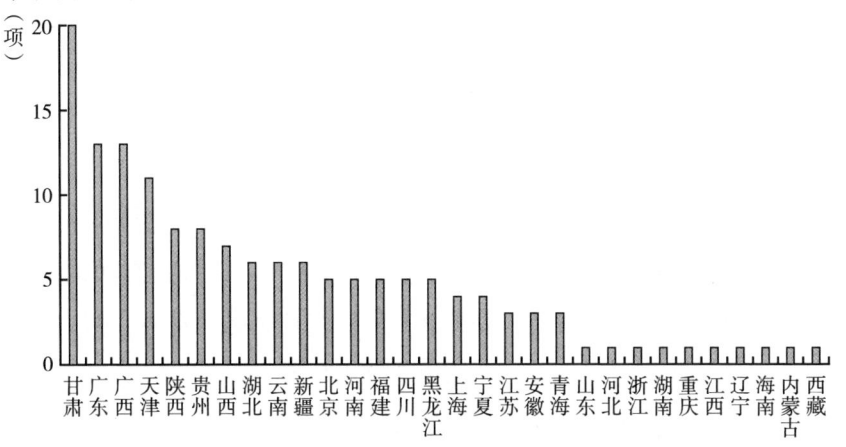

图27　截至2022年末全国市级绿色金融激励类专项指导文件数量

资料来源：中央财经大学绿色金融国际研究院整理。

绿色金融激励类专项指导文件主要涉及以下方面：对绿色项目实施贴息政策以及减轻贷款风险；通过再贷款、再贴现等货币政策工具为发放符合条件的绿色信贷的金融机构提供政策支持；通过风险共担或风险补偿机制降低发放绿色信贷的金融机构和第三方担保机构面临的潜在风险。

贴息类激励文件是绿色金融激励的一类专项指导文件，从绿色金融贴息类激励文件的发布情况来看，各省份差距不大。截至2022年末，北京、广东、甘肃和广西各出台3项市级贴息类激励文件，福建、陕西、云南各出台2项，江西、湖北、四川、辽宁和西藏各出台1项（见图28）。随着贴息政策的日益完善和可操作性的进一步提升，部分地方还发布了专项贴息指引，明确贴息范围、贴息规模和贴息期限。

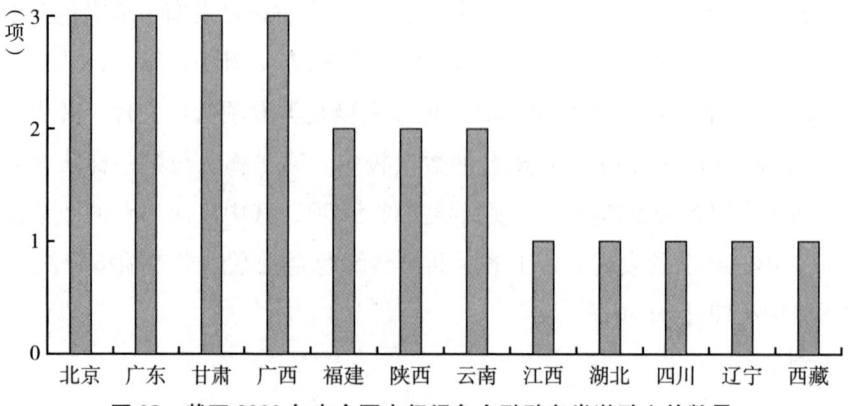

图28 截至2022年末全国市级绿色金融贴息类激励文件数量

资料来源：中央财经大学绿色金融国际研究院整理。

在货币类激励文件方面，广东、广西等开展了较多激励尝试（见图29），通过充分运用再贷款、再贴现等货币政策工具，鼓励金融机构加大对绿色产业和项目的融资支持，并提高其发展绿色金融的动力。例如，《中国人民银行中山市中心支行关于运用再贷款再贴现工具支持绿色金融发展的通知》提出，运用再贴现工具引导银行机构创新开办绿色票据业务，有效促进政策资金精准流向绿色金融领域。

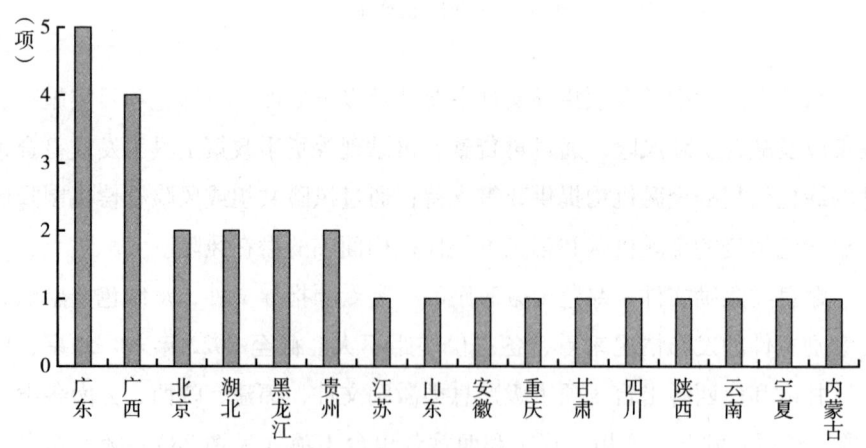

图29 截至2022年末全国市级绿色金融货币类激励文件数量

资料来源：中央财经大学绿色金融国际研究院整理。

在风险补偿类激励文件方面，截至 2022 年末，共有 21 省已发布 49 项风险补偿类激励文件，其中广东、河南各发布了 5 项（见图 30）。建立有效的风险补偿机制，分担金融机构风险，是推动绿色融资的有力抓手，上海、天津、福建等下辖市级行政单位发布的绿色金融风险补偿类激励文件数量也较为领先。

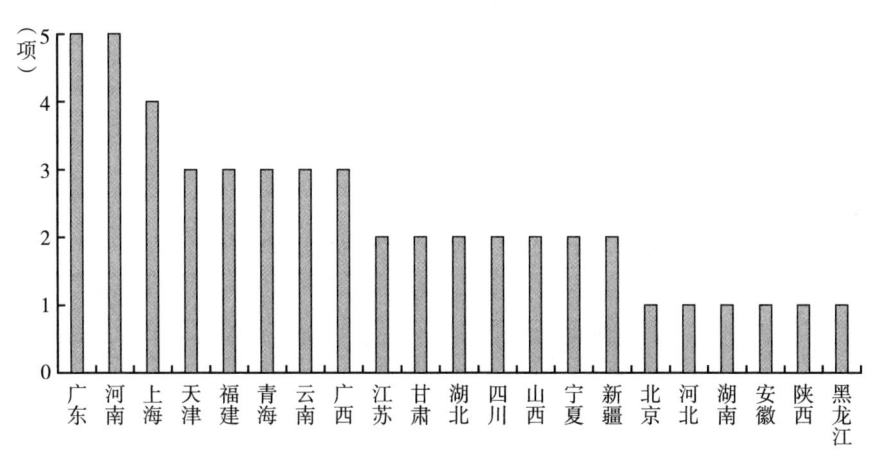

图 30　截至 2022 年末全国市级绿色金融风险补偿类激励文件数量

资料来源：中央财经大学绿色金融国际研究院整理。

三　便利绿色金融市场主体的配套设施

地方绿色金融机构与绿色融资主体在共同推动绿色金融创新实践中做出了卓有成效的努力，为进一步降低交易成本、更快推动相关政策落实，各层级的市场配套设施是否搭建完善仍是市场主体关注的焦点。

（一）绿色金融信息共享机制的建立

1. 绿色信息共享平台

绿色信息共享平台包括绿色的项目库、信息及数据服务平台等，通过各

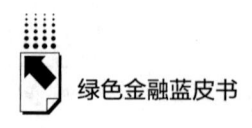

政府部门、金融机构建立数据共享机制,实现绿色数据与信息的汇集,降低信息壁垒,提高绿色产融对接效率。

由于各地区发展状况不同,因此各地绿色信息共享平台建设进展存在差异,部分地区已经建设完善,提供了丰富的绿色信息资源,而一些地区仍处于起步阶段。截至2022年末,全国共有20个省份建设了绿色信息共享平台,包括各类绿色项目库、绿色企业名录、综合性绿色信息共享平台等共50个,分别位于北京、新疆、重庆等地(见表15)。国家级绿金改试验区所在省份以及经济发达省份的建设进度较快,其中北京和新疆已经各建立了5个绿色信息共享平台,在全国范围内较为领先。

表15 截至2022年末全国绿色信息共享平台

省份	平台名称
安徽	绿色发展重点项目库
	安徽新能源汽车绿色运力共享平台
北京	北京环保公众网企业事业单位环境信息公开平台
	企业碳账户和绿色项目库系统
	绿色建筑评价标识认证信息化平台
	绿色安全农产品物流信息平台
	北京环境交易所绿色项目库
重庆	两江新区绿色金融项目库
	绿色投融资项目库
	重庆江北新区金融重点支持绿色企业名录库
福建	福建省林业信息共享服务平台
广东	打好污染防治攻坚战专项资金(绿色发展用途)项目库
	广东省中小微企业信用信息和融资对接平台"粤信融"
	广东省绿色建筑信息平台
贵州	贵安新区绿色金融项目库
	贵州省绿色金融项目库
	贵州省绿色项目信息共享平台
河南	河南省金融服务共享平台
	河南绿色数据中心公共服务平台
	绿色建材采信应用数据库管理平台
黑龙江	龙江绿金云服务平台

续表

省份	平台名称
湖北	绿色发展项目建设库
	湖北绿色产业项目综合服务平台"鄂绿通"
	湖北新能源汽车绿色运力共享平台
湖南	绿色发展重点项目库
	湖南省生态环境公众参与平台
	湖南省新能源汽车绿色运力共享平台
	湖南省绿色低碳公共服务平台
江苏	江苏省绿色技术知识产权公共服务平台
	江苏省绿色建筑综合服务平台
江西	赣江新区绿色项目库
	江西省绿色企业信息平台
	江西省绿色产业项目库
山东	山东省环保金融项目库
	山东省污染源监测信息共享系统
	山东省绿色制造项目库
陕西	陕西绿色建筑信息服务平台
上海	上海企事业单位生态环境服务平台
	上海"产业绿贷"综合性融资服务平台
四川	四川省环境保护涉税信息共享平台
天津	天津市绿色建筑信息共享平台
新疆	新疆绿色金融改革创新试验区绿色项目库
	新疆绿色金融数据库服务平台
	新疆绿色建材信息管理平台系统
	新疆维吾尔自治区污染源监测数据管理与信息共享系统
	新疆生态环境大数据平台
浙江	浙江省企业信用信息服务平台
	浙江省绿色信贷信息共享平台
	浙江绿色制造系统集成项目库
山西	绿色制造体系项目库

资料来源：中央财经大学绿色金融国际研究院整理。

从梯队分布来看，第一梯队中除甘肃外都已经建立省级绿色信息共享平台（见图31），其中北京、山东、上海、广东等省份的绿色信息共享平台类型较为丰富，包含环境信息平台、绿色建筑平台、污染源监测平台、绿色安全农产品平台、绿色项目库等类型。第二梯队中多数省份也已建立省级绿色信息共享平台，其中新疆建设5个绿色信息共享平台，与北京持平，在第二梯队省份中保持领先，其绿色信息共享平台包括以下类型：绿色金融数据库服务平台、绿色建材信息管理平台、污染源监测数据管理与信息共享系统、生态环境大数据平台、绿色金融改革创新试验区项目库。新疆做到了多类型绿色信息共享平台的建设，为全国其他省份的绿色金融实践提供了样板。第三梯队中仅有天津、黑龙江各建立了1个省级绿色信息共享平台。由此可以看出，不同梯队之间绿色信息共享平台的建设情况差别较大。

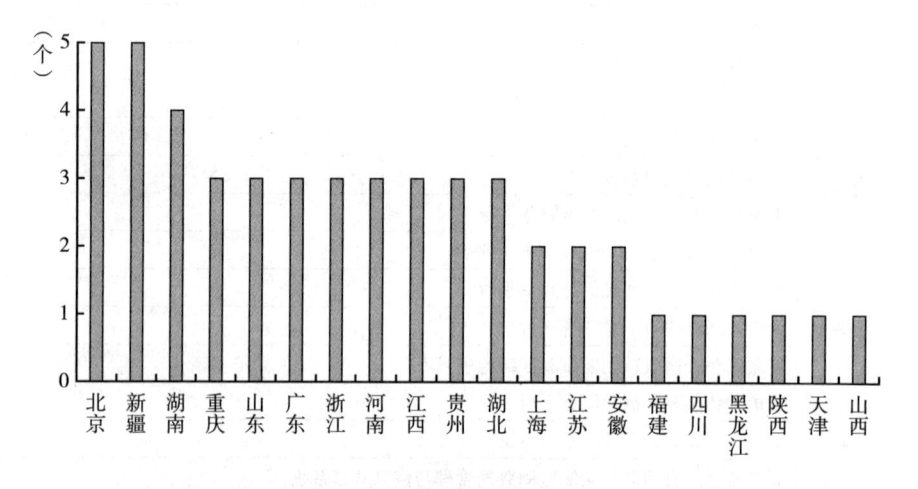

图 31　截至 2022 年末全国既有省级绿色信息共享平台数量

资料来源：中央财经大学绿色金融国际研究院整理。

绿色信息共享平台可以整合和共享绿色信息资源，包括环境监测数据、政策法规、绿色科技创新案例等。在绿色信息共享平台相对成熟的地区，如北京或上海，地方政府通常会制定相关政策和措施，包括鼓励各部门合作、支持绿色科技创新等，以推动地方绿色信息共享平台的进一步发展。同时，地方政府也会进行宣传和推广活动，提高公众对绿色信息共享平台的认知度和使用率。

以浙江省绿色信贷信息共享平台为例，该信息共享平台构建了绿色信贷信息共建共享机制，包括政策法规信息、企业环境信息、企业环境信息使用情况三方面的内容。平台的建立有助于健全绿色信贷管理机制，构建绿色信贷管理体系、强化绿色信贷全流程管理、实行差别化绿色信贷政策、创新绿色信贷产品和服务。

市级绿色信息共享平台的建设情况存在较大差异，其中，浙江、新疆的建设情况较好（见表16）。截至2022年底，全国共有10个省份建立了21个市级绿色信息共享平台（见图32）。从梯队分布来看，整体而言，第一梯队省份建设市级绿色信息共享平台的数量较多，其中浙江以7个市级绿色信息共享平台成为全国建设市级绿色信息共享平台最多的省份，包括湖州市的绿色金融国企平台、金华市的企业信用信息服务站、绍兴的绿色制造体系项目库等。浙江省各市级行政单位以其所在地区的绿色实践为基础，创建了能够促进绿色金融发展的信息共享平台。在第二梯队中，新疆表现突出，以共计6个市级绿色信息共享平台的数量居全国第二位，其中阿勒泰、昌吉、哈密、克拉玛依等地皆成立了与绿色金融改革创新试验区相联系的绿色项目库。第三梯队中仅辽宁大连设立了绿色企业库和绿色项目库，以整合大连市内各绿色企业和项目。从绿色金融改革创新试验区来看，浙江、新疆、广东、江西、甘肃皆已下沉至市级搭建绿色信息共享平台。

表16 截至2022年末全国市级绿色信息共享平台分布

省份	所在地区	平台名称
新疆	阿勒泰	阿勒泰地区绿色金融改革创新试验区绿色项目库
	昌吉	昌吉回族自治州绿色金融改革创新试验区绿色项目库
	哈密	哈密市绿色金融改革创新试验区绿色项目库
	伊犁	伊犁哈萨克自治州绿色金融改革创新试验区绿色项目库
	乌鲁木齐	乌鲁木齐绿色金融改革创新试验区绿色项目库
	克拉玛依	克拉玛依市绿色金融改革创新试验区绿色项目库

续表

省份	所在地区	平台名称
河北	保定	保定绿色建材采信应用服务平台
辽宁	大连	辽宁绿色企业库和绿色项目库
江西	赣江新区	江西赣江新区绿色项目库
广东	广州	广州市花都区穗碳计算器
甘肃	嘉峪关	嘉峪关市绿色生态产业发展重点项目库
山东	淄博	淄博绿色企业项目库
浙江	台州	台州市数智金融服务平台
	宁波	宁波市普惠金融信用信息服务平台
	衢州	绿色金融服务信用信息平台"衢融通"
	湖州	湖州数智绿金
	金华	浙江省企业信用信息服务中心（金华站）
	湖州	湖州市绿色金融国企平台
	绍兴	绍兴市绿色制造体系项目库
湖北	武汉	武汉市绿色金融信息共享系统
江苏	徐州	徐州绿色企业分类名录库

资料来源：中央财经大学绿色金融国际研究院整理。

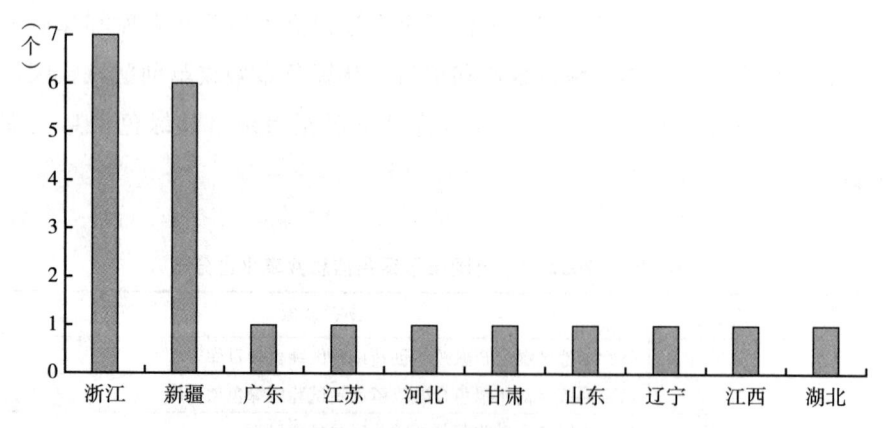

图 32 截至 2022 年末全国市级绿色信息共享平台数量

资料来源：中央财经大学绿色金融国际研究院整理。

2. 绿色金融工具投融资平台

绿色金融工具投融资平台是各级地方政府成立的，以活跃绿色投融资市场为主要目的的平台。当前，各地的绿色金融工具投融资平台都在蓬勃发展，为绿色金融工具的创新以及绿色金融市场的发展提供了更多的机会。

截至2022年末，已有20个省份设立了省级绿色金融工具投融资平台，累计数量达30个（见图33）。

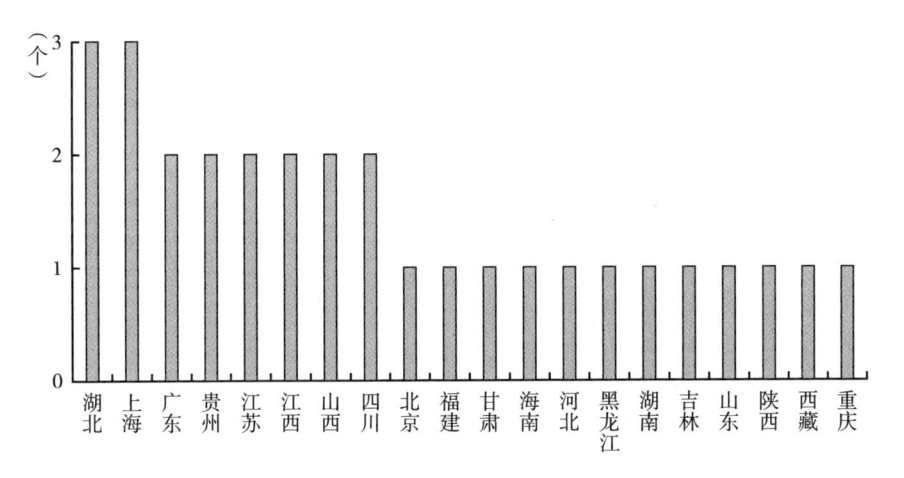

图33 截至2022年末全国省级绿色金融工具投融资平台数量

资料来源：中央财经大学绿色金融国际研究院整理。

截至2022年末，多数第一梯队省份已建成省级绿色金融工具投融资平台，平台数量明显居前，其中上海已建成3个省级绿色金融工具投融资平台（见表17）。第二梯队中半数以上省份建立了省级绿色金融工具投融资平台，其中，湖北以3个省级绿色金融工具投融资平台居全国首位，山西已建立2个省级绿色金融工具投融资平台，湖南、重庆、河北、陕西则分别建立了1个省级绿色金融工具投融资平台。第三梯队中仅有4个省份建立了省级绿色金融工具投融资平台，其中，吉林建立了"吉企银通"投融资平台，海南建立了海南省智慧金融综合服务平台，黑龙江建立了龙江绿金云服务平台，西藏建立了西藏自治区普惠金融综合服务平台。从梯队情况来看，第二梯队和第三梯队发展差距较小，但与第一梯队相比存在较大差距。

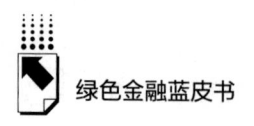

表17　截至2022年末全国省级绿色金融工具投融资平台

省份	平台名称
北京	"畅融工程"平台
重庆	"长江绿融通"绿色金融大数据综合服务系统
福建	福建省金融服务云平台——绿色工业金融专区
甘肃	甘肃信易贷——绿色金融服务子系统
广东	广碳所绿色金融服务平台
广东	粤信融(绿金区)
贵州	贵州金服平台——绿色金融版块
贵州	贵州省绿色金融综合服务平台
海南	海南省智慧金融综合服务平台(绿色金融服务专区)
河北	河北省金融服务平台——绿色金融专区
黑龙江	龙江绿金云服务平台
湖北	湖北碳排放权交易中心
湖北	湖北环境资源交易中心
湖北	湖北绿色金融综合服务平台
湖南	湖南绿色金融服务平台
吉林	吉企银通
江苏	江苏省生态环境金融服务平台
江苏	江苏省绿色发展服务平台
江西	江西省普惠金融综合服务平台——绿色金融专区
江西	江西省绿色金融要素交易平台
山东	山东省综合金融服务平台"鲁融通"
山西	绿晋通
山西	山西省绿色金融综合服务平台
陕西	秦信融(陕西中小企业融资服务平台——绿色企业专区)
上海	上海市企业服务云——上海产业绿贷融资服务平台
上海	上海产业绿贷金融创新融资服务试点平台2.0
上海	上海产业绿色发展综合服务平台
四川	四川省金融信用信息综合服务平台(天府信用通平台)"绿色金融"专版
四川	"绿蓉融"绿色金融综合服务平台
西藏	西藏自治区普惠金融综合服务平台——绿色金融版块

资料来源：中央财经大学绿色金融国际研究院整理。

地方绿色金融工具投融资平台的建设现状因各地区金融发展水平、政府支持力度以及绿色发展能力的差异而有所不同。目前，各地区的绿色金融工具投融资平台建设仍存在较大发展空间。整体而言，2022年更多的地方加快了绿色金融工具投融资平台的建设，如贵州新建了贵州省绿色金融综合服务平台，黑龙江新建了龙江绿金云服务平台，海南新建了海南省智慧金融综合服务平台，山东新建了山东省综合金融服务平台"鲁融通"，不过还有11个省份处于空白阶段。此外，首批国家级绿金改试验区所在省份累计已建成绿色金融工具投融资平台7个，其中，贵州、广东和江西各建成2个绿色金融工具投融资平台，甘肃建成1个绿色金融工具投融资平台。

地方绿色金融工具投融资平台通常由地方金融机构、政府主管部门或者专门机构进行建设和运营，涵盖多种绿色金融产品信息，如绿色债券、绿色贷款、绿色基金等，旨在提供更加高效、精准的绿色金融产品和服务。地方绿色金融工具投融资平台通常会整合和管理相关的绿色金融数据与信息，根据地方的需求和特点，同时结合绿色金融产品的特点，通过建立统一的数据管理系统，汇集和存储投融资项目信息，以便金融机构和企业进行查询和参考，为相应绿色金融产品和融资服务对接提供更加便捷的渠道。例如，北京"畅融工程"平台分为三个部分："畅融会议"、"畅融成果"和"畅融统计"。通过"畅融会议"可以随时查看企业、机构的最新会议信息，"畅融成果"可以定时公告合作投融资信息，"畅融统计"可以开展数据智能分析统计。

同时，一些平台也提供开放的数据接口，与其他金融机构和平台实现数据的共享和交流。例如，重庆的"长江绿融通"绿色金融大数据综合服务系统是一个多方参与、开放共建的融资对接平台，系统接入金融机构近百家，连通辖内各人民银行分支机构以及部分区县政府，助力全市形成了"政府推荐项目+绿色智能识别+系统推送项目+银行自主对接"的银企融资对接长效机制。截至2022年9月末，该系统采集并上线市级、区县级1860个绿色项目（企业）信息，其中，近1000个项目与银行成功对接。平台的规模和投融资规模因地区而异。例如，海南省智慧金融综合服务平台是海南省政府搭建的公益性平台,由海南省地方金融监督管理局牵头建设,目前由海南省登记结算有限公司负责运营。该平台主要通过整合全省各类涉企政务数据、金融机构融资产品、惠企政策、企业融资需求等资源帮助政企银达成合作,截至2022年11月15日,入驻机构累计327家,产品数累计235款。

截至2022年末,全国共有15个省份建立了32个市级绿色金融工具投融资平台(见图34)。浙江、广东排在前2位,作为国家级绿金改试验区所在省份,浙江拥有6个市级绿色金融工具投融资平台,其市级单位中,杭州、温州、衢州、湖州和舟山均设立了至少1个市级绿色金融工具投融资平台,为其他地区探索地方绿色金融服务深化做出了示范。

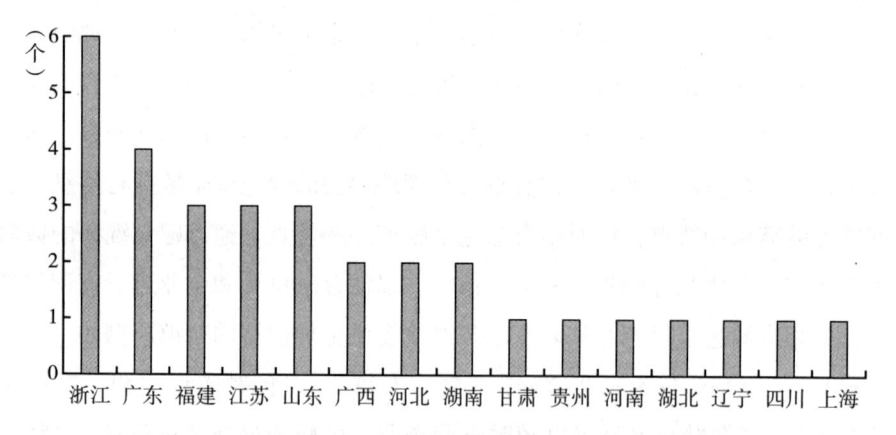

图34 截至2022年末全国市级绿色金融工具投融资平台数量

资料来源:中央财经大学绿色金融国际研究院整理。

从梯队分布来看,第一梯队在市级绿色金融工具投融资平台建设方面保持领先,累计建设市级绿色金融工具投融资平台23个,超过总量的一半(见表18)。在第一梯队中,浙江有6个市级绿色金融工具投融资平台,位列第一,包括舟山市的E周融·舟山金融综合服务平台、湖州市的"绿贷通"融资服务平台以及衢州市的绿色金融服务信用信息平台"衢融通"等。在第二梯队中,广西、河北和湖南分别建立了2个市级绿色金融工具投融资平台,而湖北和河南则分别建立了1个市级绿色金融工具投融资平台。第三梯队中仅辽宁拥有沈阳市绿色金融服务平台1个市级绿色金融工具投融资平台,第三梯队整体仍存在较大的发展空间。从国家级绿金改试验区所在省份来看，浙江、广东、甘肃和贵州均有1个及以上市级绿色金融工具投融资平台。

表18　截至2022年末全国市级绿色金融工具投融资平台分布

省份	所在市	平台名称
福建	南平	福建省金融服务云平台南平市绿色金融专区
福建	三明	福建省金融服务云平台三明市绿色金融专区
福建	厦门	厦门市绿色金融服务平台系统"厦绿融"
甘肃	兰州	兰州新区"绿金通"绿色金融综合服务平台
广东	广州	广州市花都区绿色金融改革创新试验区融资对接系统
广东	广州	广州开发区绿色金融融资对接系统
广东	广州	广州市南沙开发区绿色银赁通
广东	肇庆	肇庆绿色金融综合管理平台
广西	柳州	柳州绿色金融综合服务平台"绿柳通"
广西	南宁	南宁绿色金融综合服务平台
贵州	贵阳	贵阳贵安绿色金融服务平台
河北	邯郸	河北邯郸"绿色"投融资平台
河北	邢台	邢易融绿色金融综合服务平台
河南	信阳	信阳市绿色金融综合服务平台
湖南	湘潭	湘潭市绿色金融服务平台
湖南	常德	常德金融超市
江苏	苏州	苏州绿色低碳综合金融服务平台
江苏	苏州	长三角绿色金融数字化交易平台（苏州试点）
江苏	扬州	扬州市绿色金融服务平台
辽宁	沈阳	沈阳市绿色金融服务平台
山东	淄博	淄博市金融支持绿色项目库、绿色企业库
山东	临沂	临沂市综合金融服务平台
山东	聊城	聊城市智慧金融服务平台
四川	成都	成都绿蓉通绿色金融综合服务平台
浙江	舟山	E周融·舟山金融综合服务平台
浙江	杭州	杭州e融——绿色金融专区
浙江	温州	温州金融综合服务平台
浙江	杭州	杭州金融综合服务平台
浙江	衢州	绿色金融服务信用信息平台"衢融通"
浙江	湖州	湖州市"绿贷通"融资服务平台
上海	上海	长三角绿色金融数字化交易平台

资料来源：中央财经大学绿色金融国际研究院整理。

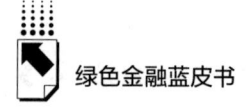

市级绿色金融工具投融资平台一般依托省级平台而建，在关注全国全省范围内信息的同时，更能够与本市的基础设施建设情况相结合，关注本市的民生和实际，从而更加聚焦和精准地创新金融产品、发布金融工具和宣传绿色金融基础知识。以2021年正式上线的扬州市绿色金融服务平台为例，该平台作为江苏省首个市级绿色金融服务线上平台，由中国人民银行扬州市中心支行、扬州市地方金融监管局联合打造，由江苏省联合征信公司提供技术支持，依托江苏省综合金融服务平台建设完成，可以实现信息发布、银企对接和查询统计三大功能，并将集聚更多金融资源，助力扬州市产业转型升级和绿色发展。在信息发布与政策资讯方面，平台适时发布政府、银行和企业的相关绿色融资服务信息，包括入库绿色企业数量、绿色金融产品、融资政策资讯等。用户可以通过平台获取这些信息，并了解绿色金融市场的动态和相关政策。在银企对接方面，平台提供金融产品超市，展示各银行的绿色金融产品，如流动资金贷款、绿色农业贷款等。入库绿色企业可以浏览相关的金融产品信息，并选择适合自己的融资产品。一旦企业选择了意向融资产品，就可以通过平台提交融资申请。一旦银行收到企业的融资需求，就可以进行贷前调查、启动授信流程，并最终完成放款。在后台，银行可以主动查询入库企业信息，与相关企业进行联系和对接。在查询统计方面，平台管理员可以在后台实时查询绿色企业的放款情况，并跟进银企对接的进展和成效。基于此，管理员可以及时监控绿色金融业务情况，为后续的改进和决策提供数据支持。

（二）绿色金融标准体系的建立

绿色金融标准[①]是规范和引导绿色金融行业行为的重要手段，也是评估绿色金融发展水平的重要依据，推动绿色金融标准体系的建立成为我国绿色金融发展的重要方法。受自上而下的政策引导，各地区陆续推动地方绿色金

---

① 本部分所述"绿色金融标准"，既包括专项规范性标准，也包括不属于省级、市级绿色金融专项类引导政策、与标准所具备的作用趋同的、具体领域的实操指导性文件，如评价规范、实施要求等。

融标准体系构建工作，即在原有基础上制定更加符合地区金融生态水平及产业发展需求的补充性地方标准，以此规范市场主体的绿色投融资行为，营造公平公正的竞争环境，为市场主体的绿色发展提供方向和目标。

1. 已发布省级绿色金融标准

整体来看，目前各省份在地方绿色金融标准体系建设方面存在较大差距。截至2022年，全国多个省份发布了省级绿色金融标准。从第一梯队来看，浙江省发布数量最多，包括对乡村绿化期权项目的管理规范，以及对小微企业和绿色低碳项目的评价规范等。北京、四川、贵州、甘肃、山东等均已发布至少1项省级绿色金融标准，内容涵盖绿色信贷、绿色低碳、绿色项目库等多个维度的评价规范。第二梯队中，安徽、河南、山西等也有相应的省级绿色金融标准出台，如河南针对商业银行的绿色项目贷款发布了金融团体标准《商业银行绿色项目贷款环境与社会风险管理规范》，对绿色项目贷款的环境与社会风险分类、评审组织、管理流程和跟踪管理等内容进行了规范。

从发布时间来看，2022年北京发布了《北京市企业（项目）融资绿色认定评价办法（试行）》，对绿色认定评价进行规范。浙江在2022年发布2项绿色金融标准，分别是《乡村绿化绿色期权实施与管理规范》和《小微企业绿色评价规范》，其余均是在2021年以前发布的。

从内容来看，浙江省发布的《乡村绿化绿色期权实施与管理规范》具有地方特色，主要针对浙江省特色乡村振兴绿色项目。该文件对浙江省"一村万树"乡村绿化绿色期权项目的建设管理、标的物的确立与交易、保障监督等方面进行了规范，规定以民办公助、股份合作、村企联合为项目建设模式。该文件对"一村万树"项目的投资主体所获权益进行明确规定，投资方向村集体出资认购一定数量的标的物（冠名、碳汇收益等），缴纳足额绿色期权费用，获得标的物所赋予的权益，包括冠名权、收益权、转让权。文件中还明确，在村账户中设立"一村万树"绿色期权专项科目，实行专项管理、专款专用。

绿色金融标准的发布为绿色金融的规范发展提供了制度上的保障，先行省份制定绿色金融标准，一方面是依据国家的政策和市场的趋势开展的积极

探索，另一方面也为其他省份制定标准乃至在国家层面形成普适性标准提供了参考依据。

2. 已发布市级绿色标准

截至 2022 年末，全国部分市级绿色金融标准如表 19 所示。市级绿色金融标准内容丰富且涉及范围较广，包括企业认定、项目认定、环境信息、绿色金融、绿色贷款等。例如，第一梯队中福建三明市发布了《福建省三明市绿色企业及绿色项目评价认定办法》，甘肃兰州新区发布了《兰州新区绿色项目认证及评级办法（试行）》和《兰州新区绿色企业认证及评级办法（试行）》；第二梯队中新疆昌吉州发布了绿色标准，涉及对绿色企业、绿色项目的认定办法；第三梯队中西藏拉萨市发布了《拉萨市绿色发展示范企业评价认定办法（试行）》。

表 19　截至 2022 年末全国部分市级绿色金融标准

省份	政策文件
福建	三明市《福建省三明市绿色企业及绿色项目评价认定办法》
	南平市《福建省南平市绿色企业及绿色项目评价认定办法》
甘肃	兰州新区《兰州新区绿色项目认证及评级办法(试行)》
	兰州新区《兰州新区绿色企业认证及评级办法(试行)》
广东	广州市《广州市黄埔区、广州开发区绿色项目认定管理办法(试行)》
	广州市《广州市黄埔区、开发区绿色企业认定管理办法》
	广州市花都区《广东省广州市绿色金融改革创新试验区绿色企业认定管理办法(试行)》
	广州市花都区《广东省广州市绿色金融改革创新试验区绿色项目认定管理办法(试行)》
江苏	宜兴市《宜兴市绿色企业认定管理办法》
	宜兴市《宜兴市绿色项目认定管理办法》
江西	赣江新区《赣江新区绿色企业认定评价办法》
	赣江新区《赣江新区绿色项目认定评价办法》
	赣江新区《赣江新区企业环境信息披露指引》
	赣江新区《绿色金融标准体系》
西藏	《拉萨市绿色发展示范企业评价认定办法(试行)》
新疆	昌吉州《昌吉州绿色企业认定办法(试行)》
	昌吉州《昌吉州绿色项目认定办法(试行)》
	昌吉州《昌吉州绿色金融发展专项资金使用管理办法(试行)》

续表

省份	政策文件
浙江	衢州市《绿色企业评价规范》
	衢州市《绿色项目评价规范》
	衢州市《银行机构生物多样性风险管理标准》
	湖州市《湖州市绿色企业认定评价方法》
	湖州市《湖州市绿色项目认定评价方法》
	湖州市《区域绿色金融发展指数评价规范》
	湖州市《绿色融资项目评价规范》
	湖州市《绿色融资企业评价规范》
	湖州市《绿色建筑项目贷款管理规范》
	湖州市《绿色小额贷款公司建设与评价规范》
	湖州市《绿色农业贷款实施规范》
	湖州市《绿色普惠贷款实施要求》
	湖州市《绿色银行评价规范》
	湖州市南浔镇《美丽乡村建设绿色贷款实施规范》
	丽水市《绿色信贷实施指南》

从各省份的发展水平来看，作为第一梯队省份，浙江的绿色标准发展水平明显领先，衢州、湖州、丽水三市皆已发布市级绿色金融标准，单湖州一市就发布了10余项标准，发布时间集中在2018年和2019年。从国家级绿金改试验区的情况来看，浙江、江西、广东、新疆、甘肃皆已发布了绿色金融标准。其中：浙江省衢州市发布了绿色企业评价规范以及绿色项目评价规范；江西省南昌市赣江新区发布了绿色企业、绿色项目认定评价办法以及企业环境信息披露指引；广东省广州市发布了绿色项目认定和绿色企业认定管理办法；新疆维吾尔自治区昌吉州发布了绿色企业、绿色项目的认定办法；甘肃省兰州新区发布了绿色项目和绿色企业认证及评级办法。

值得注意的是，除了浙江省有多市已发布绿色标准、福建省三明市和南平市已发布标准之外，其他省份的市级绿色标准多集中在某一城市，可以明显看到，各省份内部绿色金融标准体系的建立与发展不均衡。

（三）绿色金融大型配套设施的建设

绿色金融大型配套设施主要包括绿色金融街、绿色金融港、绿色金融小镇等。截至2022年末，全国5个省份已建设绿色金融大型配套设施共5个（见表20）。在第一梯队中，浙江、广东、江西、贵州4个省份均已建成绿色金融大型配套设施，分别是浙江湖州金融小镇、广州绿色金融街、赣江新区绿色金融示范街和贵安新区绿色金融港。第二梯队中只有重庆建设了重庆绿色金融大道。第三梯队暂时未有绿色金融大型配套设施落成。由此可见，各梯队之间的建设水平存在较大差异。

表20 截至2022年末全国绿色金融大型配套设施

省份	设施名称	投入使用年份
浙江	浙江湖州金融小镇	2017
广东	广州绿色金融街	2018
江西	赣江新区绿色金融示范街	2018
贵州	贵安新区绿色金融港	2020
重庆	重庆绿色金融大道	2021

资料来源：根据公开资料整理。

从投入使用时间来看，2017年我国第一个绿色金融大型配套设施在浙江正式投入使用，之后，不断有新建绿色金融大型配套设施投入使用。2018年、2020年和2021年先后投入使用的绿色金融大型配套设施分别为2家、1家、1家。

四 推动绿色金融的能力建设活动

（一）绿色金融相关协会设立

1. 中国金融学会绿色金融专业委员会

中国金融学会绿色金融专业委员会（简称"绿金委"）成立于2015

年，以推动绿色金融发展、加强金融政策与产业政策的协调配合为目的，严格控制对高耗能高污染行业、环境违法企业的资金支持，引导各金融机构创新绿色金融产品和服务，加大对绿色产业、节能环保等领域的支持力度。该委员会是目前我国最大的绿色金融专业性协会，受到政府部门、金融管理部门、市场主体等多方关注。

截至2022年末，绿金委成员单位已达280家，包括国内各大银行、券商等金融机构，研究所和高校，相关协会及企业，相较2021年新增29家成员单位。其中，常务理事单位共40家，包括中国工商银行、中国银行等大型国有银行，以及银河证券股份有限公司、中信建投证券股份有限公司等金融机构、研究机构与协会等；理事单位共240家，涵盖更加多元的类型，包括律师事务所、地方性银行及部分实体经济类企业。此外，还有包括世界银行、气候债券倡议组织等在内的27家国际特邀单位。

从成员机构注册地分布来看，280家成员单位分布于全国26个省份，其中北京占绝大多数，共有成员单位144家（见图35）。这与绿金委总部位于北京及北京为政治中心、绿色金融发展水平领先存在紧密关联。上海、广东则分别以34家和25家成员单位位列其后，与其经济发展条件较好、地方

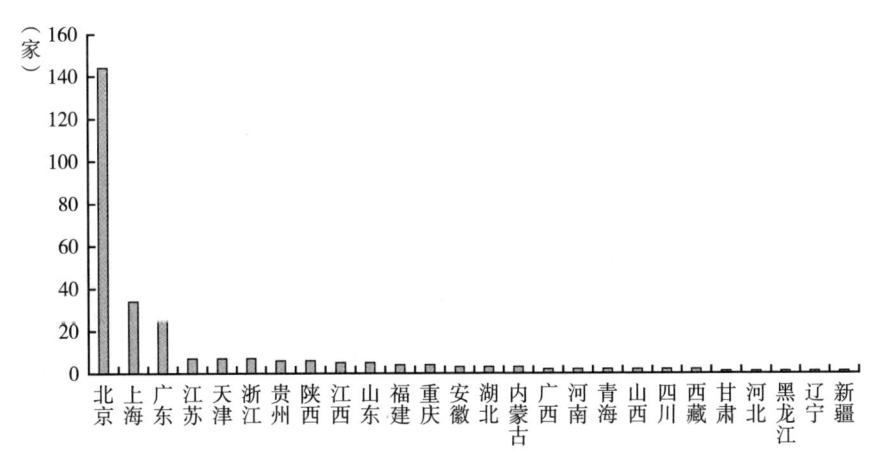

图35 截至2022年末中国金融学会绿色金融专业委员会成员单位地区分布

资料来源：中国金融学会绿色金融专业委员会，中央财经大学绿色金融国际研究院整理。

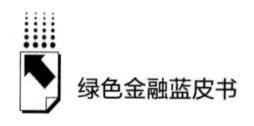

金融市场活跃相关。从梯队分布来看，第一梯队省份共有239家绿金委成员单位，占比达85.35%。从国家级绿金改试验区来看，既有国家级绿金改试验区所在省份普遍已有绿金委成员单位，累计数量为49家，整体处于我国前列。

2. 地方绿色金融相关协会

我国绿色金融相关协会包括绿色金融专业委员会、绿色金融发展中心、绿色信贷委员会等，这些协会由政府、金融机构、学术界和非营利组织等多方组成，它们的目标或任务包括制定政策以及提供指导、标准和建议，以推动可持续发展和低碳经济转型，是绿色金融能力建设必不可少的一环。

近年来，我国绿色金融相关协会发展快速。截至2022年末，全国已有18个省份共设立了23家省级绿色金融相关协会（见图36和表21）。从三个梯队来说，第一梯队省份全部成立了省级层面的绿色金融专业委员会，成为引领绿色金融创新和实践的典范。继2011年北京成立了全国第一个绿色金融专业协会之后，2015年中国金融学会绿色金融专业委员会也将总部设在了北京。浙江、上海、山东和江苏甚至建立了不止1家相关机构，在省级层面发挥了关键作用。相比之下，第二、第三梯队的省份表现较为欠缺，分

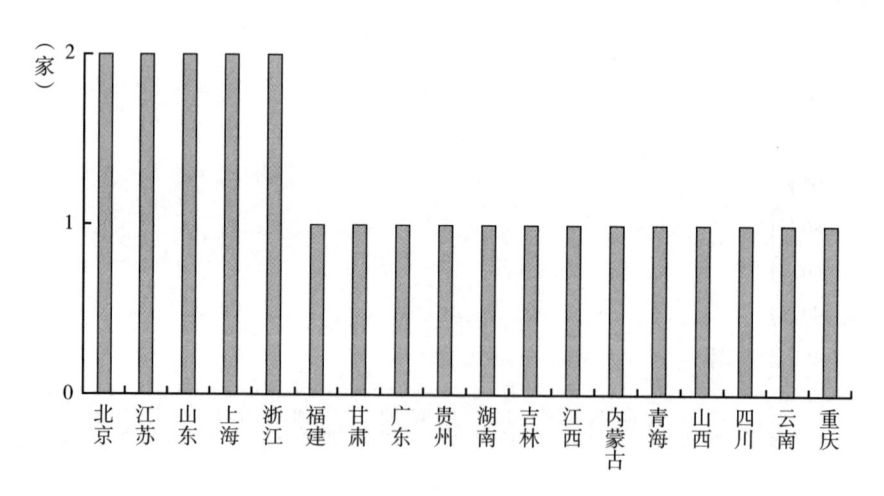

图36　截至2022年末全国省级绿色金融相关协会数量

资料来源：中央财经大学绿色金融国际研究院整理。

别只有 3 个和 4 个省份设立了相关机构。其中，第二梯队省份湖南的碳达峰碳中和专家咨询委员会，以及第三梯队中的云南省金融学会绿色金融专业委员会、吉林省绿色金融专业委员会是在 2022 年最新设立的。

表 21 截至 2022 年末全国省级绿色金融相关协会概况

省份	名称	成立年份
北京	北京绿色金融协会	2011
	中国金融学会绿色金融专业委员会	2015
青海	青海省银行业协会绿色信贷业务专业委员会	2016
内蒙古	内蒙古金融行业协会绿色金融专业委员会	2016
浙江	浙江省金融学会绿色金融专业委员会	2016
	浙江省信用协会绿色金融与信用促进分会	2020
上海	上海陆家嘴金融城发展局绿色金融专业委员会	2017
	陆家嘴绿色金融发展中心	2017
甘肃	甘肃省绿色金融专业委员会	2017
江西	江西省金融学会绿色金融专业委员会	2017
福建	福建省银行业协会绿色金融服务专业委员会	2017
重庆	重庆市地方绿色金融委员会	2017
广东	广东金融学会绿色金融专业委员会	2017
山东	山东节能协会绿色金融专业委员会	2017
	山东省金融学会绿色金融专业委员会	2018
江苏	江苏省金融业联合会绿色金融专业委员会	2018
	江苏银行业绿色金融专业委员会	2021
贵州	贵州省金融学会绿色金融专业委员会	2019
四川	四川省金融学会绿色金融专业委员会	2017
山西	山西省公共服务与社会资本合作促进会绿色金融专业委员会	2021
湖南	碳达峰碳中和专家咨询委员会	2022
云南	云南省金融学会绿色金融专业委员会	2022
吉林	吉林省绿色金融专业委员会	2022

资料来源：根据公开数据整理。

同时，部分地区在市级层面建立了绿色金融相关协会。截至 2022 年末，全国有 7 个省份已在市级层面设立相关机构共 15 家（见图 37 和表 22）。其中，6 个省份属于第一梯队。浙江已建立 6 家市级绿色金融相关协会，其

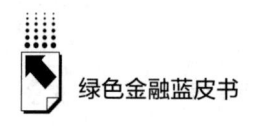

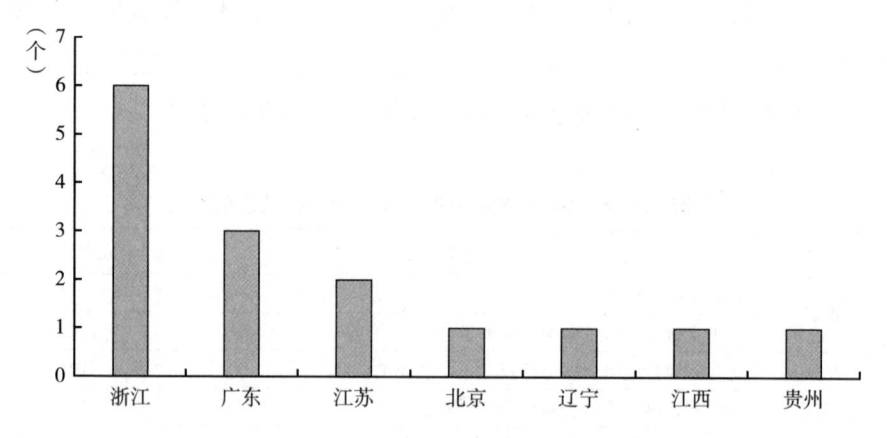

```
  ↑
(个)
 7
 6 ██
 5 ██
 4 ██
 3 ██  ██
 2 ██  ██  ██
 1 ██  ██  ██  ██  ██  ██  ██
 0 浙江 广东 江苏 北京 辽宁 江西 贵州
```

图 37 截至 2022 年末全国市级绿色金融相关协会数量

资料来源：中央财经大学绿色金融国际研究院整理。

中，湖州市建立了 2 家，丽水、台州、衢州和嘉兴市各建立了 1 家。广东建立了 3 家市级绿色金融相关协会，分别是广州市绿色金融学会、深圳市绿色金融协会和深圳经济特区金融学会绿色金融专业委员会。辽宁省作为第三梯队省份，在 2021 年成立了大连市绿色金融委员会。浙江的嘉兴市工商联绿色低碳发展工作委员会、江苏的盐城银行业绿色金融专业委员会是在 2022 年最新成立的，说明第一梯队省份仍在不断推进绿色金融能力建设，其建设效率和建设成果遥遥领先。在国家级绿色金融改革创新试验区所在省份中，浙江、广东、江西、贵州已下沉扩展至在市级层面建立绿色金融相关协会，其他省份的相关工作仍处于筹备阶段。

表 22 截至 2022 年末全国市级绿色金融相关协会概况

省份	名称	成立年份
北京	北京市朝阳区国际绿色经济协会	2013
广东	深圳经济特区金融学会绿色金融专业委员会	2017
广东	广州市绿色金融学会	2020
广东	深圳市绿色金融协会	2021

续表

省份	名称	成立年份
浙江	湖州银行业绿色金融专业委员会	2017
	丽水银监分局绿色金融发展创新委员会	2017
	衢州市金融学会绿色金融专业委员会	2018
	湖州绿色金融改革创新专家咨询委员会	2018
	台州银行业协会绿色金融专业委员会	2021
	嘉兴市工商联绿色低碳发展工作委员会	2022
江苏	南通市银行业协会绿色金融专业委员会	2018
	盐城银行业绿色金融专业委员会	2022
江西	新余市绿色金融专业委员会	2019
辽宁	大连市绿色金融委员会	2021
贵州	贵阳贵安绿色金融专家咨询委员会	2021

资料来源：根据公开资料整理。

综合来看，各个梯队省份在绿色金融相关协会建设方面存在明显的差异。第一梯队省份已经全部成立了省级绿色金融相关协会。相比之下，第二、第三梯队省份较为滞后。虽然一些省份已经设立了相关机构，但数量和覆盖范围有限。这些省份需要加强绿色金融政策制定、市场培育和技术创新，以提高绿色金融的影响力。同时，借鉴第一梯队省份的成功经验，加强与其他省份的交流与合作也是加速各省份绿色转型的重要途径。

（二）绿色金融研究机构建设

绿色金融相关研究机构的建立、发展，在一定程度上可以体现出相关区域对绿色金融、碳中和、低碳等相关问题的重视程度，同时也在一定程度上反映了当地绿色金融发展的活跃程度。截至2022年末，全国31个省份均设置了绿色金融相关研究机构，总数量共有196家，与2021年相比增加了150家，同比增加了326%（见图38）。值得注意的是，2021年一些未设立绿色金融、碳中和、低碳相关研究机构的省份，如辽宁、云南、河南、四川等11个省份，陆续建立了相关研究机构，绿色金融研究机构开始活跃。

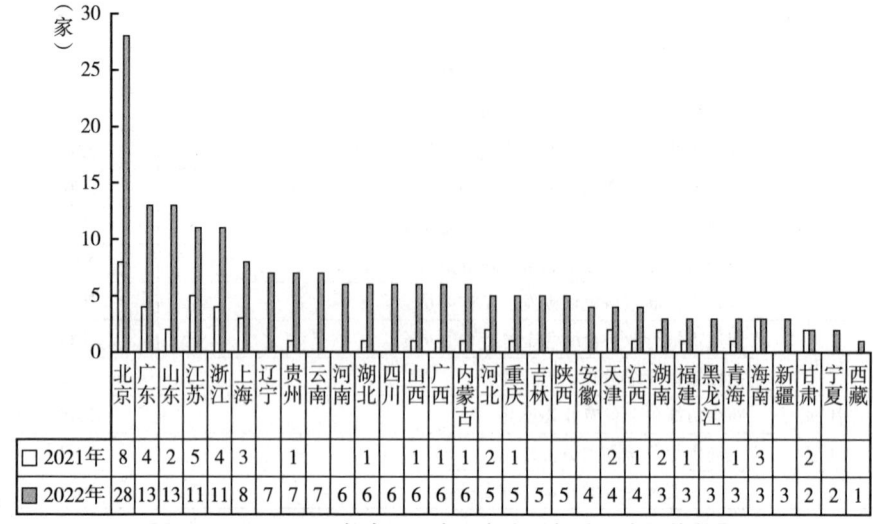

（家）	北京	广东	山东	江苏	浙江	上海	辽宁	贵州	云南	河北	湖北	四川	山西	广西	内蒙古	河南	重庆	吉林	陕西	安徽	天津	江西	湖南	福建	黑龙江	青海	海南	新疆	甘肃	宁夏	西藏
2021年	8	4	2	5	4	3		1		1			1	1	1	2	1				2	1	2	1		1	3		2		
2022年	28	13	13	11	11	8	7	7	7	6	6	6	6	6	6	5	5	5	5	4	4	4	3	3	3	3	3	3	2	2	1

图 38　2021~2022 年全国既有绿色金融相关研究机构数量

资料来源：中央财经大学绿色金融国际研究院整理。

根据地理区位分析，研究机构的集聚效应在京津冀、长三角、粤港澳等经济集聚地区表现显著。集聚效应大概依托两个因素：科研实力和经济实力。以北京为例，北京高校众多，凭借清华大学、中央财经大学、中国人民大学等高校的科研实力，北京绿色金融研究机构数量领先，共有 28 家研究机构。这些机构专注于绿色金融和气候金融等多个领域的研究。长三角地区以上海、浙江和江苏为核心，凭借其经济实力和活跃的金融市场，吸引了众多金融机构或研究中心设立绿色金融研究机构或分支机构。绿色金融研究机构的集聚有助于吸纳不同领域的专业人才，建立政府、企业、机构之间的沟通平台，更好地推动绿色金融政策的制定和执行。

截至 2022 年末，第一梯队省份的绿色金融相关研究机构共有 106 家，相较于 2021 年增长了 2 倍多（见图 39）。除甘肃以外，其余省份的绿色金融相关研究机构数量都有所增加，其中北京和山东的增量较多，增量突破 10 家，四川在 2022 年实现了零的突破，新增了 6 家绿色金融相关研究机构。第一梯队各省份整体绿色金融相关研究机构数量差距较大，北京以 28 家绿色金融相关研究机构数量遥遥领先于其他省份。

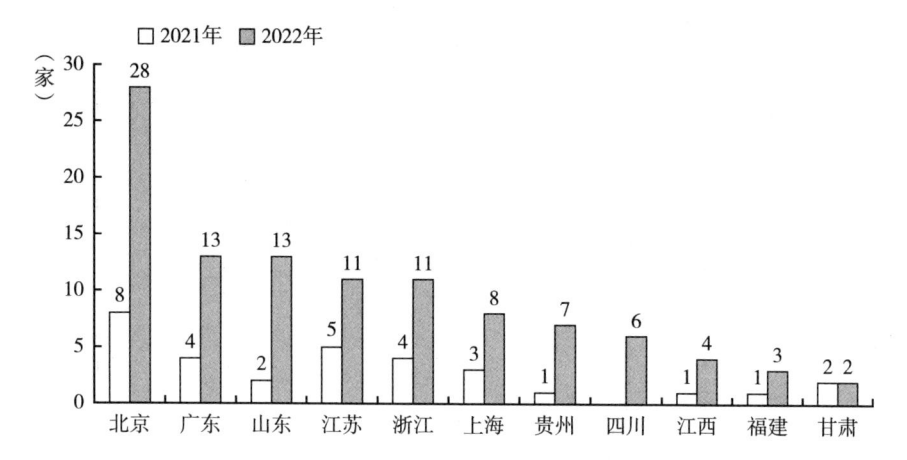

图 39　2021~2022 年第一梯队省份既有绿色金融相关研究机构数量

资料来源：中央财经大学绿色金融国际研究院整理。

2021年，第二梯队省份的绿色金融相关研究机构为 8 家，截至 2022 年末增至 49 家，增长近 5 倍（见图 40）。其中，河南、陕西、安徽、新疆四地在 2022 年分别新增 6 家、5 家、4 家、3 家研究机构。

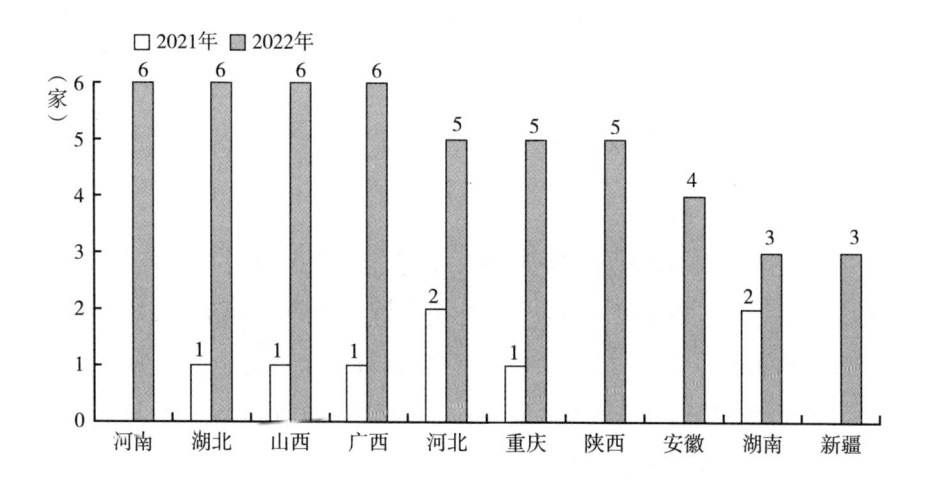

图 40　2021~2022 年第二梯队省份既有绿色金融相关研究机构数量

资料来源：中央财经大学绿色金融国际研究院整理。

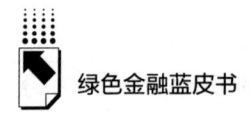

2022年，第三梯队省份的绿色金融相关研究机构共有41家，同比增长了近5倍（见图41）。其中，辽宁、云南和吉林三省2021年未建立相关研究机构，2022年分别设立了7家、7家和5家机构在绿色金融领域开展相关研究，在第三梯队省份中表现最为突出。

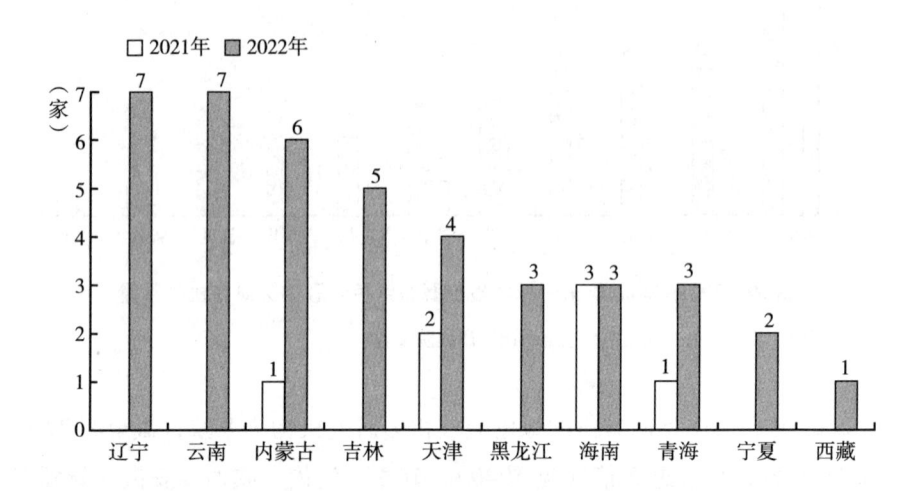

图41 2021~2022年第三梯队省份既有绿色金融相关研究机构数量

资料来源：中央财经大学绿色金融国际研究院整理。

（三）绿色金融培训活动开展

1. 全国总体开展情况

绿色金融培训活动包括专题讲座、绿色金融主题研讨会及相关培训等，主要由政府、金融机构以及市场主体主办。绿色金融培训活动有效促进了绿色金融基础知识的普及与成果的推广应用，有利于深化地方政府、金融机构、企业对绿色发展理念和绿色金融政策的理解，强化金融机构与企业的绿色发展意识，促进行业交流与信息共享。

我国各地绿色金融培训活动的开展情况存在差异。部分省份从2016年起就开始举办以绿色金融为主题的学术培训活动，而部分省份直至2022年底仍少有相关活动落地。第一梯队省份中，浙江、贵州的绿色金融培训活动多由政府部门组织或牵头，其他大部分省份以企业、金融机构等市场主体为培训活动的主要筹划方；第二梯队省份的绿色金融培训活动基本由政府和市场两大主体承担举办；第三梯队各省份的发展情况不一，举办绿色金融活动的主体存在较大的差异，且活动开展总数偏少。截至2022年末，全国31个省份均举办过绿色金融培训活动，共计275次（见图42）。

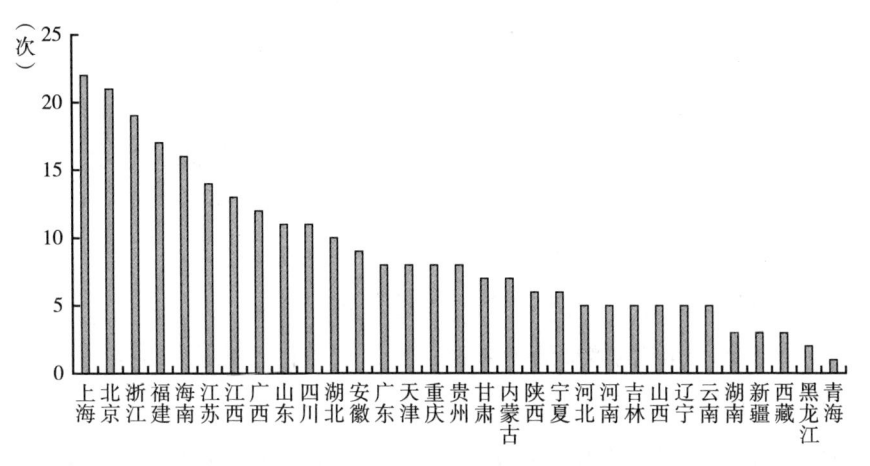

图42 截至2022年末全国31个省份开展绿色金融培训活动数量

资料来源：中央财经大学绿色金融国际研究院整理。

2.绿色金融培训活动的特点

从地方政府主导开展的培训内容来看，相关培训活动的主题主要围绕"双碳"进行，如2022年3月10日河南省漯河市举办的漯河市2022年碳达峰碳中和专题培训、2022年6月17日陕西省工信厅举办的全省工业节能降碳线上培训会、2022年8月15日江苏省宿迁市组织召开的"双碳"能力建设专项培训会等。除"双碳"主题外，节能环保、投融资及绿色金融能力建设等也是地方金融监管部门关注的重点议题。2022年2月18日江西省地方金融监督管理局召开公共机构节约能源资源专题培训会，鼓励社会各界节约能源资源，践行节能环保的办公和生活方式。2022年4月29日浙江省湖州市原金融服务办公室举办了数智绿金应用操作专题培训会，培训金融机构在岗人员熟练使用绿色金融平台，提升服务效率。2022年10月25日，海

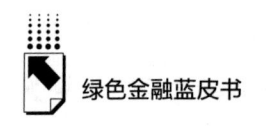

南省地方金融监督管理局召开扩大绿色金融与气候投融资座谈会，围绕金融机构在绿色金融和气候投融资领域的业务发展情况和进一步发展的意见等进行研讨。由政府部门主导开展的培训活动，能够有效助力地方政府做好政策与市场的衔接，加强相关方对政策的理解与运用，激发社会各界在政策激励下的自主行为。

本报告特别关注了2022年金融机构主导开展的培训活动。从现有统计数据来看，与政府主导的活动相比，金融机构在培训主题上更加聚焦，强调与业务的关联性及协同性。例如：2022年6月9日，工商银行湖南省分行在湖南永州举办"金融支持地方经济社会发展之绿色低碳"专题讲座；2022年8月3日，中国银行作为"一带一路"绿色投资原则（简称"GIP"）产品创新工作组共同主席，与GIP秘书处联合举办主题为"创新绿色金融产品，助力'一带一路'可持续发展"的线上研讨会。

从市场主体组织的培训活动来看，其在形式上呈现更为多样化的特征，除研讨班、讲座外，还有以比赛、线上交流会和论坛等形式开展的绿色金融知识普及活动。例如：2022年11月25日上海举办了"复旦—安永2022全国大学生绿色金融大赛"；海南于2022年6月14日开展了"展望海南自贸港与科特迪瓦自贸区的未来合作"线上交流会；《每日经济新闻》于2022年10月28日主办"2022中国金融发展论坛"，以"金融赋能双循环 绿色发展新动力"为主题，以论坛和圆桌讨论的形式，汇集专家学者、金融机构及企业家代表对金融践行ESG、服务实体经济的路径和未来前景进行探讨。市场主体参与到金融活动中有利于加强跨行业、跨领域的深度交流，为融合发展注入新动力。

3. 开展绿色金融培训的梯队分布

从统计数据来看，第一梯队省份开展各类绿色金融培训活动的总量最多（见图43）。其中，以市场主体最为活跃，2022年度共举办92次绿色金融培训活动，北京、上海两地得益于良好的金融生态环境及优异的区位优势，举办绿色金融培训活动的数量在第一梯队省份中遥遥领先，福建、四川、浙江、江西、广东、山东等省份紧随其后；政府主办的活动为30场，排名前

3 的省份分别为浙江、福建及北京；金融机构 2022 年度共举办 29 次相关主题活动，上海和江苏表现较为积极。

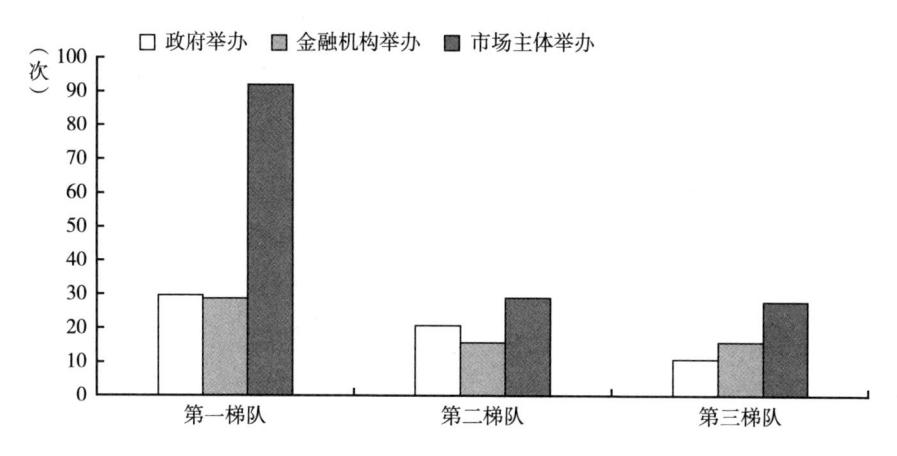

图 43　2022 年全国 31 个省份由政府、金融机构、市场举办的绿色金融培训活动

资料来源：中央财经大学绿色金融国际研究院整理。

第二梯队省份开展的相关培训在内容丰富度及数量上略逊于第一梯队，但整体领先于第三梯队。从举办主体来看，在第二梯队省份中市场主体仍然表现出较高的活跃度，2022 年共举办活动 29 次，约占第二梯队所有主体举办的培训活动总量的 44%；由政府举办的培训活动共有 21 次，有超过一半的地方政府主导举办了绿色金融培训活动，其中广西壮族自治区政府举办了 7 次，在第二梯队中排名第一；由金融机构主导的绿色金融培训活动有 16 次，其中河北、安徽、陕西的活动数量居前。

第三梯队省份举办的绿色金融培训活动数量较少，共 55 次。其中，市场主体主导举办的活动共 28 次，超过总体半数。各省份间也存在较大差异，如天津市由市场主体举办的绿色金融培训活动占总体的 3/4，而云南则只占 1/5。在由金融机构举办的活动中，海南举办了 6 次，位列全国第三，是第三梯队中举办次数最多的省份。与第一、第二梯队相比，第三梯队省份的政府在相关培训活动的组织策划方面略显不足。

B.4
地方绿色金融市场效果评价报告（2023）[*]

万秋旭　吴倩茜　金子曦　傅奕蕾[**]

摘　要： 在政策的引导和推动下，地方绿色金融市场加快发展，同时基于实践的不断深化，在涉及领域、亮点工作等方面呈现新的特征。总体来看，经济发展基础较好、金融生态优势突出的地方，绿色金融市场发展更快，比如，京津冀、长三角等地区的绿色信贷规模以及市场主体在发行绿色债券方面的表现均更为突出，浙江、广东、贵州、甘肃、新疆、重庆等地在绿色保险产品创新方面表现出高度的积极性。在环境权益市场中，部分地区开展了碳资产抵质押融资和碳债券的相关探索，但用能权交易方面的创新较少，仅浙江和山东在用能权指标质押贷款方面做出了创新，广东和宁夏则在水权质押贷款的创新方面进行了积极尝试。在金融机构环境信息披露方面，以江苏、北京、上海、浙江等为代表的绿色金融第一梯队省份的金融机构披露的信息较多，披露内容较第二、第三梯队更为完善。在企业社会责任报告、ESG披露报告方面，位于长三角、珠三角经济圈的企业的披露数量领先。各地区更加注重国际合作，地方绿色金融市

---

[*] 本报告所有数据收集时间均截至2022年12月31日，未特别标明收集起止时间的数据即为对既往存量数据均做收集。

[**] 万秋旭，中央财经大学绿色金融国际研究院研究员，研究方向为地方绿色金融、绿色产业、绿色金融工具；吴倩茜，中央财经大学绿色金融国际研究院研究员，研究方向为地方绿色金融、生态产品价值实现、绿色产业；金子曦，中央财经大学绿色金融国际研究院研究员，研究方向为产业经济、碳金融、绿色产业；傅奕蕾，中央财经大学绿色金融国际研究院研究员，研究方向为绿色产业、绿色金融工具、转型金融。

场总体保持向好势头。

关键词： 绿色金融工具 国际合作 环境权益交易市场

一 信贷领域的绿色进展

（一）各地出台内容丰富的绿色信贷政策

为提升金融支持绿色发展的能力，落实《关于构建绿色金融体系的指导意见》等文件精神，我国绿色金融政策体系不断完善，绿色金融产品日益丰富，绿色服务体系逐步健全，绿色创新实践不断突破。其中，绿色信贷发挥了重要作用。在国家顶层设计中关于绿色信贷的相关引导与激励性政策的基础上，各地方政府结合当地绿色金融实践，不断完善绿色信贷的地方政策。

总体上，地方各类政策均提出要提高绿色信贷总量，加大绿色信贷对绿色项目的支持。例如：2022年6月湖北省出台《关于金融支持湖北省绿色转型低碳发展的实施意见》，同湖北省发改委、科技厅等16个部门联合开展绿色项目贷款提升专项行动，围绕绿色信贷等方面搭建金融政策框架，依托"鄂绿通"平台做好绿色产业项目推荐、归集和入库，实现绿色项目在线推荐和互选确认；《广东省发展绿色金融支持碳达峰行动实施方案》要求增加绿色信贷占全部贷款余额的比重，创新多样化的绿色金融产品与衍生工具；江苏《关于深入推进绿色金融服务生态环境高质量发展的实施意见》提出设立绿色发展基金，完善政府和社会资本合作，增加绿色信贷比例；河南对银行业、保险业的指导意见要求行业机构不断创新绿色信贷产品；福建提出加大绿色信贷投放力度，确保绿色金融增量、占比逐年提升。部分省份如四川、河北、湖北等同时强调对绿色贷款给予利率优惠，例如：四川《金融支持四川省"5+1"现代产业绿色高质量发展专项行动方案》提出构

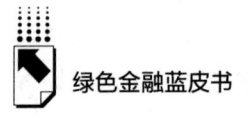

建绿色产业重点企业融资需求库，引导政府性融资担保机构匹配担保费率不超过1.5%；湖北《关于加快推动绿色金融支持绿色建筑产业发展的通知》提出降低绿色建筑产业贷款利率水平、降低企业融资成本，依据项目的绿色等级、建筑能耗水平或装配率在融资额度、贷款利率等方面提供差异化服务；河北《关于有序做好绿色金融支持绿色建筑发展工作的通知》要求引导金融机构降低绿色建筑项目贷款利率水平，促进企业综合融资成本稳中有降。

从内容上进一步细分，绿色信贷结合碳减排、"碳中和"是2022年各地政策的侧重点。2022年，全国有10个省份提出要有效落实碳减排工具在绿色信贷领域的作用，例如：《广东省全面推行清洁生产实施方案（2023~2025年）》要求有效落实碳减排支持工具等货币政策工具，鼓励银行等各类金融机构创新推广绿色信贷产品；北京要求用好用足人民银行创设的碳减排支持工具，并累计发放符合碳减排支持工具的贷款超100亿元；《陕西省"十四五"节能减排综合工作实施方案》支持重点行业领域节能减排，要求用好碳减排支持工具和支持煤炭清洁高效利用专项再贷款；江西、山西、贵州、吉林、天津、海南、西藏也出台了支持碳减排工具应用的相应政策。除碳减排工具外，很多省份还提到要创新发展基于各类环境权益工具的金融产品以支持绿色低碳转型。例如：《江苏银行业保险业深化绿色金融服务行动方案》鼓励发展绿色供应链金融，稳妥开展基于排污权、碳排放权、用能权、绿色电力证书的环境权益抵质押融资；《湖北省金融业发展"十四五"规划》要求创新发展排污权、碳排放权、用能权等绿色权益抵质押贷款业务；《湖南省人民政府办公厅关于深化生态保护补偿制度改革的实施意见》鼓励银行业金融机构以排污权、碳排放权、水权等资源环境权益为基础，开发权益抵押权等融资工具；广西《关于推动金融支持绿色低碳发展的通知》创新推出碳排放权质押贷款等碳金融产品；河北、云南、新疆也发布了碳排放权、排污权等环境权益相关金融产品的支持政策。

除了与低碳减排相结合之外，2022年，各地进一步出台政策加强绿色信贷产品的创新。河南地方金融监督管理局等机构提出开展绿色信用贷款、碳资产支持商业票据融资、绿色供应链票据融资等业务，增加对绿色小微企业的信贷供给。《福建省推进绿色经济发展行动计划（2022~2025年）》要求积极开发绿色消费贷、绿色按揭贷、绿色理财等金融产品，推广"林票"制度，丰富农业、林业金融创新产品以及碳金融产品。《重庆市永川区2022~2025年绿色金融支持碳达峰专项行动计划》鼓励金融机构单列绿色信贷额度，制定绿色信贷相应FTP减点政策，创新绿色信贷抵质押模式。《完善绿色金融体系助推辽宁绿色低碳发展的实施意见》中披露中国人民银行沈阳分行创设了"辽绿贷""绿票通"专项再贷款、再贴现支持工具，并优先接受绿色贷款、绿色债券作为发放再贷款的质押品。青海省发布《青海省"十四五"金融业发展规划》，要求将绿色信贷管理全流程嵌入评价机制，推出"合同能源管理未来收益权质押贷""生态修复贷""有机循环贷""生态旅游贷""枸杞贷"等特色金融产品。江苏等地则进一步与乡村振兴相结合，探索推动农村发展的绿色信贷创新产品。江苏省《关于发展绿色金融 支持乡村振兴的提案》提出推进农村绿色信贷产品创新，提高农村绿色信贷比重，探索基于农村物权的绿色信贷产品创新。河北银行制定了《发展绿色金融助力双碳目标实现的实施方案》，提出修订面向能源企业的合同能源管理、排污权担保融资等绿色信贷产品办法，制定《小企业农户分布式光伏授信方案》，研发风电光伏特色贷款品种。《重庆市綦江区绿色金融改革创新实施方案》推动各银行机构围绕綦江重点产业链、特色现代农业、绿色文旅、绿色生活等方面持续创新产品和服务。宁夏提出开展绿色信贷创新，完善绿色信贷考核机制，支持生态农业、清洁能源、节能节水、环境治理等项目实施。政策支持多样化的绿色信贷产品创新，不仅有利于绿色信贷在规模上进一步扩大，更有利于各地因地制宜，有针对性地支持地方绿色产业发展。

除此之外，有的省份将绿色信贷与科技相结合，依托大数据平台联通绿色项目和金融机构。《湖北省绿色项目贷款提升行动方案》提出将依托湖北省绿色产业项目库和服务平台（"鄂绿通"），加大绿色信贷投放，推动全省绿色项目以自主申报、部门推荐等途径归集。《福建省推进绿色经济发展行动计划（2022~2025年）》强调依托"金服云"平台设立省级绿色金融服务专区。北京市《"两区"建设绿色金融改革开放发展行动方案》要求发挥"京绿融"专项再贷款工具和"京绿通"专项再贴现工具的作用，提高绿色企业获贷率和信用贷款率。少数政策提及财政贴息，如山西、贵州、甘肃在本省发布的"十四五"节能减排工作方案中均提到探索建立绿色贷款财政贴息、奖补、风险补偿、信用担保等配套支持政策。总体来看，绿色信贷政策体系覆盖面不断拓宽，政策内容结合当地绿色产业发展实际，对推动绿色信贷规模进一步扩大有积极影响。

（二）各地绿色信贷规模存在较大差异

2022年，我国绿色信贷市场规模进一步增长。中国人民银行数据显示，截至2022年底，我国本外币绿色信贷余额为22.03万亿元，同比增长38.5%（见图1）。其中，投向具有直接和间接碳减排效益项目的贷款分别为8.62万亿元和6.08万亿元，合计占绿色信贷余额的66.7%。国有六大行的绿色信贷余额合计达12.55万亿元，相比2021年末增加3.87万亿元，同比增长44.59%，其中工商银行绿色信贷余额为3.98万亿元，在国有六大行中占比最高。

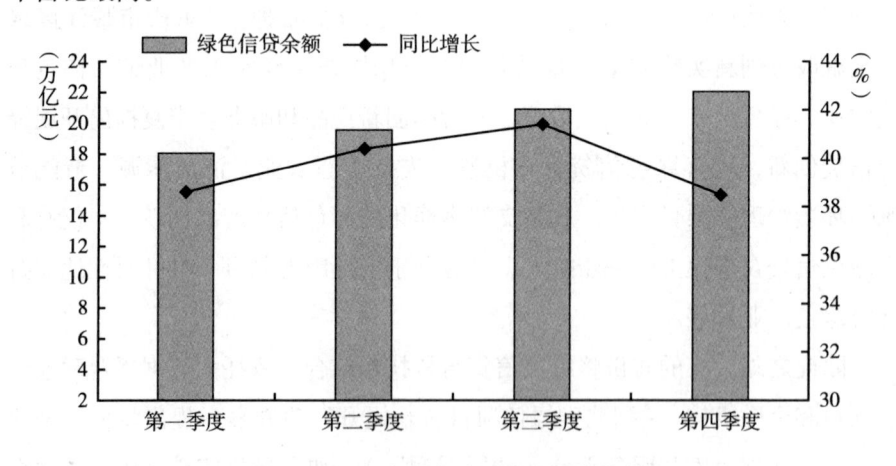

图1 2022年全国金融机构绿色信贷余额

资料来源：中国人民银行，中央财经大学绿色金融国际研究院整理。

从资金用途来看，我国绿色信贷主要投向基础设施绿色升级产业、清洁能源产业和节能环保产业（见图2）。截至2022年末，投向基础设施绿色升级产业的绿色信贷资金为9.82万亿元，同比增长32.8%，占绿色信贷余额的44.58%；投向清洁能源产业的绿色信贷资金为5.68万亿元，同比增长34.9%，占比为25.78%；投向节能环保产业的绿色信贷资金为3.08万亿元，同比增长59.1%，占比为13.98%。总体来看，投向基础设施绿色升级产业的绿色信贷资金占比最大，而投向节能环保产业的绿色信贷资金增幅最大。

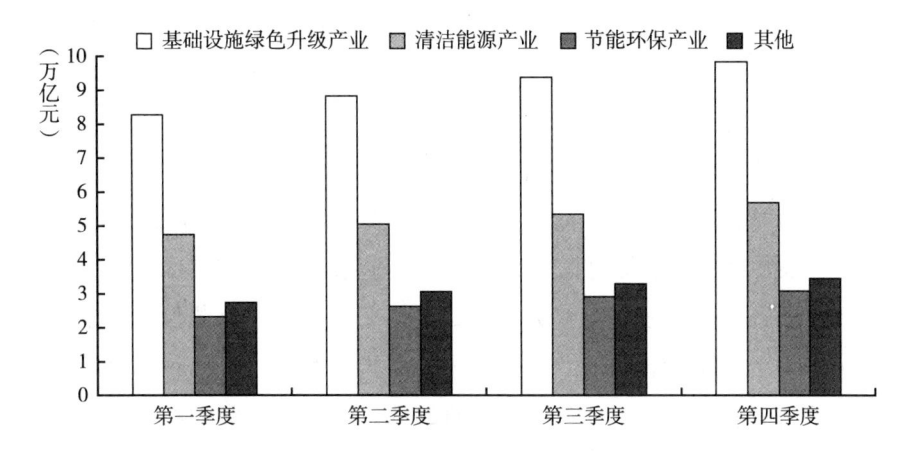

图2 2022年全国金融机构绿色信贷资金用途

资料来源：中国人民银行，中央财经大学绿色金融国际研究院整理。

分行业来看，截至2022年末，投向电力、热力、燃气及水生产和供应业的绿色信贷资金为5.62万亿元（见图3），同比增长27.4%，比2021年增速高出1.7个百分点；投向交通运输、仓储和邮政业的绿色信贷资金为4.58万亿元，同比增长10.8%，比2021年增速低3.4个百分点，增速略有放缓。

全国绿色信贷整体数据表明，我国绿色信贷余额呈稳步增长趋势。在这一趋势的带动以及地方政府的政策支持下，大部分省份的绿色信贷规模显著提升，2022年除排名最后的4个省份（海南、西藏、宁夏、青海）外，其

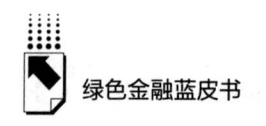

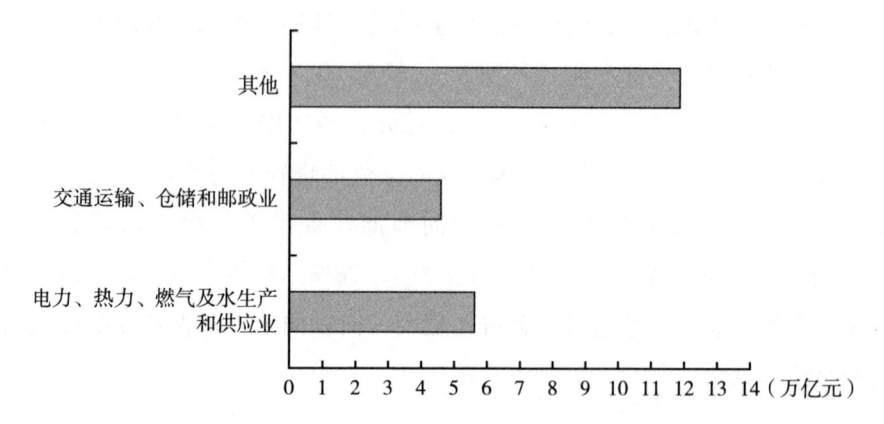

图 3　2022 年全国绿色信贷投向（按行业划分）

资料来源：中国人民银行，中央财经大学绿色金融国际研究院整理。

余省份的绿色信贷余额均超 2000 亿元。从地方表现来看，第一梯队省份特别是东南沿海省份表现较为突出，而第三梯队省份相对而言绿色信贷存量规模较小，表明我国地方绿色信贷市场规模在不同地区存在差异。需要注意的是，少部分省份尚未披露完整数据，如根据公开资料，江苏仅披露了 2022 年绿色信贷余额同比增长率，但未披露第四季度绿色信贷余额，山西、云南同样仅披露了截至 2022 年第三季度的数据，河南、新疆的统计数据截至 2022 年第二季度，湖南仅披露了 2022 年第一季度的绿色信贷余额。为了修正数据披露差异，本报告采用系数赋值的方法，对披露全年绿色信贷余额的省份赋值系数 1，对披露 3 个季度绿色信贷余额的省份赋值系数 0.75，对披露半年数据的省份赋值系数 0.5，对仅披露 1 个季度数据的省份赋值系数 0.25，以此综合考虑数据披露差异对不同省份绿色信贷市场规模统计的影响。

在当前统计模式下，江苏、广东、浙江的绿色信贷余额位于全国前三，均突破 2 万亿元（见图 4）。其中，江苏表现最为突出，虽然尚未公布第四季度余额，但其截至 2022 年第三季度绿色信贷余额达 22800 亿元，位居全国第一。根据其披露的数据，江苏省 2022 年绿色信贷增长率高达 45.2%。第三梯队省份的绿色信贷余额相对靠后。在排名最后的 4 个省份中，海南和西藏的绿色信贷余额均未达到 1000 亿元，分别为 675 亿元和 935.64 亿元，宁夏的绿色信贷余额为 1232.66 亿元，青海为 1508.98 亿元。

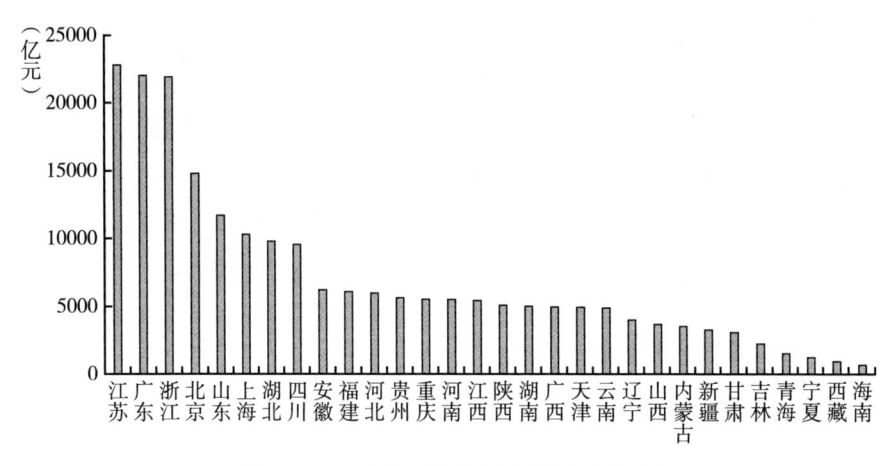

图 4　2022 年全国部分省份绿色信贷余额

注：因公开数据披露原因，江苏、山西、云南的统计数据截至 2022 年第三季度，河南、新疆的统计数据截至 2022 年第二季度，湖南仅披露了 2022 年第一季度的绿色信贷余额，黑龙江未公布 2022 年绿色信贷余额。

资料来源：中国人民银行，中央财经大学绿色金融国际研究院整理。

（三）多地全面推动绿色信贷信息披露[①]

2021 年 7 月，中国人民银行发布正式版《金融机构环境信息披露指南》，引导金融机构认识自身面临的环境与气候相关风险，主动完善相关风险管理流程。其披露要求为，以信贷类产品为例，披露内容可包括但不限于产品名称、投放范围、创新点（还款来源、发放对象、利率、期限、用途等）、运作模式、运行情况以及环境效益和社会效益等。

各商业银行主要在其社会责任报告（ESG 报告）、可持续发展报告或金融机构环境信息披露报告中披露绿色信贷相关数据，主要包括绿色信贷余

---

① 本小节数据均源自各家银行机构公布的 2022 年社会责任报告、可持续发展报告等。

额、增量，绿色信贷支持项目折合减排情况，以及与绿色信贷相关的绿色金融政策制度和管理办法。从2022年我国商业银行绿色信贷数据信息披露统计结果来看，共有130家商业银行选择在社会责任报告或可持续发展报告中公布绿色信贷相关数据，仅占商业银行总数的7%，我国商业银行绿色信贷相关信息的披露工作仍处于起步阶段。

国有大型商业银行全部完成信息披露工作。2022年，我国六大国有商业银行均在其ESG报告中披露了绿色信贷余额等相关数据。2022年末，六大国有商业银行绿色信贷余额合计约为12.55万亿元，相比上年增长44.54%，最低增速超过33%，最高增速高达60%（见图5）。

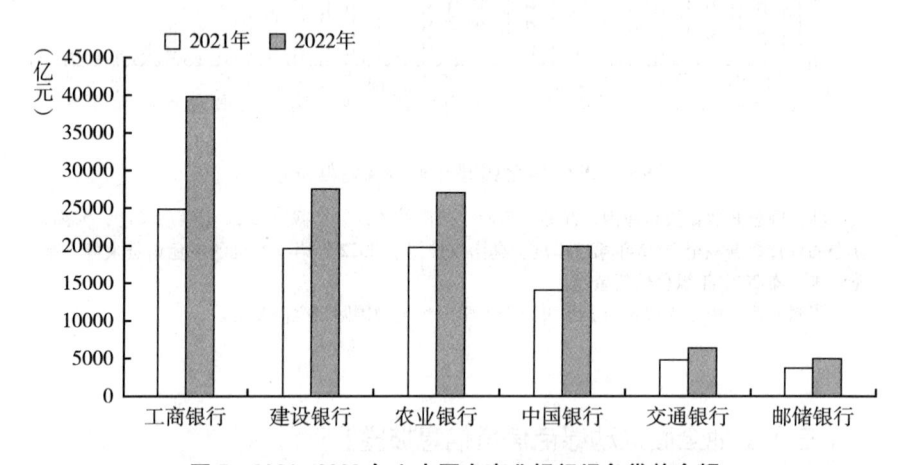

图5 2021~2022年六大国有商业银行绿色贷款余额

资料来源：中国人民银行，中央财经大学绿色金融国际研究院整理。

股份制商业银行的绿色信贷相关信息披露工作完成度较高。截至2022年末，10家股份制商业银行的绿色信贷余额合计约为3.66万亿元，相比上年增长30.53%，最低增速超过10%，最高增速高达67%（见图6）。其中，兴业银行以近1.63万亿元的绿色信贷余额居股份制商业银行首位。

城市商业银行的绿色信贷相关信息披露工作有待进一步完善。2022年，城市商业银行中共有55家披露了绿色信贷相关数据，占城市商业银行总数

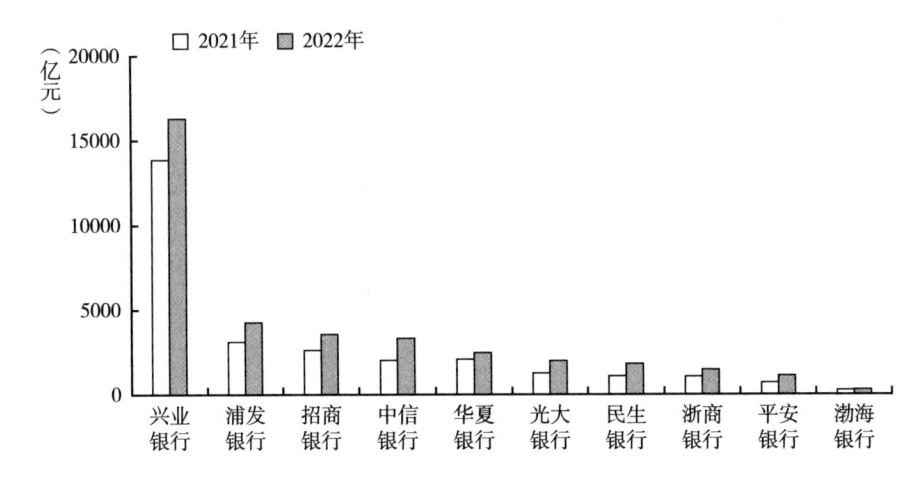

图6　2021~2022年10家股份制商业银行绿色贷款余额

资料来源：中国人民银行，中央财经大学绿色金融国际研究院整理。

的44.8%。从总量上看，四川、浙江、江苏三省城市商业银行完成绿色信贷信息披露的机构数量较多（见图7）。从比例来看，北京、天津、上海、青海等10个省份的所有城市商业银行都发布了绿色信贷相关数据，仍有6个省份的城市商业银行尚未披露绿色信贷数据。

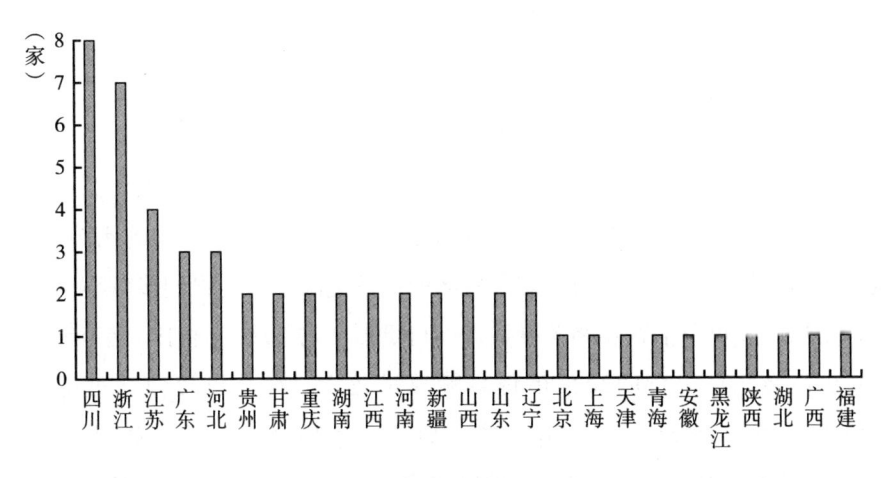

图7　2022年各省份城市商业银行完成绿色信贷信息披露的机构总数

资料来源：中央财经大学绿色金融国际研究院整理。

为更好地从地方层面分析银行业金融机构绿色信贷相关信息披露的情况，重点对部分地方性商业银行进行梳理。2022年，已披露绿色信贷相关信息的城市商业银行数量占比见图8。在城市商业银行中，选择披露绿色信贷及相关绿色数据的机构大部分为上市银行，这一方面是因为银监会对上市银行的信息披露有着更高的要求，另一方面则是因为绿色信贷相关数据的披露可以加强银行绿色金融体系的构建，同时帮助城市商业银行提高社会声誉、展现社会责任担当。

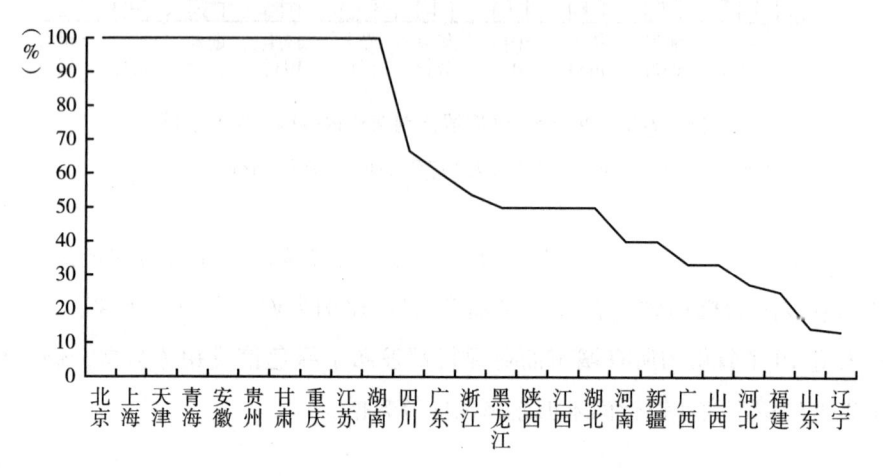

图8 2022年已披露绿色信贷相关信息的城市商业银行数量占比

资料来源：中央财经大学绿色金融国际研究院整理。

从地区来看，江苏、北京、上海、浙江等第一梯队省份的城市商业银行披露的绿色信贷相关数据较多，因其城市商业银行中上市银行的比例更高，数据披露过程更完善。同时，东部地区的绿色金融体系建设起步较早，绿色信贷市场发展更为活跃，相关投融资项目更多。与2021年相比，江苏银行、南京银行及北京银行的绿色信贷余额总量较大、增速也较快（见图9）。2022年上述3家银行均推出了创新型的绿色信贷产品：江苏银行发行"ESG表现挂钩贷款"；南京银行推出"鑫减碳"，将绿色贷款利率与借贷方生产经营过程中的碳表现相挂钩；北京银行分别于2022年3月和10月落地北京市、上海市首单CCER质押贷款。产品创新均基于激励借贷方加强ESG建设、减少碳排放等促进实现可持续发展的目标。

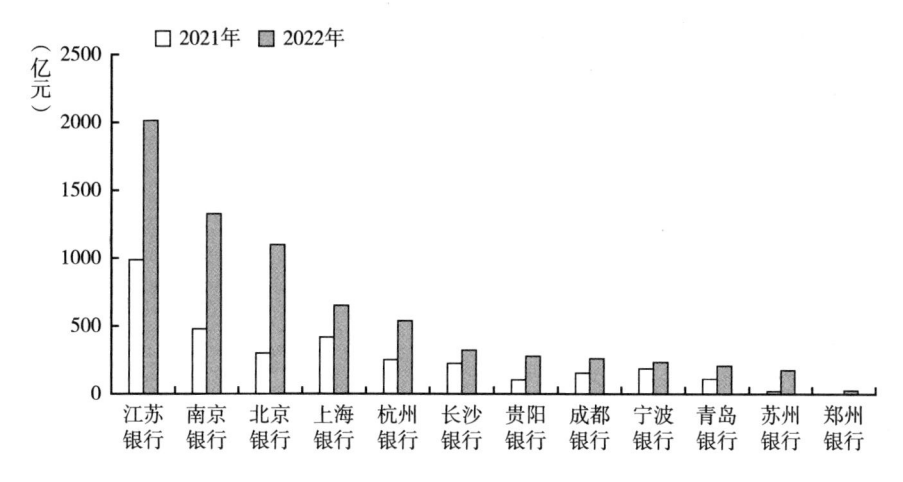

图9　2021~2022年部分上市城市商业银行绿色信贷余额

资料来源：中央财经大学绿色金融国际研究院整理。

农村商业银行的绿色信贷相关信息披露工作亟待完善。2022年，农村商业银行中有54家机构选择披露绿色信贷数据，占农村商业银行总数的3%（见图10）。从总量上看，江苏、浙江、广东等农村商业银行数量较多的省

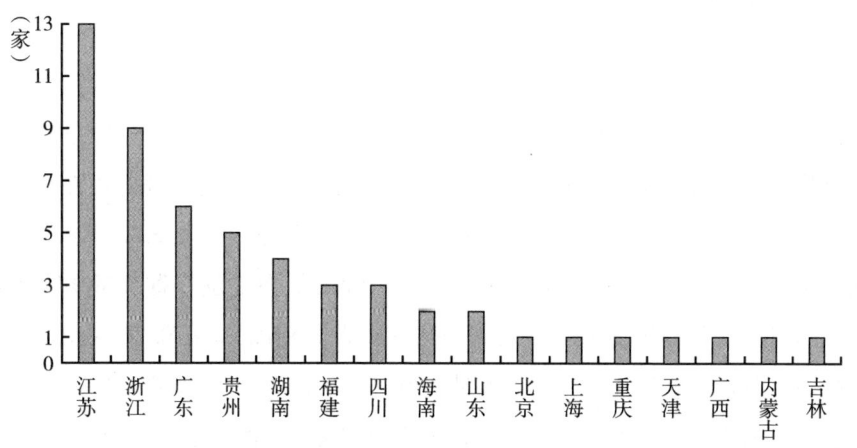

图10　2022年各省份农村商业银行完成绿色信贷信息披露的机构总数

资料来源：中央财经大学绿色金融国际研究院整理。

份披露的绿色信贷相关数据较多，但仅有北京、上海两个直辖市做到了辖内所有农村商业银行均披露绿色信贷相关数据（见图11），其余省份披露绿色信贷相关信息的农村商业银行数量占省内农村商业银行总数的比例较低，同时仍有15个省份的农村商业银行尚未披露绿色信贷数据。

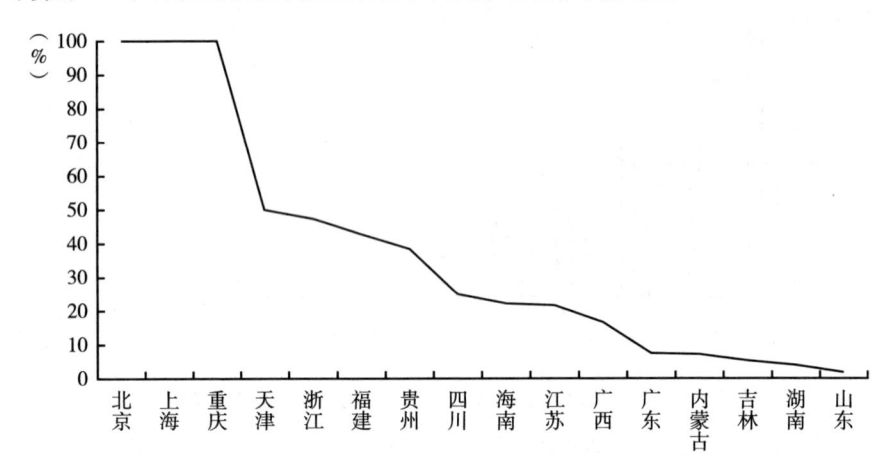

图11 2022年已披露绿色信贷相关信息的农村商业银行数量占比

资料来源：中央财经大学绿色金融国际研究院整理。

（四）银行绿色分（支）行数量逐渐增加

绿色分（支）行是银行业金融机构在"风险可控、商业可持续"的前提下设立的致力于绿色、循环、低碳经济发展，提升绿色金融专业服务能力和风险防控能力的分支机构或部门。根据目前资料，各地金融机构正在积极推动绿色分（支）行的建设，为地方绿色金融发展助力。截至2022年末，全国共挂牌205家绿色分（支）行，分布在19个省份，其中浙江省以69家位居第一，四川省以27家位居第二，甘肃省与广东省分别以22家和20家位居第三和第四，四省绿色分（支）行数量占全国总量的67.3%（见图12）。与2021年相比，湖北省在绿色分（支）行建设方面实现了零的突破。

绿色分（支）行的建设体现出我国金融改革的创新程度，是银行金融机构发展绿色金融的重要载体。从绿色金融发展指数评价体系的梯队划分来

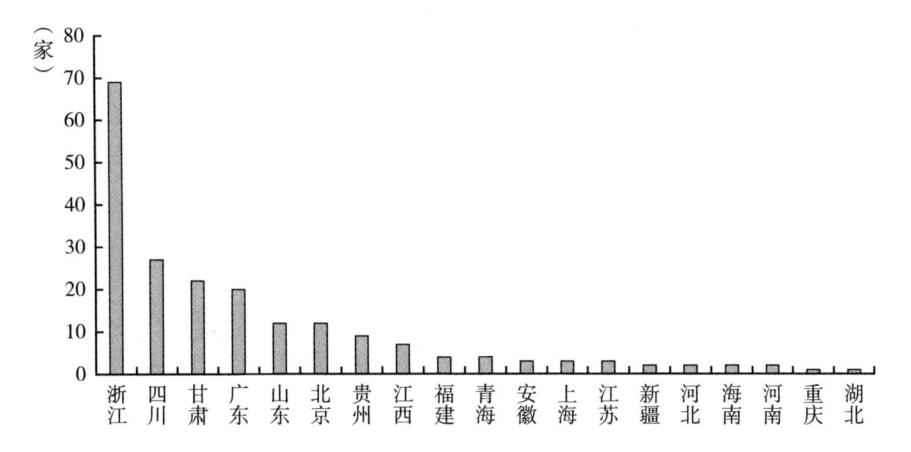

图 12　截至 2022 年末全国挂牌绿色分（支）行数量

资料来源：中央财经大学绿色金融国际研究院整理。

看，当前绿色分（支）行的分布呈现第一梯队独大的局面。第一梯队全部省份均建立了绿色分（支）行，其中浙江、四川、甘肃和广东的绿色分（支）行数量在全国遥遥领先。在绿色支行建设方面，浙江省在 2022 年新成立了 4 家绿色支行，且均位于湖州市，分别是湖州银行雉城绿色支行、武康绿色支行，金华银行湖州长兴绿色支行及安吉农村商业银行余村绿色支行。这得益于湖州市 2022 年施行的《湖州市绿色金融促进条例》。《湖州市绿色金融促进条例》明确提出，银行业金融机构可以设立绿色专营机构，并在融资额度、利率定价、审批通道、绩效考核、产品研发等方面实施专项管理。这一地方性法规的出台从政策层面为金融机构创新绿色产品及服务提供了便利条件，激发了市场活力，提升了湖州域内金融机构加强绿色金融能力建设的动力。第二梯队中共有 6 个省份建立了绿色分（支）行，其中湖北省于 2022 年新设了中国建设银行武汉球场街绿色支行，该行也是华中地区首家获得湖北碳排放权交易中心颁发的"碳中和证书"的"绿色网点"。2022 年 7 月，河南省信阳市委发布《信阳市绿色金融改革创新三年行动方案（2022~2024 年）》，提出建立绿色金融专营机构体系，计划培育 10 家以上绿色金融事业部或绿色分支行。同年 9 月，中信银行在信阳市设立了信阳羊山绿色支行。整体来看，第二梯队在绿色分（支）行建设方面的发展仍较为缓慢。第三梯队中青海、海南分别成立了4家和2家绿色分（支）行，其他省份仍需尽快弥补这一领域的空白。

（五）绿色信贷倡议覆盖面扩大

1. 赤道原则

"赤道原则"（Equator Principles，EPs）一般被认为是非强制性的国际金融机构评估项目融资环境和社会风险的国际惯例和标准，旨在帮助金融机构判断、评估和管理与项目融资相关的环境与社会风险，从而支持负责任且可持续的投融资决策。"赤道原则"是非强制性的，金融机构各自制定自身的环境和社会政策、程序与管理规则，自愿和独立地采纳与实施"赤道原则"，若"赤道原则"与东道国法规冲突，优先遵守法律法规。

2003年6月之后，"赤道原则"被应用于全世界绝大多数中型和大型项目融资。截至2022年底，全球有138家金融机构宣布采纳"赤道原则"[①]。我国目前已有9家银行采纳"赤道原则"，分别是重庆银行、贵州银行、湖州银行、江苏银行、重庆农村商业银行、福建海峡银行、兴业银行、绵阳市商业银行和威海市商业银行（见表1）。

表1 截至2022年末全国已采纳"赤道原则"的银行

机构名称	机构类型	注册地所在省份
重庆银行	股份有限公司	重庆
贵州银行	股份有限公司	贵州
湖州银行	股份有限公司	浙江
江苏银行	股份有限公司	江苏
重庆农村商业银行	股份有限公司	重庆
福建海峡银行	股份有限公司	福建

---

① The Equator Principles-Equator Principles Association（equator-principles.com），https://equator-principles.com/about-the-equator-principles/.

续表

机构名称	机构类型	注册地所在省份
兴业银行	股份有限公司	福建
绵阳市商业银行	股份有限公司	四川
威海市商业银行	股份有限公司	山东

资料来源：中央财经大学绿色金融国际研究院整理。

从区域分布来看，现有9家赤道银行均分布于第一梯队和第二梯队省份，其中以第一梯队省份为主，重庆是仅有的第二梯队省份，同时也是除福建外，另一个拥有两家赤道银行的省份。就福建省而言，兴业银行和福建海峡银行分别于2008年和2021年采纳"赤道原则"，展现出福建省在推动绿色信贷业务发展方面的积极作为。从应用效果来看，兴业银行是全国第一家赤道银行，截至2022年末，该行适用"赤道原则"的项目共计1346笔，所涉项目总投资为51740亿元[1]。贵州银行自2020年11月采纳"赤道原则"以来，涉及金额超过82亿元。2022年，贵州银行推动14个项目适用"赤道原则"，涉及金额50.08亿元[2]。从机构类别来看，目前9家银行中，全国性股份制银行仅有兴业银行，城市商业银行占比最多，农村商业银行仅有重庆农村商业银行。此外，9家银行中上市银行占比过半，其中重庆银行、江苏银行、兴业银行在A股上市，重庆农村商业银行在A+H股上市，威海市商业银行在H股上市。总体来看，目前我国中小银行对"赤道原则"的采纳度更高，这一方面反映了中小银行在兼收并蓄国内绿色标准与国际绿色标准方面的灵活性，另一方面也体现出中小银行在绿色发展道路中推行差异化、品牌化的战略考量。

---

[1] 凤凰网深圳：《兴业银行深圳分行的ESG实践：以赤道原则护航高质量发展》，http://h5.ifeng.com/c/vivoArticle/v00243XB31T-_JXLkKm70MZMtRjggRp-_QJ7swxoUjKBRjBlg_ _?isNews=1&showComments=0。

[2] 新浪网：《贵州银行发布〈2022年度环境信息披露报告〉》，http://k.sina.com.cn/article_1733360754_6750fc72020016n1y.html。

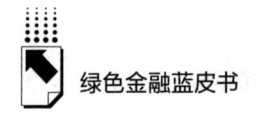

2. 负责任银行原则

"负责任银行原则"（Principles for Responsible Banking，PRB）是联合国环境规划署倡议建立的一套银行可持续发展体系框架，鼓励银行在最重要、最具实质性的领域设定目标，在战略、投资组合和交易层面以及所有业务领域融入可持续发展元素，确保银行的战略与实践符合可持续发展目标和《巴黎协定》。2019年9月"负责任银行原则"正式发布时，全球130家银行签署了该原则，资产总额超过47万亿美元，约占全球银行业资产总规模的1/3。同时，PRB签署行的规模还在不断扩大，截至2022年12月，全球签署行数量已扩展至320家，资产总额超过89万亿美元，约占全球银行业资产总规模的50%①。

我国目前已有22家银行签署了PRB，分布在北京、江苏、吉林、江西、重庆、广东、山东、福建、四川、上海和浙江（见表2）。从分布区域来看，第一梯队省份占比最大，仅北京一地已有7家银行签署了PRB。以北京银行为例，在签署负责任银行原则后，北京银行于2022年首次披露ESG专题报告，并在报告中加入《负责任原则》专题"，通过识别政府、监管部门、客户、投资者、员工、公众、环境部门七大利益相关方，采用调研访谈等方式，协同各部门力量促进可持续发展。第二、第三梯队省份中仅有重庆的重庆三峡银行和吉林的吉林银行签署了PRB。重庆三峡银行在2022年度社会责任报告附表中披露了相关信息。在"公司治理与银行文化"原则中，采取多项举措和行动在员工中培养负责任的银行文化，如强化全行员工的绿色办公理念、倡导性别平等、开展强制性培训、开展行长接待日等。吉林银行是东北地区首家签署PRB的银行。在"客户与顾客"原则中，2022年吉林银行以绿色供应链为依托，围绕上下游客户的绿色发展需求，打造"吉银绿E+"系列产品体系，努力通过绿色信贷和产品创新对气候产生积极影响，践行负责任原则。

---

① https://www.unepfi.org/banking/prbsignatories/.

表2 截至2022年末全国已签署"负责任银行原则"的银行

机构名称	机构类型	注册地所在省份
中国工商银行	股份有限公司	北京
中国农业银行	股份有限公司	北京
北京银行	股份有限公司	北京
中国银行	股份有限公司	北京
江苏银行	股份有限公司	江苏
吉林银行	股份有限公司	吉林
九江银行	股份有限公司	江西
南京银行	股份有限公司	江苏
苏州银行	股份有限公司	江苏
中国民生银行	股份有限公司	北京
重庆三峡银行	股份有限公司	重庆
广东佛冈农村商业银行	股份有限公司	广东
恒丰银行	股份有限公司	山东
华夏银行	股份有限公司	北京
兴业银行	股份有限公司	福建
江苏紫金农村商业银行	股份有限公司	江苏
中国邮政储蓄银行	股份有限公司	北京
青岛农村商业银行	股份有限公司	山东
上海农村商业银行	股份有限公司	上海
四川天府银行	股份有限公司	四川
深圳前海微众银行	股份有限公司	广东
浙江安吉农村商业银行	股份有限公司	浙江

资料来源：中央财经大学绿色金融国际研究院整理。

3. 绿色商业银行联盟

2020年11月，香港金融管理局与国际金融公司（IFC）共同发起成立"绿色商业银行联盟"。2022年6月，香港金融管理局与国际金融公司宣布中国银行（香港）有限公司、花旗集团（香港）有限公司、东方汇理银行（中国）有限公司、香港上海汇丰银行有限公司和渣打银行（香港）有限公司正式成为该联盟的基石成员,总资产超过 7 万亿美元(见表3)。联盟旨在汇聚银行、其他金融机构、研究机构、技术创新企业的力量,加强交流与合作,协助银行业应对气候变化及推进绿色金融业务,如鼓励客户采用绿色策略、推广绿色产品和服务等。"绿色商业银行联盟"计划以亚洲为起点,通过提升区域内商业银行及金融机构的绿色服务能力,加速释放区域绿色投融资潜力,并将联盟的绿色影响力逐步扩展至全球其他地区。2022年以来,联盟已组织多场专题研讨会,促进业界绿色金融知识共享。

表3 截至2022年末"绿色商业银行联盟"基石成员

机构名称	机构类型	注册地所在省份
中国银行(香港)有限公司	公众股份有限公司	中国香港
花旗银行(香港)有限公司	私人股份有限公司	中国香港
香港上海汇丰银行有限公司	有限责任公司	中国香港
渣打银行(香港)有限公司	公众股份有限公司	中国香港
东方汇理银行(中国)有限公司	公众股份有限公司	上海

资料来源:中央财经大学绿色金融国际研究院整理。

二 证券领域的绿色进展

(一)绿色债券

绿色债券标准委员会(简称"绿标委")在《中国绿色债券原则》(简称《绿债原则》)中明确定义了绿色债券是指支持符合规定条件的绿色产业、绿色项目或绿色经济活动的有价证券,并将绿色债券的品种分为"普通绿色债券""碳收益绿色债券""绿色项目收益债券""绿色资产支持债券"。据统计,2022年中国境内新发行贴标绿色债券规模约为8746.58亿元(包含资产证券化产品),市场扩张态势明显。市场规模的扩大对市场的规范性提出更高要求。2022年,规范绿色债券市场秩序的政策陆续出台。持续扩容的市场配合日趋完善的监管体系，不仅能为企业拓宽绿色融资渠道，也有助于提高绿色资源的配置效率，提高市场长期发展质效。

2022年，全国31个省份中有25个省份发行了绿色债券，发行规模排名前3的省份分别是北京、广东、上海（见图13）。相较于2021年，北京的绿色债券发行规模仍位列第一，广东、上海、湖北的绿色债券发行规模取得显著增长。结合绿色金融发展指数评价体系，处于第一梯队的浙江、广东、北京等省份的绿色债券发行规模普遍较大。从2022年各省份的绿色债券发行规模来看，位于京津冀、长三角等经济发达地区的市场主体，发行绿色债券更加积极。

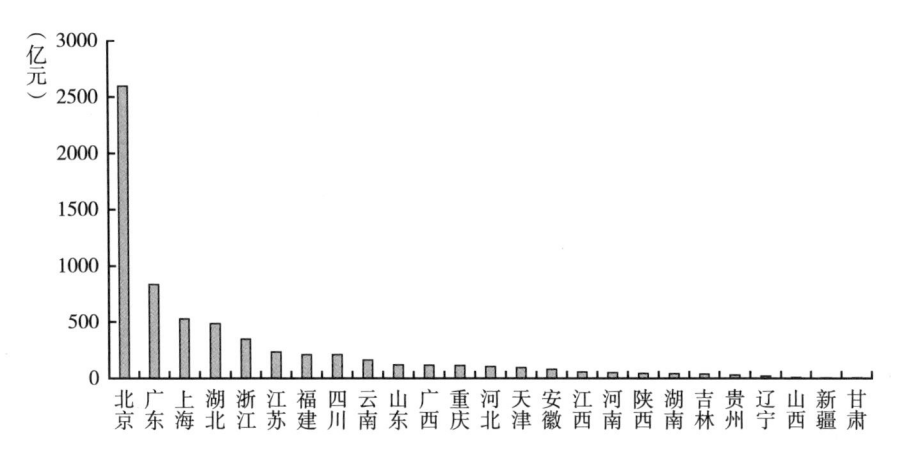

图13 2022年全国各省份绿色债券发行规模（不含ABS）

资料来源：中央财经大学绿色金融国际研究院绿色债券数据库。

在多方因素的共同推动下，全国多省份绿色债券市场呈现良好的发展态势。以广西为例，尽管绿色金融总体发展水平位列第二梯队，但绿色债券发行规模相对较大。广西绿色债券市场的发展离不开当地政府积极的政策引导。近年来广西陆续出台了多项政策，鼓励和引导金融机构及企业发行绿色债券，并对发行主体提供财政补贴和税收优惠。根据中央财经大学绿色金融国际研究院绿色债券数据库统计，截至2022年底，广西绿色债券存量规模约为200亿元。总体来看，相比于同期限同评级的普通债券，绿色债券的溢

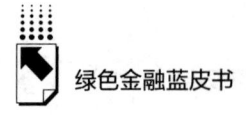

价优势在逐步显现，且可享受政府出台的各项补贴政策，发行绿色债券有助于企业以更低的成本实现绿色升级，推动社会绿色发展。

从发行数量来看，2022年，全国各省份共发行绿色债券（贴标绿色债券，不含ABS）392只（见图14）。其中，北京发行绿色债券数量最多，共发行64只，位列其后的是广东、江苏、上海、浙江，排名前5的省份的绿色债券发行数量总额占全国新增绿色债券数量的一半以上。结合绿色金融发展指数评价体系，大多数位于第一梯队的省份，其绿色债券发行数量也较多。值得注意的是贵州和甘肃，尽管从评估结果来看，两省绿色金融总体发展水平较高，但绿色债券发行数量相对较少。相反，非第一梯队的云南、天津、广西等地的绿色债券发行数量较多。2022年，绿色债券发行数量位列全国前3的仍然是北京、广东、江苏，但北京、江苏的绿色债券发行数量较2021年同期均有明显减少。上海在2022年共发行33只贴标绿色债券，较2021年有显著增加，也显现出在政策引导下，上海的市场活跃度得到进一步提升。

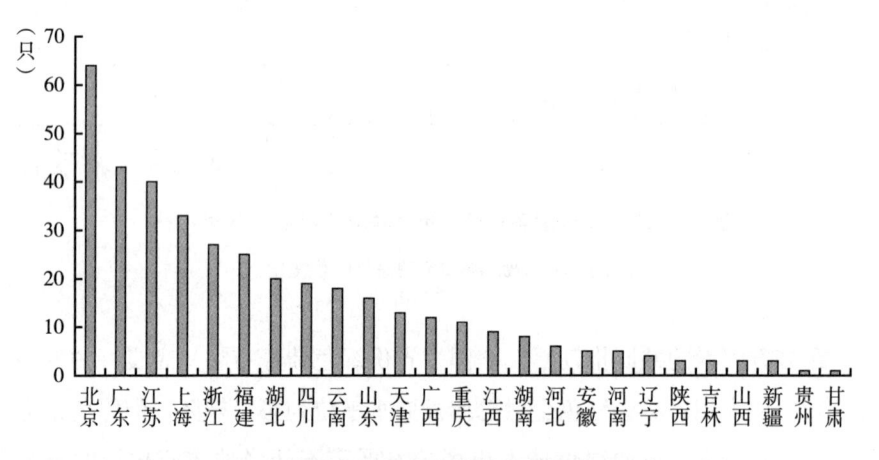

图14 2022年全国各省份绿色债券发行数量（不含ABS）

资料来源：中央财经大学绿色金融国际研究院绿色债券数据库。

绿色ABS具有发行条件相对宽松、产品设计较为灵活等优势，是企业获得绿色融资的重要渠道。自2016年我国首单绿色ABS推出以来，绿色

ABS 的市场规模持续扩大，尤其在近两年呈现强劲的增长趋势。2022 年，北京、上海、广东、天津等 18 个省份合计发行 96 单绿色 ABS（见图 15），共计 205 只。与 2021 年相比，参与绿色 ABS 市场的地区及总体发行数量均有增长。结合绿色金融发展指数评价体系，处于第一梯队的省份多数都积极参与了绿色 ABS 的市场建设，但贵州作为第一梯队省份及国家级绿金改试验区所在省份，在发行绿色 ABS 方面未体现出优势。

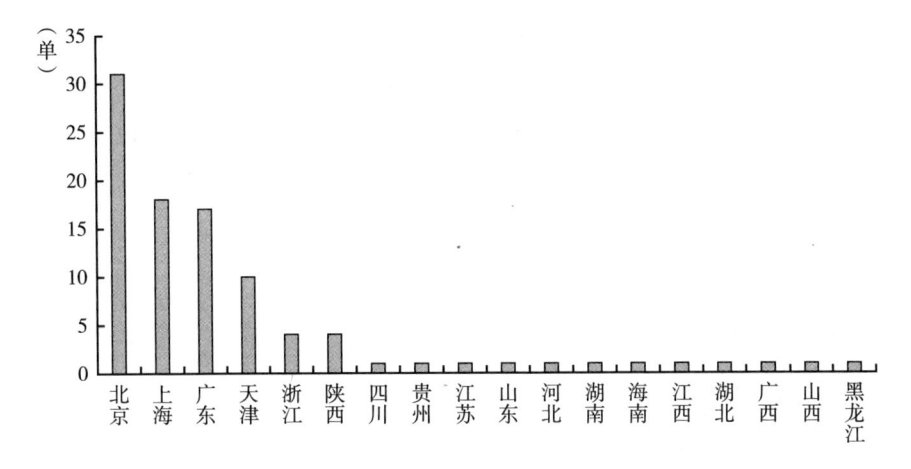

图 15　2022 年全国各省份绿色 ABS 发行数量

资料来源：中央财经大学绿色金融国际研究院绿色债券数据库。

一方面，绿色 ABS 市场的快速增长离不开不断增长的资金需求、政策体系的支持引导和市场环境的持续优化；另一方面，ABS 产品自身的特点也在不断吸引更多资金需求方以其为工具进行绿色融资。绿色 ABS 相较于其他类型的绿色债券，发行审核流程更快，可提高企业融资效率。同时，对发行主体的发行限制更宽松，发行主体的财务状况对发行规模影响较小，能为中小企业拓宽绿色融资渠道。此外，ABS 产品在设计时会对底层资产进行评估并拆分，依据对应的风险等级对资产赋予不同的期望收益。在分级化产品设计模式下，投资者能更灵活地按自身风险偏好对不同等级的产品进行投资，有助于吸引更多资金流入绿色 ABS 市场，提高市场活性。

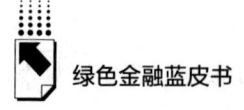

2022年，全国发行绿色债券的市场主体共243家（见图16）。结合绿色金融发展指数评价体系，江苏、北京、广东等多数处于第一梯队的省份都有较多的绿色债券发行主体。超一半的绿色债券发行主体聚集在江苏、北京、广东、浙江、上海，其中江苏省占35家，是2022年绿色发行主体最多的省份。此外，与绿色债券发行数量表现一致，贵州、甘肃作为第一梯队省份，发行主体数量较少，而广西的绿色债券市场总体更为活跃。整体来看，相比于2021年，2022年绿色债券发行主体数量大幅下降，尤其是在2021年排名第一的北京，2022年绿色债券发行机构数量减少超一半。从推动绿色债券市场建设的角度来看，尽管绿色债券市场容量在近年呈现上升趋势，但是市场覆盖范围有待扩大、市场参与者的多样性有待提高。

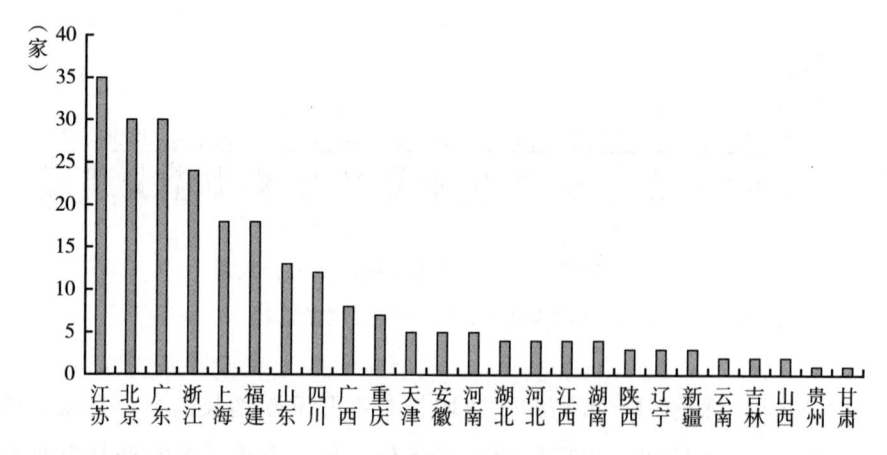

图16 2022年全国各省份发行绿色债券的机构数量

资料来源：中央财经大学绿色金融国际研究院绿色债券数据库。

为进一步推动我国经济社会低碳转型发展，2021年以来中国银行间交易商协会及上海证券交易所陆续推出"可持续发展挂钩债券""低碳转型公司债券""低碳转型挂钩公司债券""转型债券"四种转型类债券。相较于绿色债券，转型类债券募集资金的用途更加灵活，可服务于高碳、高排放企业的转型升级。2022年，我国15个省份共发行转型类债券66只（见图17），发行规模约为692.66亿元（见图18），其中北京在转型

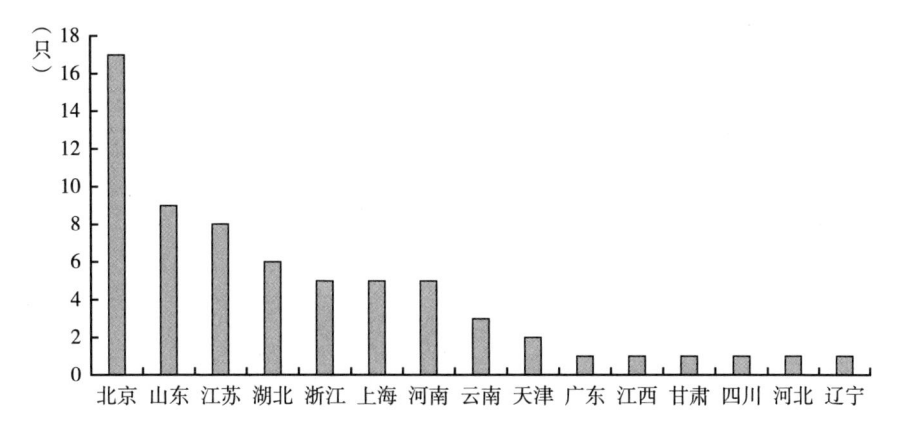

图17　2022年全国各省份发行转型类债券数量

资料来源：中央财经大学绿色金融国际研究院绿色债券数据库。

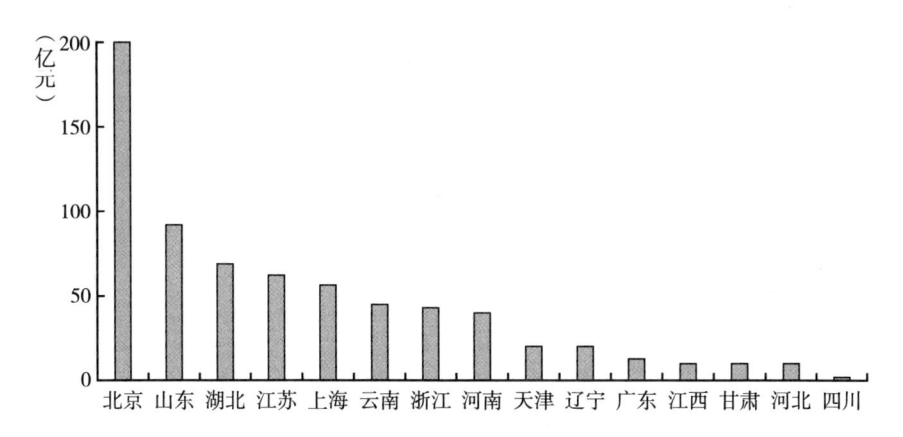

图18　2022年全国各省份发行转型类债券规模

资料来源：中央财经大学绿色金融国际研究院绿色债券数据库。

类债券发行数量和发行规模方面均位列全国第一。由于转型类金融产品推出时间较短，市场覆盖范围还有待扩大。结合绿色金融发展指数评价体系来看，目前参与转型类债券市场的省份多来自第一梯队，值得注意的是，处于第三梯队的云南在2022年转型类债券发行数量及发行规模的排名都相对靠前，而处于第一梯队的贵州省在2022年未发行转型类债券。转型

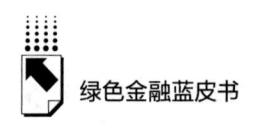

类债券市场具有较大的发展潜力，转型类债券所面向的高碳企业在低碳转型过程中有较大的资金需求，但这些企业同样有着较大的环境气候风险敞口，使其难以获得低成本融资。转型类债券的推出使拥有转型目标、转型能力的企业能更好地拓宽融资渠道、缓解资金压力，同时推动企业加快完成低碳转型。

专题　转型金融市场创新

2022年，我国共发行了34只可持续发展挂钩债券，规模约为401.86亿元；4只低碳转型公司债券，规模约为27亿元；18只低碳转型挂钩公司债券，规模约为214.5亿元；10只转型债券，规模约为49.3亿元。从中可以看出，可持续发展挂钩债券由于推出时间较早，同时资金使用较为灵活，相较于其他类型债券，发行数量更多、发行规模更大。从各省份间差别来看，2022年，转型类债券发行数量较多的河南、浙江、江苏发行的大多是可持续发展挂钩债券；湖北发行的转型类债券都为低碳转型挂钩公司债券；山东作为转型类债券发行数量和规模排名第二的省份主要发行的是低碳转型公司债券、转型债券和低碳转型挂钩公司债券，未发行可持续发展挂钩债券；北京作为发行数量和规模都排名第一的省份，积极参与各品种转型类债券的发行。从转型类债券的票面利率来看，河南、浙江发行的债券平均票面利率较高，分别约为4.45%和3.74%；北京发行的债券平均票面利率最低，约为2.83%。从转型类债券的发行期限来看，江苏省的平均债券发行期限最长，约为7.25年。从可持续发展挂钩债券和低碳转型挂钩公司债券的关键绩效指标来看，KPI设定的多样性较2021年有所提高，从常见的节能减排、能效提升、新能源装机数量等指标逐渐扩展到绿色建筑竣工面积、充电桩安装数量、绿色低碳领域投放资金金额等创新指标。从发行人行业来看，整体上转型类债券发行人主要集中在煤炭、建筑、化工、金属冶炼行业，其中北京的发行人主要为建筑业和电力供应行业，山东的发行主体集中于煤炭、金属冶炼、化工业。

2022年8月，"华能澜沧江水电股份有限公司2022年度第十二期绿色中期票据（可持续发展挂钩/乡村振兴/碳中和债）"成功发行，该只债券为全国首单"可持续发展挂钩+乡村振兴+碳中和"三贴标债券，发行主体为华能澜沧江水电股份有限公司，募集资金将主要用于华能澜沧江水电股份有限公司小湾水电站等7个水电站的建设和运营。本期债券发行规模为20亿元，期限为3+N年，票面利率为2.84%，采取"固定利率+浮动利率"发行，其中浮动利率挂钩可再生能源发电新增装机容量。可持续发展挂钩目标为发行人在2022~2024年水电、风电、光伏等清洁能源发电新增装机容量不低于100万千瓦，其中风电、光伏清洁能源发电新增装机容量相比于2021年末增长幅度不低于100%，若在规定时限未达到预定可持续发展绩效目标，则第3个计息年度票面利率为前2个计息年度的票面利率上调10bps。

（二）绿色股票

截至目前，"绿色股票"作为一种较新的金融工具和产品，仍处于早期发展阶段，在全球范围内并未形成统一定义及评价标准。从衍生意义上来讲，设置"绿色股票"分类的目的是通过对企业"绿色"方面的评价更全面地反映企业表现，提供更多的信息帮助投资者更好地进行投资决策。因此本部分对全国31个省份绿色股票的分析，主要从A股环保行业上市企业的分布、企业披露社会责任报告的表现及上市企业的ESG得分三方面着手。

1. A股环保行业上市企业的分布

截至2022年末，中国A股环保行业上市企业共计128家（见图19）。经万得数据库"环保行业"分类筛选，数据库将该行业定义为以防治环境污染、改善生态环境、保护自然资源为目的而进行的技术产品开发、商业流通、资源利用、信息服务、工程承包等活动的总称。

2022年，全国共有25个省份有A股环保上市企业，平均每个省份有超过5家A股环保上市企业，共8个省份超过平均数，环保上市企业的分布地域差异明显。江苏拥有16家A股环保上市企业，位居第一，其次为浙江（15家）、广东（15家）、山东（13家）、北京（11家）。黑龙江、甘肃、

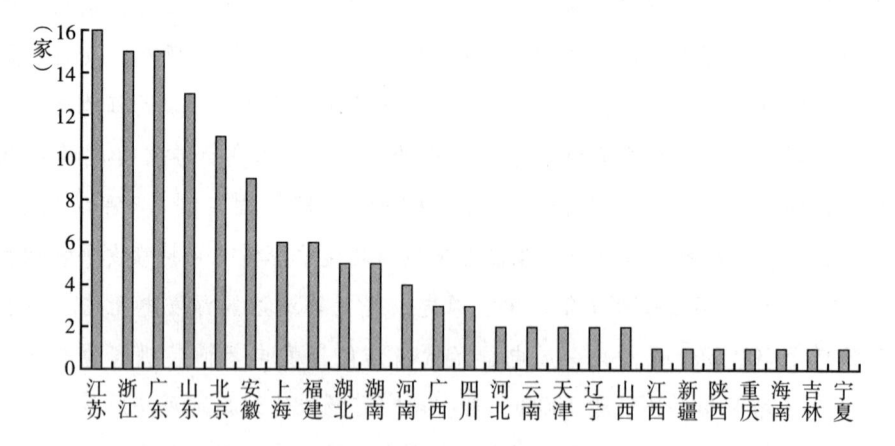

图19 截至2022年末全国各省份A股环保行业上市企业数量

资料来源：中央财经大学绿色金融国际研究院ESG数据库。

贵州、内蒙古、青海及西藏目前暂无A股环保上市企业。结合绿色金融发展指数评价结果来看，除甘肃、贵州以外，位于第一梯队的省份都有较多的A股环保上市企业，数量排名前5的省份均来自第一梯队。第二、第三梯队省份的A股环保上市企业数量则较为平均。

2.企业披露社会责任报告的表现

根据中央财经大学绿色金融国际研究院ESG数据库统计情况，2022年，全国31个省份内共有5067家上市企业，其中1455家企业披露了社会责任报告，占比为28.7%（见图20），相比于2021年的1137家企业，披露社会责任报告的企业数量上涨了近28%。每个省份均有企业披露社会责任报告，平均每个省份有近47家上市企业披露社会责任报告。

从数量上看，以长三角与珠三角经济圈为中心的沿海一带的表现最为出色。广东的上市企业数量多，作为国家级绿金改试验区所在省份，其在推动企业信息披露方面更为积极，广东披露社会责任报告的企业数量排名全国第一，达到199家。浙江、北京、上海披露社会责任报告的上市企业数量相近，分别以177家、168家、162家位列第二、第三、第四。除明显领先的几个省份外，大部分地区披露社会责任报告的企业数量低于均值。由此可

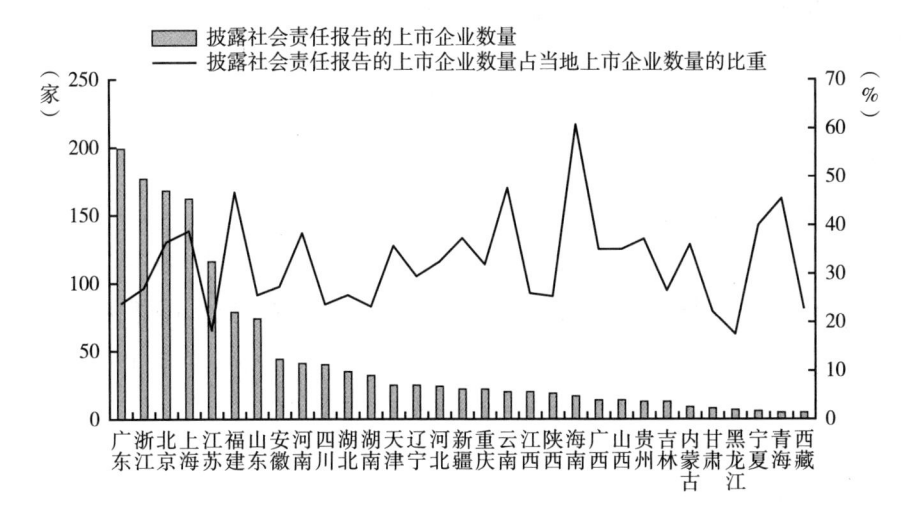

图20　2022年全国31个省份披露社会责任报告的上市企业数量及占比

资料来源：中央财经大学绿色金融国际研究院ESG数据库。

见，全国31个省份披露社会责任报告的企业分布不均，经济发达地区的上市企业基数大、社会责任意识普遍较强，包括ESG报告在内的社会责任报告披露数量较多。

结合2022年绿色金融发展指数评价结果来看，披露数量排名前七的省份均来自第一梯队。而同处于第一梯队且作为国家级绿金改试验区所在省份的贵州、甘肃和第二梯队的广西、山西在总量上相对较少。

从地方上市企业中已披露社会责任报告的企业占比来看，全国各省份披露社会责任报告的企业占比均值为32.2%，略高于全国披露社会责任报告的企业总量占全国总上市企业总量的比重，说明全国范围内有个别省份的表现突出，地方差异性较大。全国31个省份中，占比排名前5的省份依次为海南（上市28家，披露17家）、云南（上市42家，披露20家）、福建（上市169家，披露79家）、青海（上市11家，披露5家）、宁夏（上市15家，披露6家）。上海、河南、北京也较为突出，而披露社会责任报告的企业数量较高的广东和浙江受基数大等因素影响，在披露占比方面的表现低于平均水平。

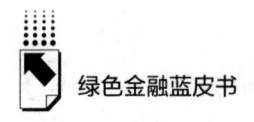

综合披露数量与披露占比来看，总体表现较佳的是北京、上海、福建。第一梯队省份尽管整体披露社会责任报告的企业数量较多，但因上市企业基数大，披露社会责任报告的企业占比较低，第二梯队和第三梯队部分省份则由于整体上市企业少，披露社会责任报告的企业占比较高。

3. 上市企业的ESG得分

依托中央财经大学绿色金融国际研究院自主创新研发的ESG评估方法，按照注册地整合后对各省份上市公司2022年信息披露情况从环境（E）、社会（S）和公司治理（G）三个总体维度展开评估，得出全国31个省份上市公司的ESG得分，作为本部分的评价依据。

全国31个省份上市企业的平均ESG得分为49.88分，其中12个省份上市企业的得分高于49.88分，19个省份上市企业的得分低于49.88分，整体分布较为平均。海南上市企业的ESG得分最高（64.23分），明显高于第二名北京（56.96分）（见图21）。

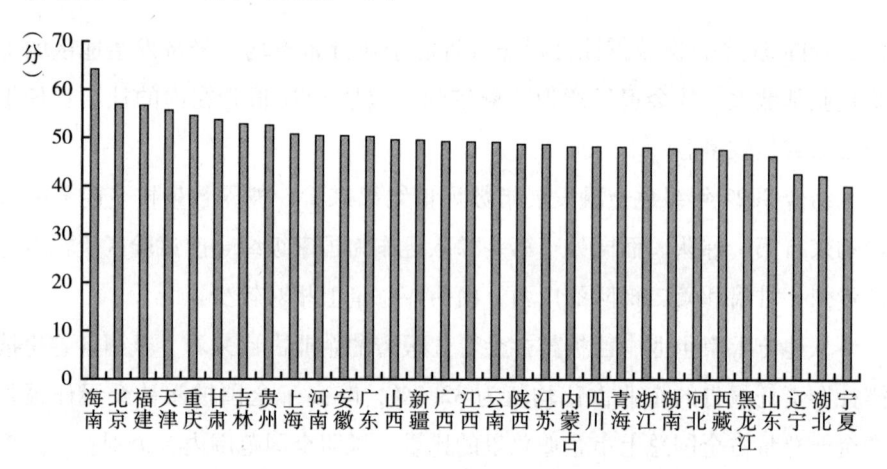

图21　2022年全国31个省份上市企业ESG得分

资料来源：中央财经大学绿色金融国际研究院ESG数据库。

从梯队上来看，第一梯队有5个省份上市企业的ESG得分居于前10，但总体而言，得分分布与梯队排名的关联性较弱，部分第二、第三梯队省份的上市企业也有较高的ESG得分。共有4个国家级绿金改试验区所在省份上市企业的 ESG 得分高于平均值，即重庆、甘肃、贵州、广东，其中重庆、甘肃、贵州排名前 10。

三 基金领域的绿色进展

出于对数据可获得性等因素的考量，本部分对绿色基金的分析侧重各省份绿色私募基金的发展情况，通过在中国证券投资基金业协会搜集 2022 年与"绿色""环境""低碳""环保"等关键词相关的基金数量，来反映地区市场主体设立私募基金支持绿色发展的活跃度。

（一）市场数量

从整体发展情况来看，2022 年统计周期内全国新增绿色私募基金稳中有升。2018 年证监会指导中国证券投资基金业协会发布的《绿色投资指引（试行）》鼓励公募、私募股权基金践行 ESG 投资，显著推动绿色私募基金的发展，但随后受到资管新规等因素影响，新增绿色私募基金的数量有所下滑。2021 年"双碳"目标的提出推动绿色产业发展，绿色私募基金发展提速，2022 年新增绿色私募基金达到 161 只（见图 22）。

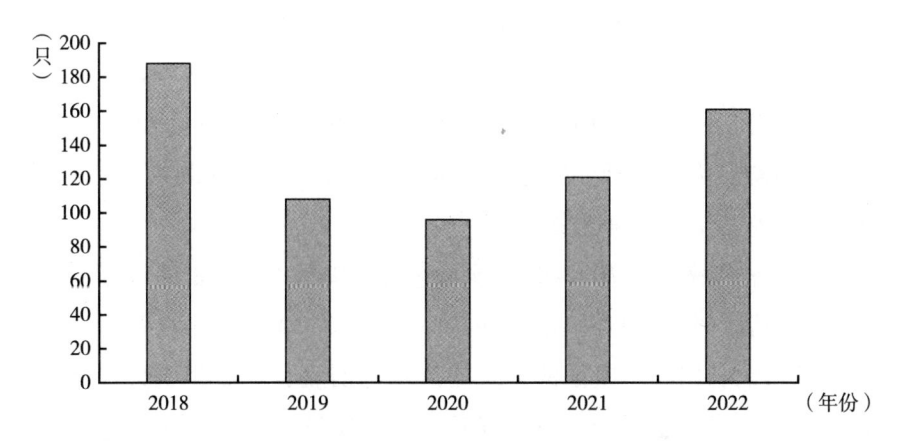

图 22 2018~2022 年全国新增绿色私募基金数量

资料来源：中国证券投资基金业协会，中央财经大学绿色金融国际研究院整理。

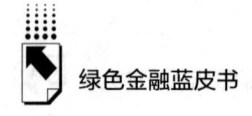

从地理分布来看，新增绿色私募基金整体呈现东部沿海领先、西部及东北地区发展较为迟缓的情形。2022年，以广东、江苏为代表的东部沿海省份新增绿色私募基金在25只以上，安徽、江西等其他发展较快的中部省份在10只左右，而更多西部和东北部省份仅维持个位数的增长，辽宁、陕西等六省则无新增（见图23）。

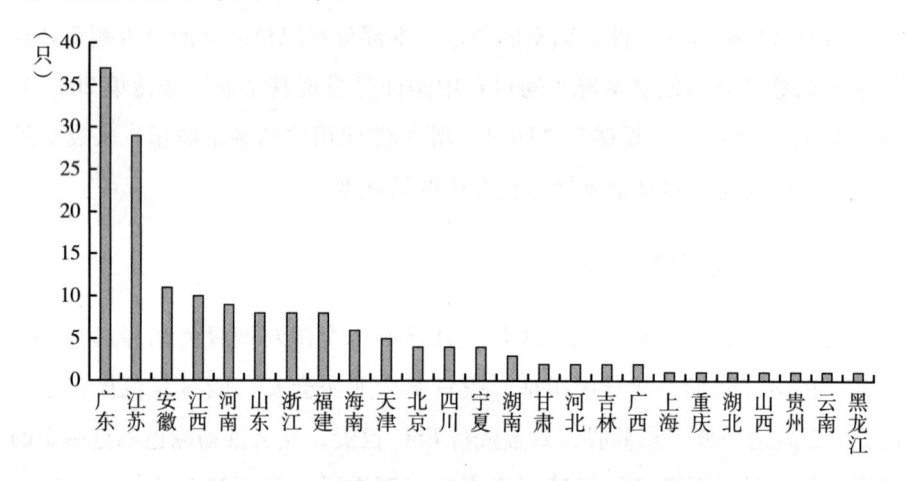

图23　2022年全国各省份新增绿色私募基金数量

资料来源：中国证券投资基金业协会，中央财经大学绿色金融国际研究院整理。

从绿色私募基金管理人所在地的分布来看，广东持续维持领先优势，2022年新增绿色私募基金37只（见图24），约占2022年新增总量的1/5。江苏、安徽分别以29只和11只新增绿色私募基金位居其后，相比于2021年两者增量均有大幅提升。值得关注的是，2022年天津、北京、上海、重庆等地绿色私募基金增速逐步放缓。

从梯队分布来看，2022年新增绿色私募基金产品数量的排序基本与绿色金融梯队划分相吻合。第一梯队中，广东、江苏、北京等省市已形成较为成熟地利用私募基金的形式支持绿色创业、企业和项目发展的模式，相较而言贵州省对于绿色私募基金的运用较为有限，无论是规模还是增速均相对滞后。第二梯队省份整体绿色私募基金总量和规模与第一梯队省份仍存在差距，但其中安徽和河南两省在2022年相比同梯队其

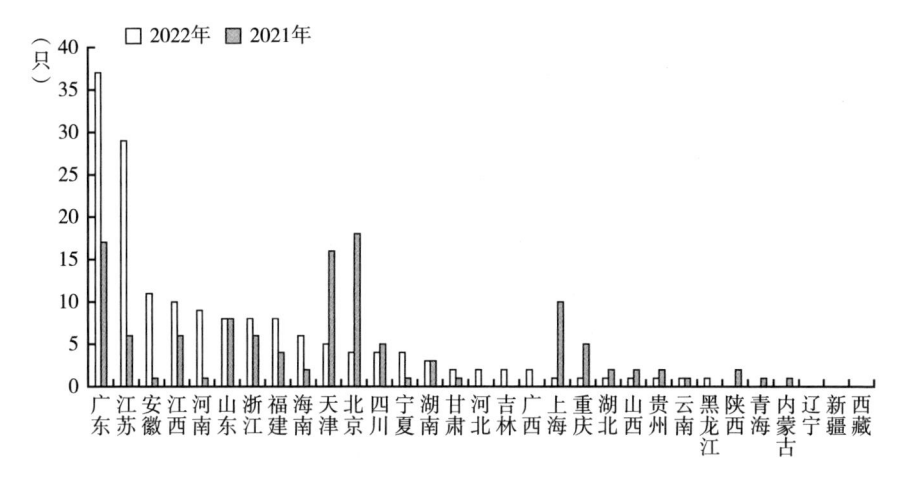

图 24　2021~2022 年全国 31 个省份新增绿色私募基金数量对比

资料来源：中国证券投资基金业协会，中央财经大学绿色金融国际研究院整理。

他省份发展较快，天津绿色私募基金总量已保持与第一梯队相近的水平。第三梯队省份整体在绿色私募基金方面的探索显著落后于另外两个梯队，但海南省自2022年开始提速明显，2022年共新增包括电投绿色氢能一期（海南）私募基金合伙企业（有限合伙）等在内的6只绿色私募基金。

（二）产品类型

从绿色私募基金的类型来看，2022年新增的161只绿色私募基金可分为股权投资基金和创业投资基金（见图25）。其中，股权投资基金99只，占总数的61%。安徽、北京、河南的数量较多，占当地新增绿色私募基金总量的75%~90%，四川、上海、甘肃等新增的绿色私募基金均为股权投资基金。创业投资基金62只，占比为39%。其中，重庆、湖北、贵州各有1只新增创业投资类绿色私募基金。江西、浙江两地新增创业投资类绿色私募基金占当地新增绿色私募基金的比重均达66.7%。此外，山东、海南两地两类基金的新增数量较为均衡。

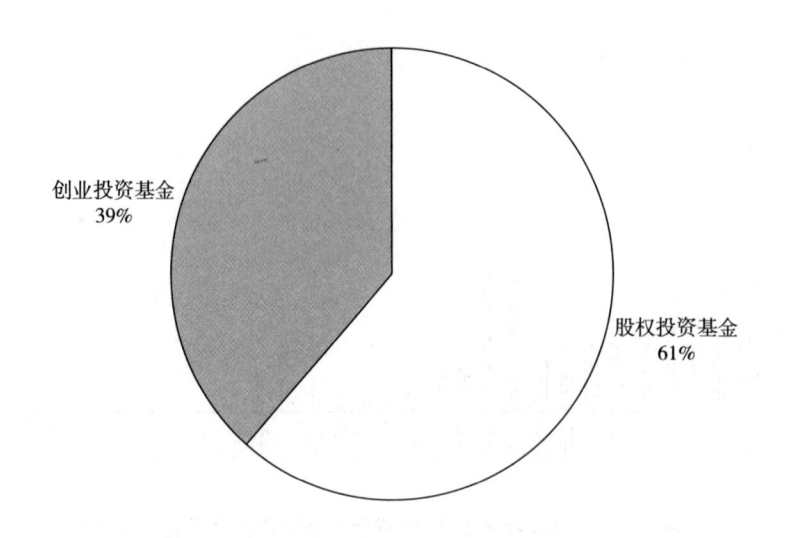

图 25　2022 年新增绿色私募基金类型分布

资料来源：中国证券投资基金业协会，中央财经大学绿色金融国际研究院整理。

从投资领域来看，可分为综合类和特定类。其中，投向综合类领域的绿色私募基金占比为17%（见图26）。而针对特定领域的投资基金中，投向新能源领域的特定基金占全部新增绿色私募基金的62%。其余领域如低碳转型、生态技术、原材料、绿色城市、节能转型、绿色农业和新能源汽车等领域共占21%。同时，投资领域也在一定程度上表现出地方特色，例如：宁夏等可再生能源丰富的地区，绿色私募基金全部投向新能源领域；河北更关注碳中和，以碳中和、低碳发展为主题，设立了包括河北新天绿色水发碳中和股权投资基金（有限合伙）在内的基金；河南聚焦农业发展，由河南农开绿色农业基金有限公司发起设立了支持农业绿色发展的私募基金；贵州着力于发展大数据产业，于2022年新增贵州华软绿色大数据创业投资基金合伙企业（有限合伙），以支持绿色大数据发展。契合资源禀赋与地方优势的绿色私募基金可更为精准、有效地服务于地方绿色金融市场提质增效。

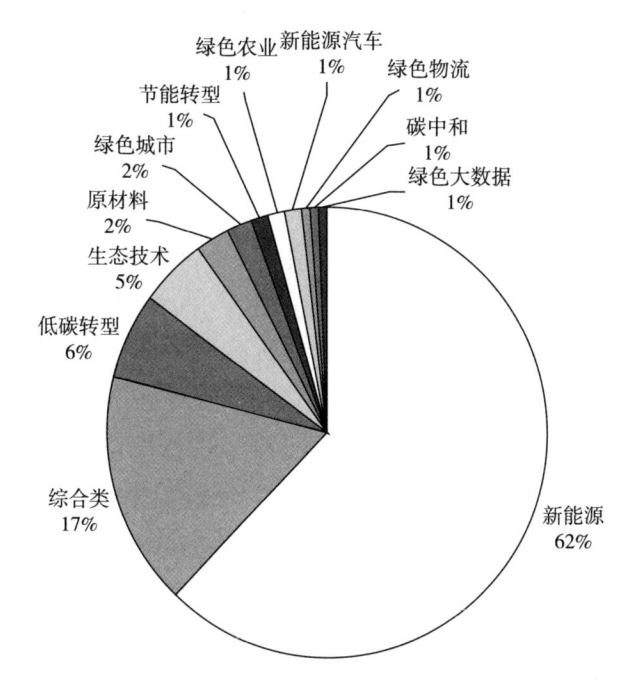

图26 2022年新增绿色私募基金投资领域分布

资料来源：中国证券投资基金业协会，中央财经大学绿色金融国际研究院整理。

四 保险领域的绿色进展

（一）市场规模

2022年11月11日，银保监会办公厅发布《关于印发绿色保险业务统计制度的通知》，首次将绿色保险明确定义为"保险业在环境资源保护与社会治理、绿色产业运行和绿色生活消费等方面提供风险保障和资金支持等经济行为的统称"。在产业层面，绿色保险可推动节能减排和可持续经营，服务新能源汽车、清洁能源、环境科技等绿色产业发展；在企业层面，绿色保险能保障和稳定收入，减少因自然灾害、市场波动或资产"搁浅"导致的经济损失；在个人层面，绿色保险可增强投保人的环保意识，为个人提供环境责任保障。总的来说，绿色保险既是保险业在新时代的发展方向，也是响应国家生态文明建设导向，走生态优先新路的一个重要支撑与基本载体[①]。

从保险存量数据来看，根据中央财经大学绿色金融国际研究院梳理，截至2022年底，全国31个省份均已发布绿色保险产品，累计发布保险品种数量230余种，但各省份在绿色保险品种丰富度方面仍存在明显差异（见图27）。广东已面市绿色保险品种46种，远超其他省份，在产品丰富度和保险企业创新能力上体现出绝对优势。

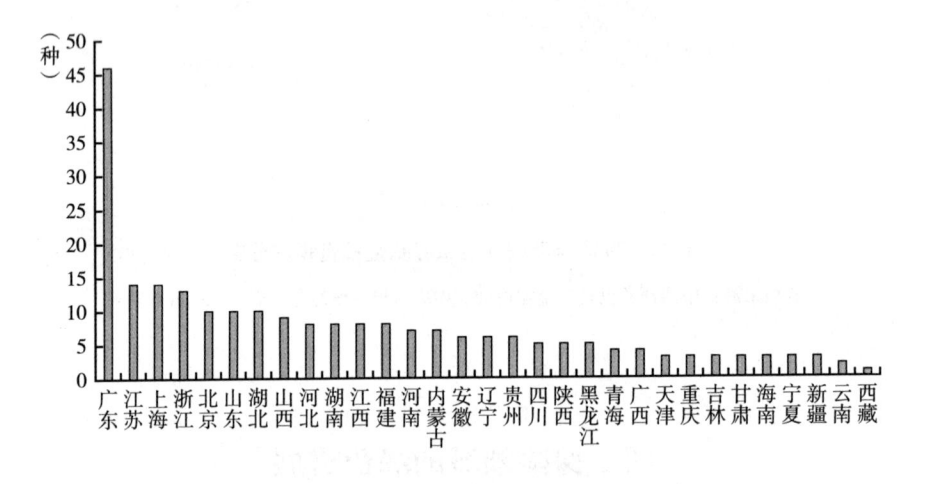

图27 2022年全国31个省份已上市绿色保险品种数

资料来源：中央财经大学绿色金融国际研究院整理。

从国家级绿金改试验区所在省份的表现来看，浙江、广东、贵州、甘肃、新疆、重庆均表现出高度的产品创新积极性，但贵州、重庆、甘肃、新疆由于在金融生态、经济水平、财政水平等方面存在欠缺，绿色保险总量较少、品种较为单一，绿色保险规模相对较小。

---

① 秦芳菊：《我国绿色保险体系的建构》，《税务与经济》2020年第3期。

从梯队表现来看，第一梯队多数省份设立了较为丰富的绿色保险品种，反映出对环境与气候风险及衍生风险的高度重视与积极应对；第二梯队省份在险种丰富度方面与第一梯队仍存在差距，但整体活跃度较2021年有所提升；第三梯队省份的绿色保险品种普遍较为单一，多数省份已推出的绿色保险品种数小于全国平均值。

从保险增量数据来看，相较于2021年，2022年全国24个省份推出创新型绿色保险品种，新上市绿色保险品种数合计达50余种（见图28）。保险机构持续优化和丰富绿色保险产品，为能源转型、减污降碳、生态环境保护等重点领域提供保险解决方案。从地区分布来看，山东以6种新增绿色保险品种居于首位，产品多数围绕蓝色金融、气候投融资等主题。浙江、福建两地以5种新增绿色保险品种居于其后，多数基于生态碳汇、农业保障开展相关服务细化与创新。整体而言，多数东部省份和少数中部省份已为投保人提供相对丰富的绿色保险品种，而其他中部省份及西部省份的绿色保险品种仍较为单一，创新形式与力度与东部省份存在差距。

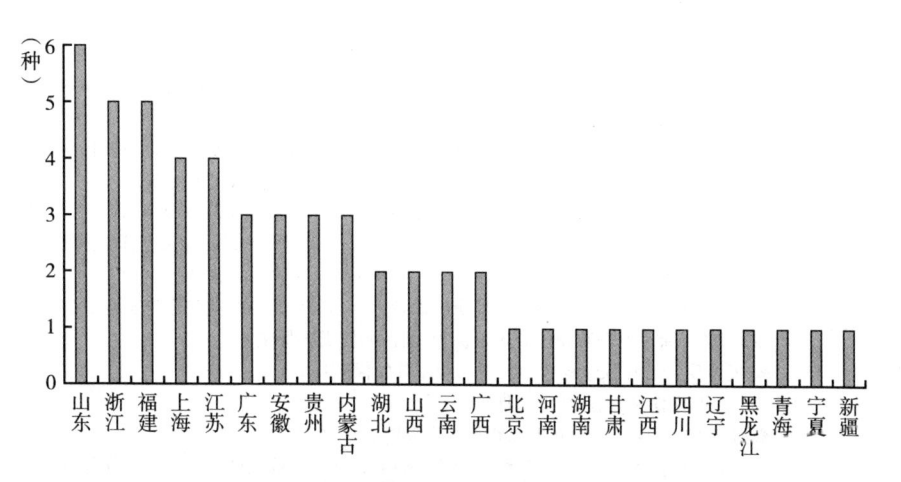

图28 2022年全国各省份新增绿色保险品种数

资料来源：中央财经大学绿色金融国际研究院整理。

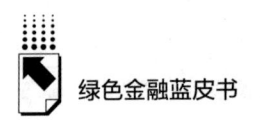

（二）创新产品

在产品创新方面，第一梯队省份通过扩大行业覆盖范围并纳入技术创新开发了众多新型产品，创新能力明显强于另外两个梯队；第二和第三梯队省份的创新能力区分度较小，仍存在较大进步空间，绿色保险市场有待探索和开拓（见表4）。

表4 2022年全国31个省份绿色保险品种示例

省份	具体险种示例
北京	环境污染责任保险、绿色建筑性能责任保险、果树树体保险、生猪价格指数保险、蜂业气象指数保险、光照气象指数农险、露地蔬菜气象指数保险、玉米干旱气象指数保险、太阳辐射发电指数保险、森林保险
上海	环境污染责任保险、蔬菜气象指数保险、葡萄降水量指数保险、船舶污染责任保险、油污责任保险、危化品的安全责任保险、耕地地力指数保险、光伏电站发电量损失补偿保险、碳资产回购履约保证保险、低碳出行骑行意外险、双碳绿色车险
广东	◆ 巨灾保险和碳保险等气候变化风险领域的保险： 　自然灾害公众责任保险、巨灾指数保险、灾害民生综合保险、林木碳汇保险（林业碳汇指数保险、林业碳汇遥感指数保险、林业碳汇组合保险、林业碳汇价值保险、林木碳汇工程建设保险、林木碳汇富余价值恢复补偿保险、林木碳汇价值恢复补偿保险、林木碳汇产量保险、林木碳汇项目开发保险、林木碳汇项目开发履约保证保险、CCER项目开发保险、林木碳汇价格指数保险、特殊交易履约保证保险、林木碳汇质押融资保险、林木碳汇碳减排支持工具贷款保证保险)、"保险+期货"碳排放权配额价格损失保险（卖方端）、"保险+指数"碳资产指数保险、碳排放配额质押贷款保证保险、林木碳汇碳排放权配额交易信用保险、林木碳汇碳排放权配额保险、低碳项目机器损坏碳交易损失保险 ◆ 环境污染责任保险和船舶污染责任保险等环境风险领域的保险： 　环境污染责任保险、船舶污染责任保险、碳交易损失保险、船舶建造保险、沿海内河船舶保险、绿色卫士装修污染责任保险、油污赔偿责任保险 ◆ 安全生产责任保险等社会治理风险领域的保险： 　职业责任保险、网络安全保险 ◆ 生态农业、生态保护和生态修复等生态环境产业的保险： 　油茶种植保险、水产养殖综合保险、绿色农业保险、绿色产品食安心责任保险、广东省地方财政花卉苗木种植保险、广东省商业性林下经济作物种植保险、广东省清远市地方财政补贴玉竹种植保险、广东省揭阳市地方财政补贴型竹笋种植气象指数保险、广东省商业性古树名木综合保险、广东省地方财政蔬菜种植保险、广东省地方财政茶叶种植保险、广东省地方财政岭南水果种植保险、广东省商业性水稻完全成本补充保险、广东省商业性中草药种植保险、广东省商业性耕地地力指数保险、广东省商业性水稻收入保险、广东省揭阳市地方财政补贴型蔬菜种植气象指数保险

续表

省份	具体险种示例
广东	◆ 基础设施绿色升级领域的保险： 　绿色建筑性能责任保险、绿色建筑效能保险、绿色建筑性能及建筑节能能效保险、地铁建筑工程保险、铁路建筑工程保险、高速铁路建筑工程保险、广东省中央财政森林种植保险 ◆ 节能环保产业、清洁生产产业和绿色服务等领域的保险业务： 　降水发电指数保险 ◆ 新能源汽车领域的保险： 　新能源汽车保险、新能源汽车商业保险、充电桩（站）充电安全责任保险 ◆ 服务绿色生活领域的保险： 　自动控制系统安全责任保险
江苏	环境污染责任保险、8种气象指数保险（大闸蟹气温指数保险、鱼虾气象指数保险、桃梨气象指数保险、池塘水产气象指数保险等）、农业大灾保险、森林保险（森林碳汇遥感指数保险、商业性林业碳汇价值保险、林业碳汇价值保险）、船舶污染责任保险、绿色建筑性能责任保险、碳配额保险
山东	环境污染责任保险、2种气象指数保险（杨梅气象指数保险、海水养殖天气指数保险）、养殖保险与病死动物无害化处理联动机制、森林保险（森林碳汇价值保险、森林碳汇遥感指数保险）、农业大灾保险、海洋碳汇指数保险、渔业碳汇指数保险、绿色建材保证保险、湿地碳汇指数保险
河北	环境污染责任保险、3种气象指数保险（水产养殖气象指数保险、板栗干旱气象指数保险、冬枣气象指数保险）、森林保险、农业大灾保险、病死动物无害化处理与保险联动机制、风力发电指数保险
河南	环境污染责任保险、2种气象指数保险（玉米天气指数保险、茶叶低温霜冻气象指数保险）、农业大灾保险、森林保险、小龙虾养殖天气指数保险
浙江	安全生产和环境污染综合责任保险、3种气象指数保险（茶叶气象指数保险、杨梅采摘期降雨气象指数保险、大黄鱼养殖气象指数保险）、生猪保险、巨灾保险、森林保险、绿色建筑性能责任保险、近零碳车险、湿地碳汇生态价值保险、发电行业碳配额保险、竹林碳汇价格指数保险、生态绿色环境救助责任保险
湖南	环境污染责任保险、农业气象保险、杨梅降雨气象指数保险、森林保险、大鲵养殖保险、公益林保险、农业大灾保险、光伏财产保险
安徽	环境污染责任保险、农业大灾保险、农业气象指数保险、水稻天气指数保险、森林保险（林业碳汇指数保险、森林碳汇价值保险）、茶园绿色防控专项保险
福建	环境污染责任保险、船舶污染责任保险、森林保险、农业气象巨灾指数保险、水产养殖台风指数保险、茶叶种植低温指数保险、农作物种植强降水指数保险、茶园农业碳汇保险

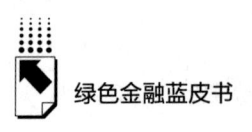

续表

省份	具体险种示例
湖北	环境污染责任保险、4种气象指数保险（水稻高温天气指数保险、小龙虾天气指数保险、水稻暴雨天气指数保险、杨梅采摘期降水气象指数保险）、森林保险（国有林场林业碳汇指数保险、林业碳汇指数保险、红树林蓝碳生态保护保险）、碳保险、农业大灾险、自愿减排项目监测期间减排量损失保险（碳抵消保险）、农业碳汇保险
山西	环境污染责任保险、5种气象指数保险（涵盖暴雨、洪涝、低温、冻害、干旱及大风）、梨种植气象指数保险、森林保险、湿地碳汇指数保险
四川	环境污染责任保险、农业大灾保险、森林保险、蔬菜价格指数保险、养殖保险与病死畜禽无害化处理联动机制
江西	环境污染责任保险、农业大灾保险、船舶污染责任保险、政府救助保险、建筑工程绿色综合保险、"保险+科技+服务"电梯安全综合保险、家庭装修有害气体治理保险、农业巨灾指数保险
辽宁	环境污染责任保险、农业大灾保险、玉米天气指数保险、海水养殖气象保险、森林保险、低碳项目机器损坏碳交易损失保险（碳交易损失险）
内蒙古	环境污染责任保险、农业大灾保险、森林保险（森林碳汇保险）、天气指数保险、草原牧区羊群天气指数保险、人工牧草种植碳汇指数保险、草原碳汇遥感指数保险
陕西	环境污染责任保险、森林保险、气象指数保险、农业巨灾指数保险、茶叶气象指数保险
甘肃	环境污染责任保险、茶叶低温气象指数保险、森林保险
贵州	环境污染责任保险、山地茶叶气象指数保险、森林保险（林业碳票保险、森林遥感碳汇指数保险）、气象指数保险、生猪价格指数保险、草原保险
黑龙江	环境污染责任保险、森林保险、农业巨灾指数保险、农业大灾保险、售电公司履约保证保险
广西	环境污染责任保险、海水养殖风力指数保险、森林保险（单株林木碳汇保险）、金融机构"碳中和"网点零碳保险
海南	环境污染责任保险、风灾指数保险、森林保险
青海	环境污染责任保险、藏系羊牦牛降雪量气象指数保险、森林保险、草原碳汇遥感指数保险
天津	环境污染责任保险、病死动物无害化处理与保险联动机制、绿色建筑性能责任保险
重庆	环境污染责任保险、森林火灾保险、生猪保险
吉林	环境污染责任保险、农业大灾保险、森林保险
宁夏	环境污染责任保险、蔬菜价格指数保险、林业碳汇价值保险
新疆	环境污染责任保险、棉花低温气象指数保险、碳汇指数保险
云南	环境污染责任保险、森林保险
西藏	环境污染责任保险

资料来源：中央财经大学绿色金融国际研究院整理。

早期，绿色保险多指"环境污染责任保险"，即当企业出现环境污染问题并对第三者造成人员伤亡或财产损失时，由保险公司承担赔偿和后续治理责任[①]。环境污染责任保险具有承保条件严格、承保内容特殊、承保金额有限、技术要求高、收益不稳定、依赖政府政策等特点。虽然近年来绿色保险的范畴逐渐扩大，但环境污染责任保险仍然是发展时间最长、覆盖面最广、接受度最高的险种之一。截至2022年9月，全国31个省份均已开展环境污染责任保险试点，覆盖重金属、石化、制药、危险化学品、危险废物处置等高环境风险行业。

在其他绿色保险中，农业气象指数保险是另一种具有显著区域特色且在全国范围内广泛分布的产品。农业气象指数保险以气象指数为基础，当气象指数触发理赔阈值时，投保户就能得到相应的经济补偿。各地区基于自身的农业禀赋和气象条件设立了品类多样的农业气象指数保险，如浙江的茶叶气象指数保险和大黄鱼养殖气象指数保险、江苏的鱼虾气象指数保险、湖北的水稻高温天气指数保险和小龙虾天气指数保险、山东的海水养殖天气指数保险等。气象指数保险通过气象指数实时衡量农业生产的受损害程度，无须现场勘查，减少了人力成本和时间成本，使理赔比传统农险更加及时、高效、便捷。

（三）绿色保险专营机构

在绿色保险方面，绿色、气候、"双碳"专营保险分支机构的挂牌数量也可有效反映绿色保险市场的服务能力与应用水平，是了解绿色保险在保障可持续发展和减少碳排放方面所发挥作用的关键信息之一，为此本部分主要统计以绿色保险研究与产品创新为主要目的的机构的设置情况。截至2022年末，根据公开渠道可查询到的相关信息，全国累计已设立20家绿色保险专营机构（见图29），其中7家于2022年新成立。绿色保险专营机构整体数量仍较少，信息披露程度有待提升，业务开展范围有待扩大。

---

① 严湘桃：《对构建我国"绿色保险"制度的探讨》，《保险研究》2009年第10期。

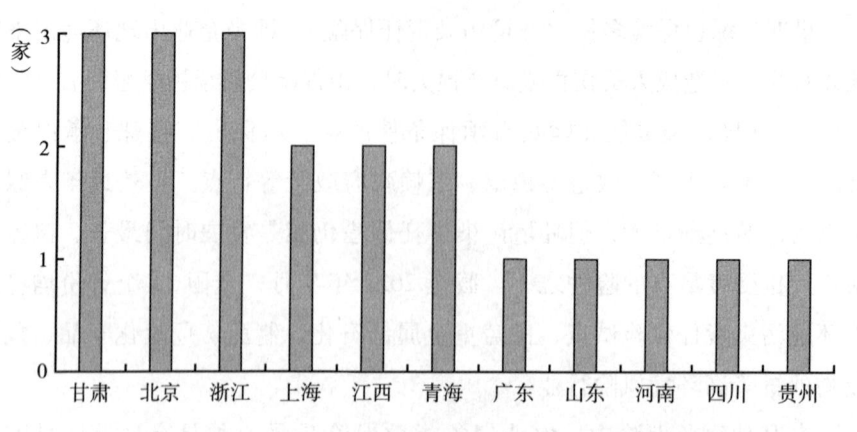

图29　截至2022年末全国绿色保险专营机构挂牌数量

资料来源：中央财经大学绿色金融国际研究院整理。

从区域分布来看，全国既有绿色保险专营机构主要集中于第一梯队省份，第一梯队省份累计已设立绿色保险专营机构17家，占既有总量的85%，其中甘肃、北京和浙江三地各设立了3家绿色保险专营机构（见表5）。第二梯队中河南设立了绿色保险专研工作站，青海设立了2家绿色保险专营机构。

表5　截至2022年末全国绿色保险专营机构

省份	设立机构	机构名称
北京	中国气象科学研究院、中再巨灾风险管理股份有限公司	气象风险与保险联合开放实验室
	清华苏州环境创新研究院、中国人民财产保险股份有限公司	环境保险与风险研究联合实验室
	中车集团、中车汇融保险经纪有限公司、双绿智库	绿色保险服务中心
上海	中国气象服务协会、中国保险学会、上海市气象局	气象保险实验室
	中国太平洋财产保险股份有限公司、华为技术有限公司	绿色保险联合实验室
广东	平安财产保险股份有限公司	绿色保险办公室
山东	中华联合财产保险股份有限公司淄博中心支公司	绿色保险产品创新实验室
河南	平安财产保险股份有限公司河南分公司、河南省气象服务中心	保险气象产研工作站

续表

省份	设立机构	机构名称
浙江	浙江省银保监局余杭监管组、临平区经信与科技局、临平区环境资源局、未来产业联盟、工信部第五研究所	杭州市临平区"绿色低碳"金融创新实验室
	湖州市南太湖绿色金融与发展研究院、浙商财产保险股份有限公司	长三角绿色保险创新实验室
	中国人民财产保险股份有限公司衢州市分公司	绿色保险营业部
江西	中国人民财产保险股份有限公司抚州市分公司	绿色保险产品创新实验室
	中国人民财产保险股份有限公司赣江新区分公司	绿色保险创新实验室
甘肃	中国人民财产保险股份有限公司兰州新区分公司	绿色保险专营机构
	中国人寿财产保险股份有限公司兰州新区中心支公司	绿色保险专营机构
	中国太平洋财产保险股份有限公司兰州新区支公司	绿色保险专营机构
四川	平安财产保险股份有限公司四川分公司	自然灾害实验室
青海	青海省气象局、中国人民财产保险股份有限公司青海省分公司	青海保险气象灾害风险防控研究室
	中国人民财产保险股份有限公司海西分公司	绿色保险专营机构
贵州	中国人民财产保险股份有限公司贵州省分公司	贵安新区绿色保险营业部

资料来源：中央财经大学绿色金融国际研究院整理。

从专营机构类型来看，全国既有 20 家绿色保险专营机构主要可分为保险机构设立、保险机构合作设立、政府部门设立、企业设立四种形式。其中保险机构以区域性专营分支机构形式自行设立的共 11 家，占比为 55%，该类专营机构多数是基于区域产业需求对绿色保险品种做出定制化创新；保险机构合作设立的机构共 6 家，合作设立方包括研究院、企业和政府部门，其中与政府部门和企业合作设立的专营机构分别对地方产业需求和企业实际需求有着更明确的研究方向，而与研究院合作设立的机构则更多的是依托研究院的智库资源服务于保险机构的自身业务拓展与升级；政府部

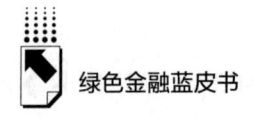

门设立的专营机构（除去与保险机构合作设立的2家）共2家，共同参与设立方主要为协会组织；企业设立（除去与保险机构合作设立的1家）的有1家，该专营机构是由企业与研究院共同成立，专门为车险研究提供绿色服务。

从职能业务来看，当前既有绿色保险专营机构大致可分为绿色保险专营业务服务部门、绿色保险产品创新实验室和环境、气象保险实验室3种。在区域分布上，绿色保险专营业务服务部门主要分布在甘肃、青海、贵州等对绿色保险需求明确且强烈的省份，绿色保险产品创新实验室主要分布在山东、浙江、江西等地，主要聚焦绿色保险产品的深入探索与创新融合；环境、气象保险实验室则更多集中在北京、上海、河南等地，服务形式更加多样。从业务属性来看，多数绿色保险专营机构主要围绕绿色产业开展产品创新。多元化保险融合创新有助于满足不同客户群体的需求，扩大保险产品的应用范围，为更多领域提供可持续发展的保险解决方案。除聚焦产品业务外，部分绿色保险专营机构正利用卫星遥感、大数据、区块链、人工智能等技术协助开发和办理保险业务，充分发挥"科技+金融"的双轮驱动效应，构建"保险+服务+科技"的绿色创新模式。

（四）绿色保险国际倡议

联合国可持续保险原则（Principles for Sustainable Insurance，PSI）是由联合国环境规划署金融倡议（UNEP FI）于2012年发起的针对保险业机构提供绿色投资、促使其应对环境与气候相关风险的框架。其与负责任投资原则（UNPRI）、负责任银行原则（PRB）共同构成了金融机构践行ESG框架的原则。

截至2022年底，我国加入并宣布采纳PSI的保险机构依旧相对有限，仅2家。2020年，中国平安宣布签署PSI并成为我国首家签约的保险机构。2021年，中国太平洋保险签署PSI。2022年国内尚无新增签约机构。

五　环境权益市场的进展

（一）碳排放权交易

1. 交易规模

2022年，全国碳排放权交易市场（简称"全国碳市场"）的建设稳中有进，工作重点集中于数据质量治理体系与碳配额分配方案的完善，尚未开展行业范围的扩容，也未增加参与主体类别。相比于2021年，2022年全国碳市场呈现量跌价升的态势，碳排放配额（CEA）成交量与成交额分别为5089万吨和28亿元，CEA收盘价和年内成交均价分别为55元/吨和55.3元/吨。整体来看，2022年CEA价格高开低走，呈倒U形走势，与2021年的正U形走势互为镜像。2022年CEA成交量主要集中于年末的11月和12月，仍表现出与2021年相似的季节性集聚。

从履约企业总体数量来看，总体几乎与2021年持平。2022年，全国共有2199家企业纳入全国碳市场，相较于2021年的2225家，控排企业履约数量略有下降。

从地域分布来看，2022年山东纳入全国碳市场的企业数量最多，合计311家（见图30）。江苏、内蒙古、浙江位列其后，均有超过150家企业入列。西南和西北地区省份被纳入全国碳市场的企业数量相对较少，整体分布情况与2021年相似。值得注意的是，新疆2022年纳入全国碳市场的企业由2021年的77家缩减到24家，这与生产经营活动受到新冠疫情等因素影响有一定关系。

从梯队分布来看，第一梯队省份被纳入的企业数量较多，在一定程度上反映了地方经济发展的活跃度较高。第二梯队省份被纳入的企业数量也不少，山西、河南和河北被纳入的企业数量位居全国前10。第三梯队省份被纳入的企业数量相对较少。

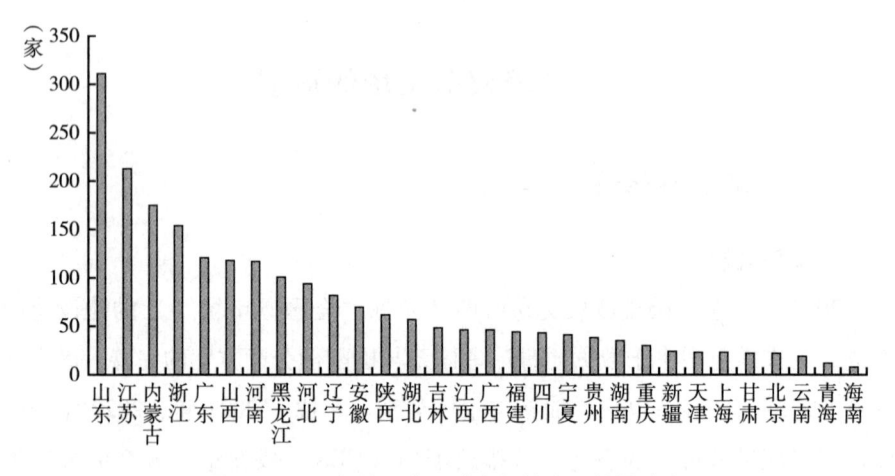

图30 2022年纳入全国碳市场的企业数量分布

资料来源：中央财经大学绿色金融国际研究院整理。

2. 创新产品

总体来看，2022年绝大部分省份已经开展碳金融产品创新，且创新产品集中在碳资产抵质押融资和碳债券等融资类工具。

从地域来看，各省份碳金融产品的创新力度有所差异。截至2022年末，青海、宁夏、西藏三地暂未开展碳资产抵质押融资，主要原因在于三地的绿色金融建设起步较晚，配套设施相对落后，且地方企业对碳金融产品的需求较少。广东、浙江、山东的碳金融产品创新最为频繁。2022年，广东在不断推动完善试点地区碳市场机制的同时，陆续开展碳金融产品创新，成功落地了碳排放权抵押融资、法人账户透支、配额回购、配额托管等创新型碳金融业务，产品创新水平走在全国前列。浙江围绕电力数据开展多样化的金融产品创新，国网浙江电力联合金融机构推出"碳e信""智网减排贷"等碳金融产品，服务产业链上下游绿色低碳转型发展。山东将碳金融作为金融创新的主要方向，已有多个"碳中和"债券、碳保险、碳贷款等产品相继落地。2022年3月，山东发布首批碳金融重点项目库，共涵盖420个项目，总投资超2500亿元，涉及融资需求1500亿元，绿色金融的示范引领作用显著。

从产品类型来看，碳资产抵质押融资和碳债券是最为常见的碳金融产品。2022年中国证券监督管理委员会发布了《碳金融产品》金融行业标准（JR/T 0244—2022），在碳金融产品分类的基础上，制定了具体的碳金融产品实施要求。该金融行业标准将碳金融产品定义为"建立在碳排放权交易的基础上，服务于减少温室气体排放或者增加碳汇能力的商业活动，以碳配额和碳信用等碳排放权益为媒介或标的的资金融通活动载体"，具体可分为碳市场交易工具、碳市场融资工具、碳市场支持工具三大类，囊括十几种碳金融产品（见表6）。

表6 碳金融产品分类、具体产品及实施主体

分类	具体产品	实施主体
碳市场交易工具	碳债券、碳资产抵质押融资、碳资产回购、碳资产托管等	合法持有碳资产且符合相关规定要求的国家行政机关、企事业单位、社会团体或个人，以及提供碳金融产品服务的金融机构、注册登记机构、交易机构、清算机构等市场参与主体
碳市场融资工具	碳远期、碳期货、碳期权、碳掉期、碳借贷等	
碳市场支持工具	碳指数、碳保险、碳基金等	

资料来源：中央财经大学绿色金融国际研究院整理。

由于碳资产抵质押融资在试点碳市场中已有实践经验，且相对于其他碳金融产品而言操作性与落地性更强，已经成为目前最为常见的碳金融产品。碳资产抵质押融资是指碳资产的持有者（即借方）将其拥有的碳资产作为抵质押物，向资金提供方（即贷方）进行抵质押以获得贷款，到期再通过还本付息解押的融资合约。2022年，以广东、江苏、湖北为代表的省份先后出台碳资产抵质押融资相关政策，有效激发了碳资产抵质押融资市场活力（见表7）。目前，碳资产抵质押融资产品期限以短期为主，贷款额度集中于500万~5000万元；贷款对象集中于减排重点行业，如电力、能源、化工等行业。相较于2021年，2022年，不仅浙江、广东等经济发达地区开展了碳资产抵质押融资，甘肃、云南等经济欠发达地区也开始了相关业务的积极尝试。

表7　2022年碳排放权抵质押贷款金融产品相关政策示例

发布时间	省份	政策名称
2022年3月	广东	《碳配额抵质押融资(送审稿)》
2022年7月	江苏	《江苏省碳资产质押融资操作指引(暂行)》
2022年10月	湖北	《湖北省碳排放权质押贷款操作指引(暂行)》

资料来源：中央财经大学绿色金融国际研究院整理。

（二）排污权交易

2022年，我国排污权交易在地方层面迎来了新发展。排污权交易是指在控制污染物排放总量的前提下，允许内部污染源之间通过市场交易以排污许可证的方式相互调剂排污量。截至2022年底，除西藏、吉林、广西外，全国其他28个省份已开展排污权交易，并陆续出台各自的排污权有偿使用和交易管理办法，基本涵盖了排污权交易的全部管理要求，确定了基本目标、实施范围、规范程序、初始分配和有偿使用的基本原则与要求、交易方式与规则及其他监管要求。此外，2022年尚未开展排污权交易市场建设的吉林和广西也先后提出要加快推进排污权交易试点建设，稳步提升环境要素的市场化配置水平。

2022年，多个省份在推动排污权市场化配置改革方面取得了突破性进展（见表8）。就国家级试点省份而言，2022年1月13日，河北省政府办公厅印发《关于深化排污权交易改革的实施方案（试行）》，基于河北实际产业结构和经济特点，为优化河北省排污权交易制度提供了创新指引和政策保障。2022年6月7日，河北省正式启动首批排污权市场交易，省市两级排污权政府储备正式建立。国电电力廊坊能源有限公司廊坊热电厂二期项目、廊坊市华电京南（固安）综合能源供应项目、华电香河能源有限公司华电香河燃气能源站3个新建项目采用电子竞价方式取得排污权指标。廊坊市河北德成保温材料有限公司、河北华迹化工建材有限公司、住友再生资源（廊坊）有限公司等10家企业采用协议转让方式交易。此外，国电电力廊坊能源有限公司与兴业银行石家庄分行签署了排污权抵押贷款业务合作协议，积极探索金融工具在排污权改革发展中的支撑作用。2022年12月21日，山东省首单排污权交易在山东省排污权交易平台完成。山东三丰新材料有限公司每年7.81吨挥发性有机物排污权被临沂市方舟创园新材料有限公司和山东鑫海新能源技术有限公司两家企业分别以每吨1490元和每吨1470元的价格竞得，相较挂牌价分别溢价6.43%和5%。截至2022年底，山东省排污权交易平台共成交2个项目，成交总金额为44.1538万元。

表8 2022年全国已开展排污权交易的省份的工作进展

省 份	是否属于国家试点	排污权交易工作进展
天 津	是	建立天津排放权交易所
河 北	是	启动首批排污权市场交易
山 西	是	开展排污权交易
内蒙古	是	建立内蒙古排污权交易管理中心
江 苏	是	建立江苏排污权交易平台
浙 江	是	开展排污权有偿使用
河 南	是	建立河南能源环境交易中心
湖 北	是	开展排污权交易
湖 南	是	在长沙公共资源交易中心开展交易
重 庆	是	启动排污权交易市场服务
陕 西	是	开展排污权有偿使用和交易
山 东	是	完成首单排污权交易
北 京	否	启动排污权交易试点
辽 宁	否	开展排污权交易活动
上 海	否	自行启动前期工作
福 建	否	开展排污权交易活动
江 西	否	完成首单排污权交易
广 东	否	广东省公共资源交易中心正式挂牌
海 南	否	全省开展
四 川	否	自行开展
贵 州	否	自行开展
云 南	否	开展排污权有偿使用与交易
甘 肃	否	开展排污权交易活动

续表

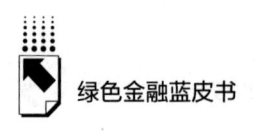

省　份	是否属于国家试点	排污权交易工作进展
青　海	否	西宁排污权交易启动
宁　夏	否	自行启动前期工作
黑龙江	否	多市已自行启动交易
新　疆	否	建立排污权交易市场
安　徽	否	在黄山开展排污权交易试点

资料来源：中央财经大学绿色金融国际研究院整理。

就非国家级试点省份而言，2022年2月21日，广东省公共资源交易中心正式挂牌，标志着广东省公共资源交易体制机制改革迈出了重要一步。广东省交易控股集团（省公共资源交易中心）作为省级公共资源交易平台运行服务机构，承接包括排污权交易在内的其他公共资源要素的交易业务，进一步完善了广东省排污权交易市场体系的基础设施建设。2022年，宁夏加速探索排污权有偿使用和交易改革，实现了主要污染物指标由政府无偿划拨到市场公开交易的重要转变。截至2022年底，宁夏排污权交易成交180余笔，交易量为590余吨，成交金额近700万元，溢价530余万元。此外，宁夏积极探索排污权的绿色金融属性，银川市、石嘴山市共完成2笔排污权抵押贷款业务，授信金额分别为2600万元、200万元。

（三）用能权交易

1. 交易情况

2022年，我国地方用能权交易市场在政策推动下实现稳步发展。在政策方面，《要素市场化配置综合改革试点总体方案》《"十四五"节能减排综合工作方案》《关于完善能源绿色低碳转型体制机制和政策措施的意见》等多项政策提及支持用能权交易市场建设的相关内容。《要素市场化配置综合改革试点总体方案》提出，要探索建立碳排放配额、用能权指标有偿取得机制，丰富交易品种和交易方式；《"十四五"节能减排综合工作方案》提出，要完善市场化机制，深化用能权有偿使用和交易试点，加强用能权交易与碳排放权交易的统筹衔接，推动能源要素向优质项目、企业、产业及经济发展条件好的地区流动和集聚；《关于完善能源绿色低碳转型体制机制和政策措施的意见》提出，要完善能耗"双控"和非化石能源目标制度，加强顶层设计和统筹协调，加快建设全国碳排放权交易市场、用能权交易市场和绿色电力交易市场。

截至2022年末，全国已有13个省份开展用能权交易（见表9）。从梯队分布来看，13个已开展用能权交易的省份中，包含7个第一梯队省份、4个第二梯队省份和2个第三梯队省份。与2021年相比，各梯队均无新增省份。

表9 截至2022年末全国已开展用能权交易的地区分布

梯队	具体省份
第一梯队	北京、江苏、山东、浙江、江西、福建、四川
第二梯队	河北、河南、安徽、陕西
第三梯队	黑龙江、云南

资料来源：中央财经大学绿色金融国际研究院整理。

相较于2021年，浙江省、福建省等用能权有偿使用和交易制度试点地区加速推动用能权交易市场发展。在支持政策方面，试点地区在多项政策文件中明确提出支持地方用能权交易市场化发展。2022年3月，河南省人民政府发布《河南省2022年国民经济和社会发展计划》，明确指出要加强绿色政策供给，落实新增可再生能源和原料用能不纳入能源消费总量控制政策，推行用能权有偿使用和交易。2022年4月，四川省人民政府印发《四川省"十四五"自然资源保护和利用规划》，明确指出要探索开展碳排放权、排污权、用能权交易试点。2022年5月，浙江省人民政府办公厅印发《浙江省能源发展"十四五"规划》，明确指出要深化用能权改革，建立基于能效技术标准的用能权有偿使用和交易体系，完善用能权确权、定价、结算管理等相关配套政策，提升能源集约利用水平，保障重大产业用能需求，同时积极探索开展跨区域用能权交易。2022年5月，福建省人民政府发布

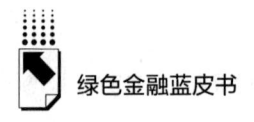

《福建省"十四五"节能减排综合工作实施方案》，明确指出要持续深化用能权有偿使用和交易试点，进一步完善用能权交易制度体系，加强用能权交易与能耗双控以及碳排放权交易的统筹衔接，推动能源要素向优质项目、企业、产业及经济发展条件好的地区流动和集聚。

在市场实践方面，2022年，浙江省与福建省的用能权交易活跃度较高。2022年浙江省用能权交易全年累计成交数量为70笔，远高于2021年成交的12笔。申购主体主要为用能企业，出让主体主要为政府。浙江省用能权交易平台公开信息显示，2022年最后一笔交易为12月30日湖州市中磊化纤有限公司与湖州市吴兴区政府达成的217887吨标准煤的用能权交易。2022年，福建省用能权交易全年累计成交123.72万吨标准煤，成交金额为1839.6万元。相比较而言，河南省、四川省在信息披露程度和交易活跃度方面有较大的提升空间。河南公共资源交易平台公开信息显示，2022年河南省无新增交易，最后一笔交易仍停留在2020年12月。此外，四川联合环境交易所用能权交易平台公开信息显示，自2019年9月26日、27日分别成交1500吨标准煤后再无新交易信息。

其余非试点地区也在积极响应关于推进用能权市场化交易的要求。例如，2022年11月，中共北京市委办公厅、北京市人民政府办公厅印发《北京市关于深化生态保护补偿制度改革的实施意见》，提出完善市场交易机制，同时推动开展用能权交易试点。黑龙江省发改委依托黑龙江碳排放权交易中心碳汇交易平台创建的"黑龙江省用能权交易平台"上线试运营，并完成黑龙江省首宗用能权模拟交易，通过11轮竞价，最终成交总量为4270吨，成交额为93.94万元，溢价率达10%。2022年2月，重庆市人民政府办公厅、四川省人民政府办公厅印发实施的《成渝地区双城经济圈碳达峰碳中和联合行动方案》中有关区域绿色市场共建行动的相关内容提出，将深入推进资源要素市场化改革，统筹排污权、用能权、用水权、碳排放权等环境权益类市场，共建西部环境资源交易中心，共同争取参与全国用能权交易平台建设。

此外，2022年全国新增六地在市级层面进一步加大对用能权交易的政策支持力度，分别是广东、山东、安徽、湖北、广西和内蒙古（见表10）。

从所在梯队分布来看，包含 2 个第一梯队省份、3 个第二梯队省份和 1 个第三梯队省份。

表 10　2022 年全国新增市级层面用能权交易的省份

梯队	具体省份
第一梯队	广东、山东
第二梯队	安徽、湖北、广西
第三梯队	内蒙古

资料来源：中央财经大学绿色金融国际研究院整理。

2. 创新产品

2022 年，全国各地在用能权指标质押贷款的绿色金融工具创新方面的相关实践较少，仅在浙江和山东两省出现了相关案例。

在试点地区中，浙江在用能权指标质押贷款的绿色金融工具创新方面取得了较为突出的进展。2022 年 5 月 31 日，中国银行丽水市分行、中国建设银行丽水分行实现联动，以核定的企业用能权为抵押物，分别向松阳县景顺实业有限公司、精美铝业有限公司发放全市首批用能权质押贷款，总金额达到 350 万元。此外，国网宁波供电公司联合浙江电力交易中心积极探索用能权市场化交易，会同北仑区发改局制定《北仑区 2022 年度用能权市场化交易试点工作实施方案》。2022 年 11 月 17 日，宁波亚洲浆纸业有限公司与宁波禾泽包装有限公司完成浙江省首笔年度用能权市场化交易，达成 300 吨标准煤的用能权指标交易，折合电量约为 105 万千瓦时。

在非试点地区中，山东省青岛市在用能权指标质押贷款的绿色金融工具创新方面也进行了大胆尝试。青岛市在强化政策体系、建立交易机制、推进市场实践等方面表现突出。在政策体系方面，2022 年 1 月，青岛市出台《关于开展用能权交易工作的实施意见》，正式启动用能权交易工作。青岛市拟采取"先增量、后存量，先煤炭、后其他"的总体思路，以新建耗煤项目为突破口，以"两高"行业为重点，于 2022 年启动用能权交易工作，并根据青岛市具体推进情况拟定《青岛市用能权交易实施细则（试行）》，对能耗指标的确定、收储、使用、监督管理等进行明确规定，为切实推进用能权交易提供政策保障。在交易机制方面，新增项目依据固定资产投资项目节能审查意见核定用能权数额，存量企业根据各自用能特点在企业近三年能源消费量基础上统筹考虑能耗产出效益评价等级，兼顾公平与效率。另外，先期对"两高"项目、耗煤项目等两类项目实行能耗指标有偿使用，实现在交易范围内"先试点"，激发企业的节能降碳意识；鼓励"两高"行业和耗煤企业通过淘汰落后产能等方式腾出能耗指标，鼓励用能指标流转。在市场实践方面，2022年5月，兴业银行青岛分行以用能权为质押完成山东省首单用能权质押融资业务，为青岛东亿热电有限公司融资1000万元，成功助力企业盘活用能权配额资产、推进清洁能源供热转型、优化能源结构、推进节能生产，为拓宽企业绿色融资渠道开拓了新方向。同月，青岛银行办理了山东省地方法人银行首笔用能权质押融资业务，为青岛能源热电集团第二热力有限公司办理了用能权质押融资2000万元，再次实现环境权益融资领域的新突破。

（四）水权交易

1. 交易情况

2022年，全国水权交易继续稳步发展。水权交易是指在合理界定和分配水资源使用权的基础上，通过市场机制实现水资源使用权在地区间、流域间、流域上下游、行业间、用水户间流转的行为[①]。具体而言，水权交易类型分为区域水权交易、取水权交易和灌溉用水户水权交易三种。推动多种形式的水权交易有助于促进水资源的优化配置，提升全社会的用水效率。2022年8月29日，水利部、国家发展改革委和财政部联合发布《关于推进用水权改革的指导意见》，强调要进一步加快推进水权交易市场的建设，引导各省市出台地方性水权交易实施办法，鼓励地方开展水权交易。

在全国层面，从成交单数来看，2022年中国水权交易所共成交3684笔交

---

① 《水利部关于印发水权交易管理暂行办法的通知》（水政法〔2016〕156号），https://www.gov.cn/zhengce/2016-05/22/content_ 5075679.htm。

易，是2021年全国水权交易总成交笔数的2.24倍，体现出水权指标的流动性和市场交易活跃度有所提高。其中，灌溉用水户水权交易成交3338笔，取水权交易成交330笔，区域水权交易成交16笔。从成交金额和成交价格来看，虽然2022年总成交水量基本与2021年持平，但是由于2022年单位成交价格整体下降，2022年的成交总额最终较2021年减少19.46%，为16482.92万元。2019~2022年水权交易金额和单位成交价格分别如图31和图32所示。

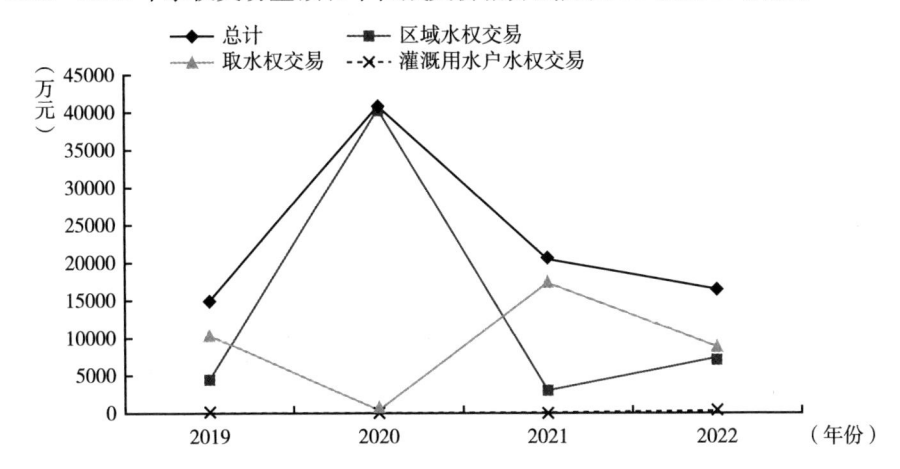

图31　2019~2022年全国水权交易整体成交金额变化

资料来源：中国水权交易所，中央财经大学绿色金融国际研究院整理。

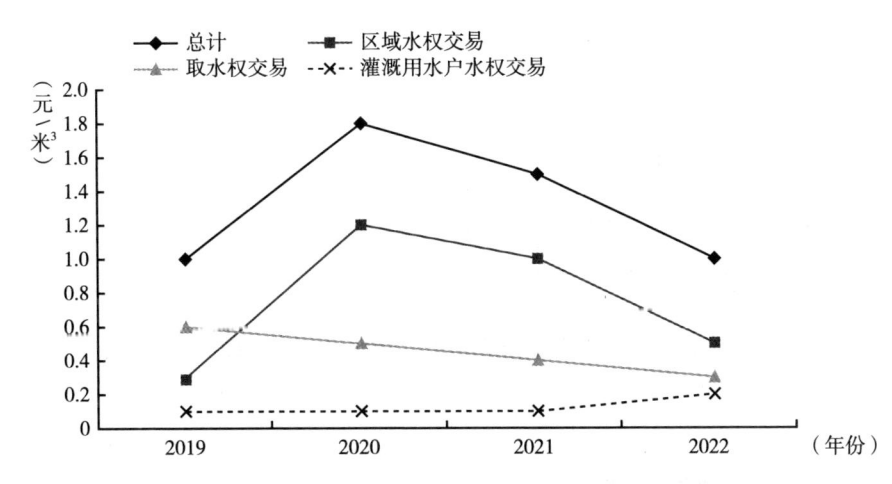

图32　2019~2022年全国水权交易单位成交价格走势

资料来源：中国水权交易所，中央财经大学绿色金融国际研究院整理。

截至2022年末，全国共有26个省份已开展水权交易实践（见表11）。相较于2021年，第二梯队省份新增重庆，第三梯队省份新增吉林。

表11　截至2022年末全国已开展水权交易的地区分布

梯队	省份
第一梯队	浙江、广东、北京、江苏、山东、福建、四川、江西、贵州、甘肃
第二梯队	湖北、安徽、湖南、重庆、河南、山西、新疆、河北、陕西
第三梯队	海南、内蒙古、云南、宁夏、黑龙江、吉林、青海

资料来源：中央财经大学绿色金融国际研究院整理。

在地方层面，从水权交易成交笔数来看，2022年成交笔数最多的省份为山东，累计交易1467笔（见图33）。甘肃、山西紧随其后，累计交易数量分别为1244笔、634笔。从地区分布来看，水权交易主要集中于北方地区，这与当地开展水权交易试点及其经济发展较多依赖农业和高耗水工业的特点有关。

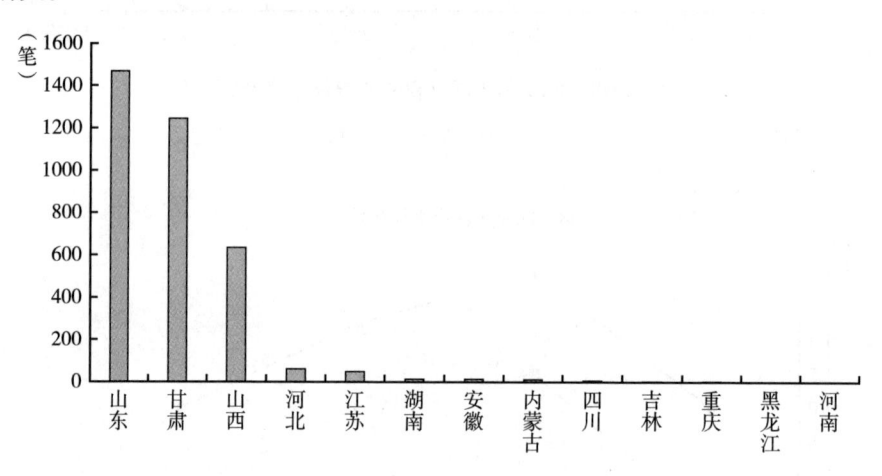

图33　2022年已开展水权交易地区的成交笔数

资料来源：中国水权交易所，中央财经大学绿色金融国际研究院整理。

从成交水量来看，2022年江苏虽只成交48笔水权交易，却是成交量最高的省份，累计交易9365.63万立方米；山东、内蒙古、河南、四川、甘肃紧随其后，累计交易量分别为 7205.05 万立方米、3275.46 万立方米、2200 万立方米、1082 万立方米、1062.93 万立方米（见图 34）。其中，内蒙古、河南、四川均为成交笔数较少，但成交水量较多的省份。

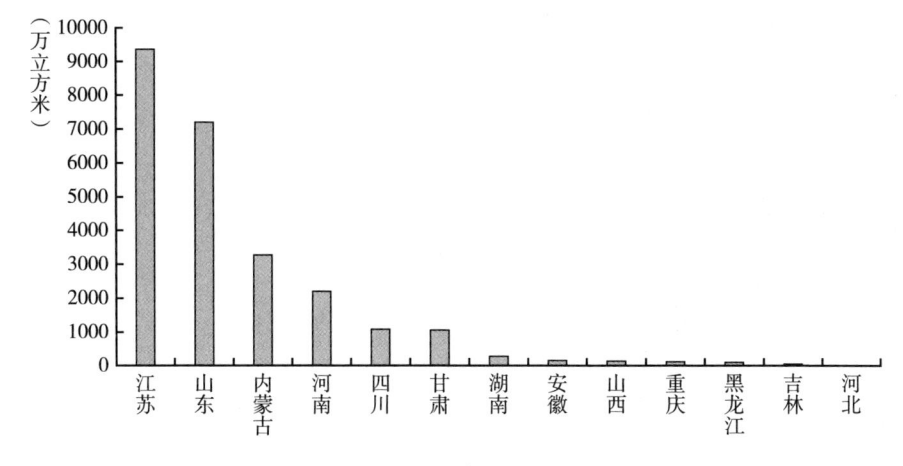

图 34　2022 年已开展水权交易地区的成交水量

资料来源：中国水权交易所，中央财经大学绿色金融国际研究院整理。

从水权交易成交金额来看，基于较高的成交量和成交价格，2022 年内蒙古和山东分别是成交金额排名第一和第二的省份，累计交易金额分别为 3525.21 万元和 1979.74 万元（见图 35）。河南虽在成交量上明显低于前两省，但较高的成交价格大幅提升了其整体成交金额，最终以 1914 万元的交易总额位列第三。江苏虽拥有最多的成交量，但较低的成交价格极大地削减了其成交金额，累计交易 318.61 万元，仅为内蒙古成交金额的 9%。2022 年已开展水权交易地区的成交价格如图 36 所示。

2. 创新产品

2022 年，全国多地开展水权质押贷款的绿色金融工具创新实践，积极探索金融助力绿色产业发展的新路径。水权质押贷款是企业以所拥有的取水权或水资源使用权为质押，向银行申请贷款的一种创新型绿色金融产品，有助于盘活企业的生态产品价值，丰富企业融资渠道。

在国家级水权交易试点地区中，广东和宁夏在水权质押贷款的绿色金融

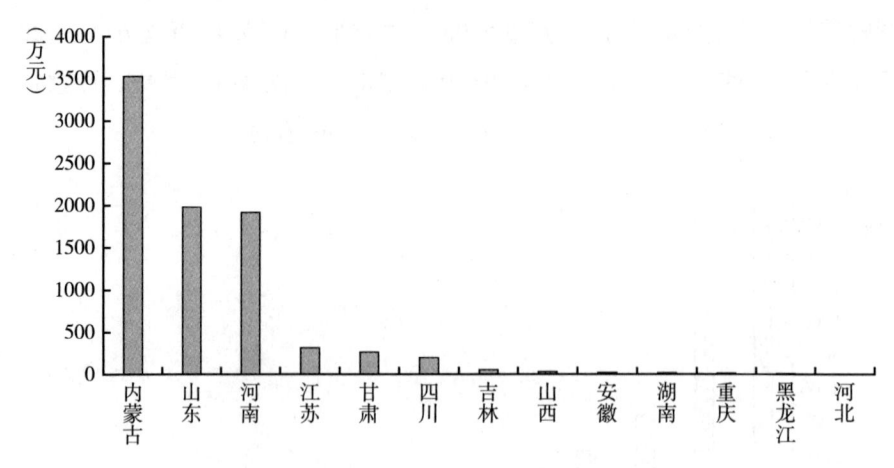

图 35　2022 年已开展水权交易地区的成交金额

资料来源：中国水权交易所，中央财经大学绿色金融国际研究院整理。

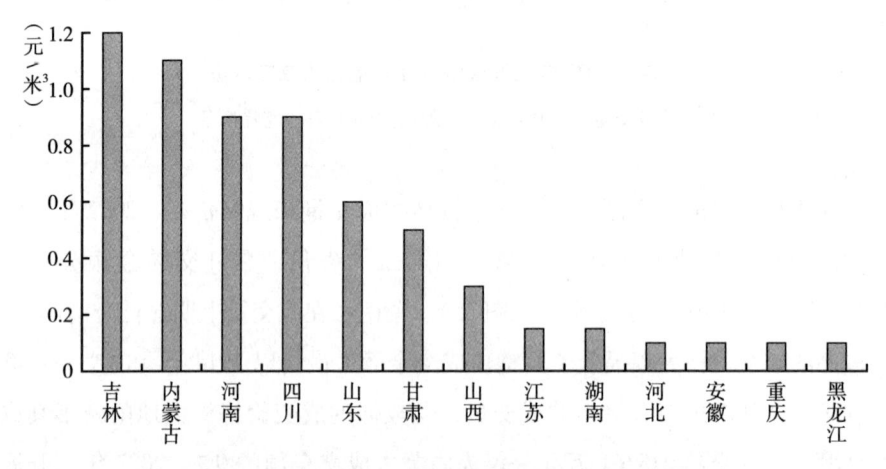

图 36　2022 年已开展水权交易地区的成交价格

资料来源：中国水权交易所，中央财经大学绿色金融国际研究院整理。

工具创新方面进行了积极尝试。2022年6月28日，位于广东省肇庆市的中国邮政储蓄银行广宁县支行在中国人民银行肇庆市中心支行的指导下成功发放取水权质押贷款50万元，成为全省首笔小水电取水权质押创新模式的绿色信贷产品，广宁县北市镇深坑水电站成为首笔小水电取水权质押贷款的获益者。2022年9月，宁夏回族自治区吴忠市恒通塑料制品有限公司与中国建设银行股份有限公司吴忠分行签订了贷款金额为3万元的质押合同，标志着吴忠市利通区用水权质押融资贷款业务成功开启，实现了利通区用水权"水资源"变"水资产"的改革目标。

在省级水权交易试点地区中，山东在水权质押贷款产品的开发应用方面也取得了新突破。2022年7月12日，在中国人民银行济南分行的指导和推动下，山东工行为临沂某企业发放1100万元用水权质押贷款，这是山东省内国有金融机构发放的首笔用水权质押贷款，有力支持了工业生产企业节水节能减排和绿色低碳发展，为金融支持环境权益发展探索出了一条高质量、可持续的新路径。

在非试点地区中，江苏在水权质押贷款的绿色金融工具创新方面取得了较为突出的进展。2022年11月30日，江苏省首笔"水权贷"在扬州市江都区成功落地，亨达（扬州）水务有限公司获得了江苏银行发放的500万元取水权质押贷款，并享受3.8%的优惠利率，资金将用于企业节水设施改造、水质提升和管网改造工程。扬州此次"水权贷"的尝试为金融机构创新绿色金融服务、解决企业融资难的问题提供了宝贵的路径参考。

六 其他国际合作

（一）联合国负责任投资原则

联合国负责任投资原则（UN Principles for Responsible Investment，UN PRI）于2006年由联合国秘书长科菲·安南牵头发起，致力于帮助投资者在联合国可持续金融框架下理解环境、社会和公司治理等要素对投资价值的影响，并支持各签署机构将这些要素融入投资战略、决策及所有权中。其成员单位覆盖全球各国的资产所有者、管理者与服务商，包含养老金管理机构、保险机构、主权基金、发展基金等。截至2022年底，全球签署UN PRI的机构已达5311家，我国已宣布签署UN PRI的机构数量为122家。2012年以来我国年度新增UN PRI签署机构数量如图37所示。

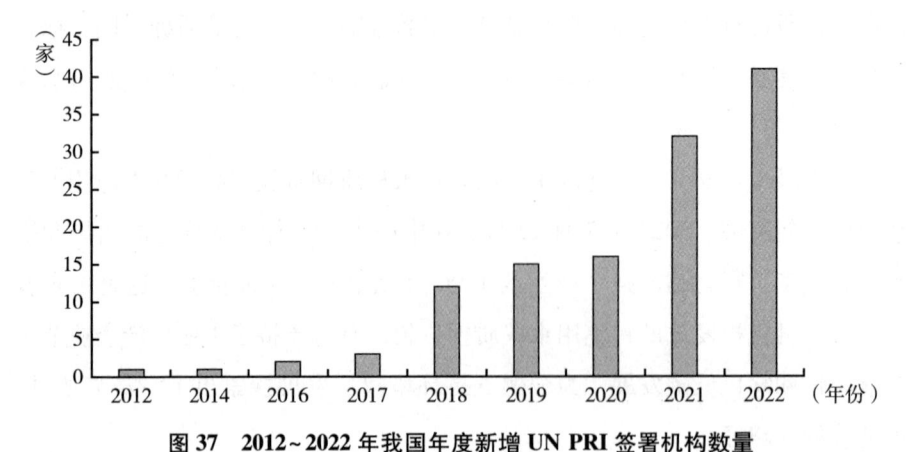

图37　2012~2022年我国年度新增UN PRI签署机构数量

资料来源：中央财经大学绿色金融国际研究院整理。

从签署机构的分布情况来看，现有122家签署机构分布于10个省份（见图38），对比2021年情况来看，虽签署机构总量有所增加，但在区域分布上未出现扩增，多数签署机构仍集中于北京、广东及长三角地区。一方面，由于北京、上海分别是我国的政治和经济中心，对金融机构具有集聚效应，金融机构总部多设在这两地。其中，北京签署机构达45家，上海为42家。另一方面，广东、江苏、浙江等自身经济发达，绿色金融发展水平也

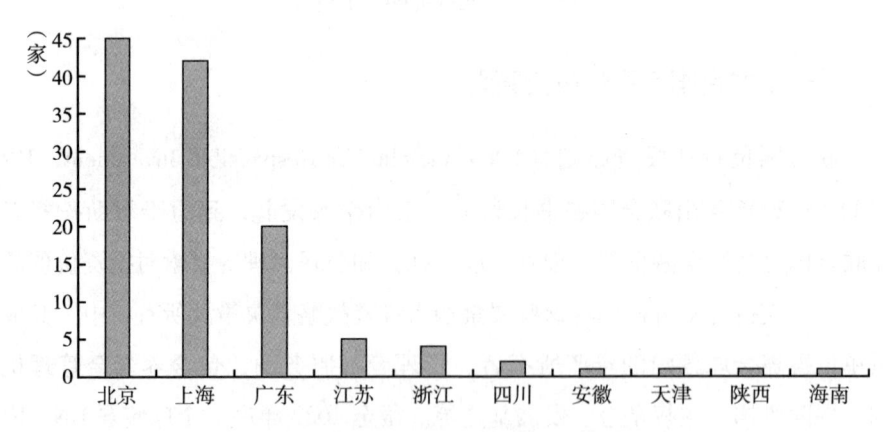

图38　我国既有签署UN PRI的机构的地区分布

资料来源：中央财经大学绿色金融国际研究院整理。

处于第一梯队，当地对绿色金融、绿色投资理念的宣传度和认同度更高，金融机构开展绿色实践的活跃度也较高。

（二）"一带一路"绿色投资原则

"一带一路"绿色投资原则（Green Investment Principle，GIP）是由中国金融学会绿色金融委员会和伦敦金融城（现已更名为"中英绿色金融中心"）于2018年提出的，旨在鼓励和帮助签署机构更好地将环境因素纳入其在"一带一路"地区的投资决策，推动"一带一路"地区绿色与可持续发展。截至2022年底，全球签署GIP的成员机构已有47家，支持机构13家，我国签署机构共17家。

从签署机构的地区分布来看，同样受到总部经济的显著影响，北京以11家签署机构的数量居于首位（见图39）。我国其他经济较为发达、绿色投资环境更具包容性或绿色金融发展经验较为丰富的地区，如浙江、广东等省份相继有机构参与签署GIP，其中，广东为2家，上海、浙江、福建和新疆各1家。

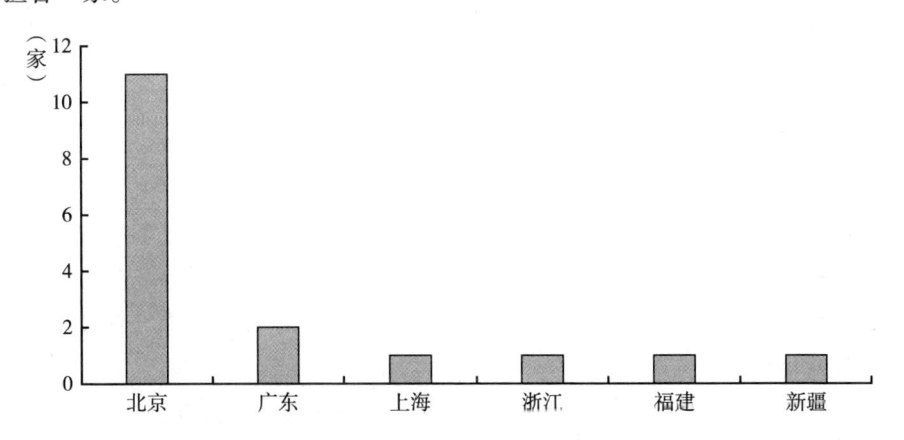

图39 我国既有签署GIP的机构的地区分布

资料来源：中央财经大学绿色金融国际研究院整理。

从机构类型来看，签署机构主要可分为金融机构、企业和社会团体（见表12）。金融机构中以银行为主，包括中国农业银行、中国银行、中国

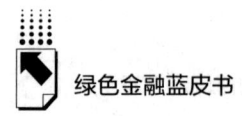

建设银行、中国工商银行在内的国有大型控股银行以及包括中国农业发展银行、国家开发银行、国家进出口银行在内的国家政策性银行均签署了 GIP，兴业银行作为股份制银行中绿色金融的引领者也属于 GIP 签署主体之一。此外，包括中国太平洋财产保险股份有限公司、中国平安保险（集团）股份有限公司、中国再保险公司在内的大型保险机构和丝路基金也已签署了 GIP。企业中以蚂蚁金融服务集团、金风科技公司等为代表，社会团体中目前仅中国国际承包工程协会一家签署了 GIP。

表 12　我国既有签署 GIP 的机构

机构名称	注册地所在省份
中国太平洋财产保险股份有限公司	上海
思源投资有限公司	广东
中国再保险公司	北京
中国平安保险(集团)股份有限公司	广东
中国农业银行	北京
中国农业发展银行	北京
蚂蚁金融服务集团	浙江
中国银行	北京
中国建设银行	北京
国家开发银行	北京
中国国际金融股份有限公司	北京
中国国际承包工程协会	北京
国家进出口银行	北京
中国工商银行	北京
兴业银行	福建
丝路基金	北京
金风科技公司	新疆

资料来源：中央财经大学绿色金融国际研究院整理。

专题报告
Special Report

B.5 金融科技赋能地方绿色金融深化发展（2023）

万秋旭　张琦彬　吴倩茜　金子曦　傅奕蕾*

摘　要： 随着大数据、人工智能、区块链、云计算等技术手段的不断成熟，金融科技正逐渐改变着我国的金融业态，并对绿色金融发展产生积极作用，提高绿色资金支持经济社会可持续发展的效率。在助力绿色金融提质增效方面，金融科技能够通过搭建绿色金融识别及统计管理系统，缓解绿色信贷统计多口径报送、手工报送效率低以及数据质量有待提升等问题，金融科技还能够通过搭建绿色金融环境信息披露自动化平台实现机构间信息披露的标准化和智能化。在强化绿色金融产融结合方面，金融科技通过搭建绿

---

* 万秋旭，中央财经大学绿色金融国际研究院研究员，研究方向为地方绿色金融、绿色产业、绿色金融工具；张琦彬，中央财经大学绿色金融国际研究院研究员，研究方向为绿色产业、绿色金融工具、能源金融；吴倩茜，中央财经大学绿色金融国际研究院研究员，研究方向为地方绿色金融、生态产品价值实现、绿色产业；金子曦，中央财经大学绿色金融国际研究院研究员，研究方向为产业经济、碳金融、绿色产业；傅奕蕾，中央财经大学绿色金融国际研究院研究员，研究方向为绿色产业、绿色金融工具、转型金融。

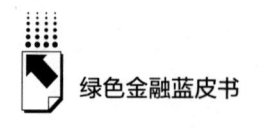

色信息平台不仅能够降低生产企业和金融机构间的信息壁垒，促进产业政策和融资配对，还能帮助监管机构及时、准确地掌握绿色金融领域的发展动态，实现精准管控。金融科技还能通过建立自动化绿色评级系统辅助金融机构精准获取客户信息，提供定价、收益与风险相适配的绿色金融产品。在提升绿色金融风控能力方面，大数据分析、人工智能和机器学习等金融科技能够帮助金融机构建立高效的风险评估及压力测试模型，对物理风险、转型风险等进行更准确的识别，完善风险管理机制。为进一步促进金融科技赋能绿色金融发展，各级政府、监管部门及市场参与者仍应持续完善绿色金融科技发展的政策环境，持续推进绿色金融科技的试点工作，加快实现数据信息披露及整合，不断提升金融科技的市场活跃度。

关键词： 金融科技　绿色金融　风险管理

一　中国绿色金融发展现状

（一）中国绿色金融政策进展

1. 中国绿色金融发展的阶段特征

近年来中国绿色金融发展迅速，已逐步形成富有中国特色的绿色金融发展体系。中国绿色金融体系构建大致经历了3个阶段：1995~2014年的萌芽探索期、2015~2020年的全面建设期和2021年至今的深化发展期。不同阶段的政策引导与市场实践因社会发展现状与需求的不同而有所差异，但绿色发展的主线不断清晰，在生态文明建设国家总体战略思想的框架下不断向前迈进。

1995~2014年，随着经济飞速发展与资源环境之间的矛盾日益尖锐，环境保护与资源节约理念开始在金融领域兴起,绿色金融逐渐萌芽。在此阶段,绿色金融主要依靠金融监管部门及其他相关政府部门的政策联动与强制要求推进,并以绿色信贷、绿色债券、绿色保险3类金融产品为起点自上而下推动金融机构探索实践,绿色金融政策体系初步形成。

2015~2020年,在前期探索的基础上与生态文明建设国家总体战略的指导下,建立全面的绿色金融体系被纳入国家战略,绿色金融实践由单向领域向多元领域扩散。在此阶段,政府自上而下的引导与市场自下而上的探索充分结合,绿色金融政策体系不断完善,市场规模不断扩张,配套机制不断优化,国际合作不断深化,最终形成涵盖绿色信贷、绿色债券、绿色保险、绿色基金、环境权益交易在内的多元化绿色金融产品体系。

2021年至今,"碳达峰""碳中和"目标的提出使绿色金融的发展主线更加明晰,绿色金融"三大功能""五大支柱"①发展思路的确立为绿色金融助推"双碳"目标实现提供了支撑。在此阶段,绿色金融加快发展,顶层设计与市场实践快速推进,覆盖内容更加多元,包含气候投融资、转型金融、蓝色金融、生物多样性、金融科技在内的多样化议题成为未来绿色金融协同发展的方向。

2. 现阶段中国绿色金融的政策进展

(1) 国家战略明确绿色金融发展方向

2015年《生态文明体制改革总体方案》首次将"建立绿色金融体系"纳入国家战略,从绿色信贷、资本市场、绿色发展基金、风险补偿、环境污染强制责任保险制度等方面提出总体指导要求。党的十九大报告则明确指出要发展绿色金融,将构建绿色金融体系上升至国家战略高度。2020年"双碳"目标的提出对绿色金融制度建设、产品创新、国际合作等做出顶层设计,从战略层面为绿色金融的发展定调,绿色金融支持"双碳"目标的主线更加清晰。此后,多部门陆续发布产业指导、配套机制等支撑政策,明确

---

① 绿色金融的"三大功能"分别为资源配置、风险管理和市场定价;"五大支柱"则是指完善绿色金融标准体系、强化金融机构监管和信息披露要求、逐步完善激励约束机制、不断丰富绿色金融产品和市场体系、积极拓展绿色金融国际合作空间。

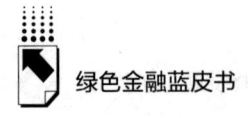

相关发展方向和举措，为绿色金融发展提供参考。《关于加快建立健全绿色低碳循环发展经济体系的指导意见》和《国民经济和社会发展第十四个五年规划和2035年远景目标纲要》明确提出要大力发展绿色金融，加快绿色金融相关工作，确保实现"双碳"目标。2020~2022年"双碳"政策中与气候变化、绿色发展相关的内容如表1所示。

表1 2020~2022年"双碳"政策中与气候变化、绿色发展相关的内容

发布年份	政策名称	部分政策内容
2020	生态环境部等五部门《关于促进应对气候变化投融资的指导意见》	强调气候投融资是绿色金融的重要部分。明确了气候投融资的定义和支持范围，提出以实现国家自主贡献目标和低碳发展目标为导向，大力推进应对气候变化投融资发展，引导和撬动更多社会资金进入应对气候变化领域，进一步激发潜力、开拓市场，推动形成减缓和适应气候变化的能源结构、产业结构、生产方式和生活方式
2021	生态环境部《关于统筹和加强应对气候变化与生态环境保护相关工作的指导意见》	从战略规划、政策法规、制度体系、试点示范、国际合作5个方面，建立健全统筹融合、协同高效的工作体系，旨在加快推进应对气候变化与生态环境保护相关职能协同、工作协同和机制协同，以更大力度推进应对气候变化工作，实现减污降碳协同效应，为实现碳达峰目标与碳中和愿景提供支撑保障
2021	生态环境部《碳排放交易权管理办法(试行)》	对全国碳排放权交易及相关活动做出规范，引导市场在应对气候变化和促进绿色低碳发展中充分发挥机制作用，推动温室气体减排
2021	国务院《关于加快建立健全绿色低碳循环发展经济体系的指导意见》	引导全社会从全方位、全过程推行绿色规划、绿色设计、绿色投资、绿色建设、绿色生产、绿色流通、绿色生活、绿色消费，使发展建立在高效利用资源、严格保护生态环境、有效控制温室气体排放的基础上，统筹推进高质量发展和高水平保护，建立健全绿色低碳循环发展的经济体系，确保实现碳达峰、碳中和目标
2021	国务院《关于完整准确全面贯彻新发展理念做好碳达峰碳中和工作的意见》	明确实现碳达峰、碳中和目标，坚持"全国统筹、节约优先、双轮驱动、内外畅通、防范风险"的工作原则，提出构建绿色低碳循环发展经济体系、提升能源利用效率、提高非化石能源消费比重、降低二氧化碳排放水平、提升生态系统碳汇能力5个方面的主要目标，确保如期实现碳达峰、碳中和

续表

发布年份	政策名称	部分政策内容
2021	国务院《2030年前碳达峰行动方案》	将碳达峰贯穿于经济社会发展全过程和各方面,重点提出实施能源绿色低碳转型行动、节能降碳增效行动、工业领域碳达峰行动、城乡建设碳达峰行动、交通运输绿色低碳行动、循环经济助力降碳行动、绿色低碳科技创新行动、碳汇能力巩固提升行动、绿色低碳全民行动、各地区梯次有序碳达峰行动"十大行动"
2022	国务院国资委《关于推进中央企业高质量发展做好碳达峰碳中和工作的指导意见》	对中央企业提出要求,引导央企、国企在推进国家碳达峰、碳中和中发挥示范引领作用
2022	国家发改委、国家能源局《关于完善能源绿色低碳转型体制机制和政策措施的意见》	深化能源领域体制机制改革创新,加快构建清洁低碳、安全高效的能源体系,促进能源高质量发展和经济社会发展全面绿色转型,为科学有序推动如期实现碳达峰、碳中和目标和建设现代化经济体系提供保障
2022	财政部《财政支持做好碳达峰碳中和工作的意见》	以支持实现碳达峰工作为侧重点,提出综合运用财政资金引导、税收调节、多元化投入、政府绿色采购等政策措施做好财政保障工作,明确重点支持构建清洁低碳安全高效的能源体系、重点行业领域绿色低碳转型、绿色低碳科技创新和基础能力建设、绿色低碳生活和资源节约利用、碳汇能力巩固提升、完善绿色低碳市场体系六大方面的工作
2022	国家发改委、国家能源局《关于促进新时代新能源高质量发展的实施方案》	加快构建清洁低碳、安全高效的能源体系,创新新能源开发利用模式,深化新能源领域"放管服"改革,支持引导新能源产业健康有序发展,以更好地发挥新能源在能源保供增供方面的作用,助力扎实做好碳达峰、碳中和工作
2022	科技部等九部门《科技支撑碳达峰碳中和实施方案(2022~2030年)》	统筹提出支撑2030年前实现碳达峰目标,涉及基础研究、技术研发、应用示范、成果推广、人才培养、国际合作等多方面的科技创新行动和保障举措,并为2060年前实现碳中和目标做好技术研发储备,为全国科技界以及相关行业、领域、地方和企业开展碳达峰、碳中和科技创新工作起到指导作用

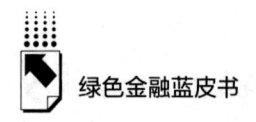

（2）系列政策引导绿色金融产品体系构建

2016年8月发布的《关于构建绿色金融体系的指导意见》作为构建绿色金融体系"四梁八柱"的纲领性文件，涉及绿色信贷、绿色债券、绿色股票、绿色发展基金、绿色保险、碳金融等一系列绿色金融产品，为绿色金融产品体系提供了多元化探索融合方向。此后，中国人民银行、银保监会陆续围绕绿色金融产品的规范与创新出台诸多指导意见与试点通知。从指导意见发布的内容来看，一方面，金融监管部门持续对金融机构创新绿色金融产品、扩大绿色金融产品规模出台鼓励性措施，引导并激发金融机构积极性，并将相关工作纳入金融考核目标；另一方面，金融监管机构不断深化对绿色金融产品的具体指导，针对相对成熟的绿色金融产品，从标准、统计、环境效益检测等方面不断完善。对于绿色贷款、绿色债券等发展较早、相对完善的领域，陆续出台多项规范产品服务流程与行为的文件要求；而对于绿色保险、环境权益类金融产品等，则更加注重引导市场的形成。2017~2022年绿色金融产品相关政策如表2所示。

表2　2017~2022年绿色金融产品相关政策

发布年份	政策名称	部分政策内容
2017	中国人民银行、证监会《绿色债券评估认证行为指引（暂行）》	规范绿色债券评估认证行为，提高绿色债券评估认证质量，促进绿色债券市场健康发展
	银监会《关于提升银行业服务实体经济质效的指导意见》	围绕"支持供给侧结构性改革"提出了"加快发展绿色金融，助力生态环境保护和建设"的重点任务
2019	银保监会《关于推动银行业和保险业高质量发展的指导意见》	将"大力发展绿色金融"列入金融机构高质量发展的工作任务之一，要求银行业金融机构强化绿色金融能力建设，探索绿色金融产品与服务创新
	中国人民银行《关于支持绿色金融改革创新试验区发行绿色债务融资工具的通知》	鼓励试验区内企业注册发行定向工具、资产支持票据等不同品种的绿色债务融资工具，以增加融资额度，丰富企业融资渠道
2020	中国人民银行《关于印发〈银行业存款类金融机构绿色金融业绩评价方案〉的通知》	对银行业金融机构开展绿色金融评价提出了统计与评估方法学，有助于积极探索拓展评价结果应用，着力提升银行业金融机构的绿色金融绩效

续表

发布年份	政策名称	部分政策内容
2021	中国人民银行《金融机构环境信息披露指南》	旨在规范金融机构的环境信息披露工作,引导金融资源更加精准地向绿色、低碳领域配置,助力金融机构和利益相关方识别、量化、管理环境相关金融风险,助力我国经济社会低碳转型
	中国人民银行《环境权益融资工具》	明确环境权益融资工具的分类、实施主体、融资标的、价值评估、风险控制等总体要求,以及环境权益回购、借贷、抵质押贷款等典型实施流程,为企业和金融机构规范开展环境权益融资活动提供了指引,助力碳达峰、碳中和目标实现
2022	中国人民银行、银保监会等四部门《金融标准化"十四五"发展规划》	研究制定并推广金融机构碳排放核算标准。完善绿色金融与环境、社会、治理(ESG)标准体系
	银保监会《银行业保险业绿色金融指引》	旨在促进银行业、保险业发展绿色金融,积极服务兼具环境和社会效益的各类经济活动,更好地助力污染防治攻坚,有序推进碳达峰、碳中和工作
	银保监会《绿色保险业务统计制度的通知》	明确绿色保险的概念,并下发绿色保险统计制度确定绿色保险的服务范围与统计口径

(3) 绿色金融标准体系逐步建立

标准体系的建设是绿色金融配套设施完善的重要工作方向,可为绿色金融的深化发展提供目标引导与应用支持。2018 年,中国人民银行牵头开展绿色金融标准化工程,围绕基础标准、产品标准、业务流程的分类开展全面研究工作,以"国内统一、国际接轨、清晰可执行"为原则有序推进绿色金融标准体系构建。在基础标准方面,先后发布《绿色金融术语》《绿色产业指导目录(2019 年版)》及绿色贷款、绿色债券统计制度,规范绿色金融领域的专业定义与项目范围,为后续产品和业务流程细化夯实基础;在产品标准方面,围绕绿色债券、绿色保险、环境权益交易领域出台多项指导意见,包括《上海证券交易所公司债券发行上市审核规则适用指引第 2 号——特定品种公司债券(2022 年修订)》《环境权益融资工具》等,推动多元化绿色金融产品市场形成,并鼓励绿色金融产品向转型金融、碳金融领域延伸;在业务流程方面,持续完善绿色金融业绩评价、环境信息披露等具

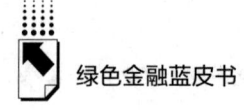

体服务性考核和工具，制定《银行业金融机构绿色金融评价方案》《金融机构环境信息披露指南》等，为金融机构开展结构优化、风险量化工作给予方法学支撑。

（4）地方绿色金融政策体系加快建立

自2017年开始设立国家级绿色金融改革创新试验区，经过多年部署宣传，大部分省份已在《关于构建绿色金融体系的指导意见》的框架之下，基于自身产业情况与发展特点形成了发展地方绿色金融的宏观设计，围绕产业支持、产品服务等做出整体部署，为后续市场实践释放积极信号。除省级层面的绿色金融规划政策陆续出台外，近几年以市级、区级为主体发布的绿色金融政策也在持续增加，从省级试点区域到非试点区域逐步形成因地制宜、各具特色的地方绿色金融政策体系，绿色金融实践在我国进一步下沉。部分绿色金融发展水平较高的城市，如深圳、湖州分别发布绿色金融地方性法规《深圳经济特区绿色金融条例》《湖州市绿色金融促进条例》，围绕绿色金融工具、碳减排、绿色金融标准、绿色金融激励等做出规范，鼓励围绕该政策及市场实践情况推动更多实施细则出台。此外，其他地市也加紧因地制宜地开展绿色金融细化领域的探索，如浙江台州以小微企业为切入点，搭建金融大数据平台并制定"碳普惠"机制，开展绿色金融支持小微企业的探索；江西抚州聚焦生态产品价值实现，依托自身充足的竹业资源落实生态资源向资本转化，激发农户的参与积极性。

（二）中国绿色金融市场进展

从市场实践来看，绿色信贷与绿色债券是引领我国绿色金融发展的主要力量，绿色保险、绿色信托、绿色基金、碳金融等正处于发展初期。

1. 绿色信贷

我国绿色信贷起步最早、发展最快，发行规模已居世界首位。2018~2022年，我国绿色信贷余额呈现持续上升态势，与2018年相比，2022年末国内绿色信贷余额增长率高达167.68%（见图1）。中国人民银行发布的金融机构贷款投向统计报告显示，2022年，我国本外币绿色信贷余额为22.03

万亿元，同比增长38.5%，高于各项贷款增速28.1个百分点。其中，投向具有直接和间接碳减排效益①项目的贷款分别为8.62万亿元和6.08万亿元，合计占绿色信贷的66.7%。从用途来看，基础设施绿色升级产业、清洁能源产业和节能环保产业的绿色信贷余额分别为9.82万亿元、5.68万亿元和3.08万亿元，同比分别增长32.8%、34.9%和59.1%。在产品领域，金融机构开展内容丰富的产品创新，"环保贷""节水贷""光伏贷""VOCs减排企业专项贷""绿色工厂星级贷""碳减排普惠贷"等特色化绿色信贷产品成为绿色发展的有力支撑。

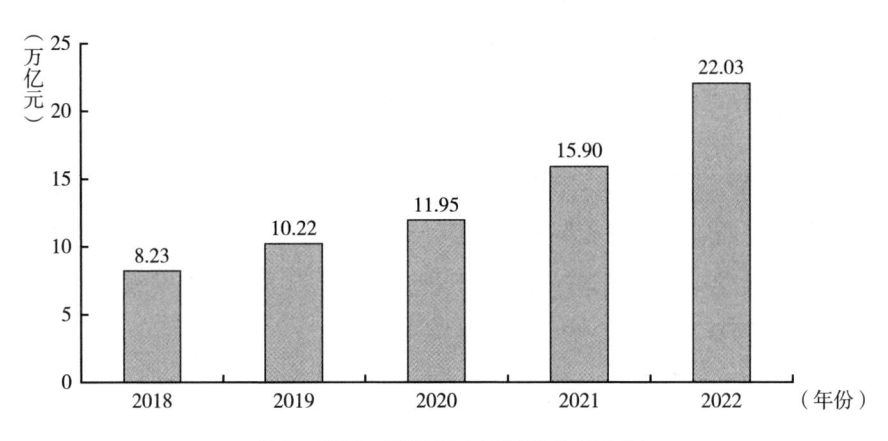

图1 2018~2022年中国绿色信贷余额

资料来源：中国人民银行，中央财经大学绿色金融国际研究院整理。

2. 绿色债券

我国绿色债券标准与国际接轨，种类不断创新，发行规模已居世界第2位②。2022年我国境内绿色债券新增发行规模为8746.58亿元（见图2），同比增长44.04%，占中国境内外绿色债券新增发行规模的88.90%；发行数量为521只，同比增长7.46%，占中国境内外绿色债券新增发行数量的

---

① 直接碳减排效益通过控制工业部门二氧化碳排放实现，间接碳减排效益通过森林增强二氧化碳吸收与利用实现。
② 气候债券倡议组织（CBI）与中央国债登记结算有限责任公司中债研发中心联合编制的第六份中国绿色债券市场年度报告——《中国绿色债券市场年度报告2021》。

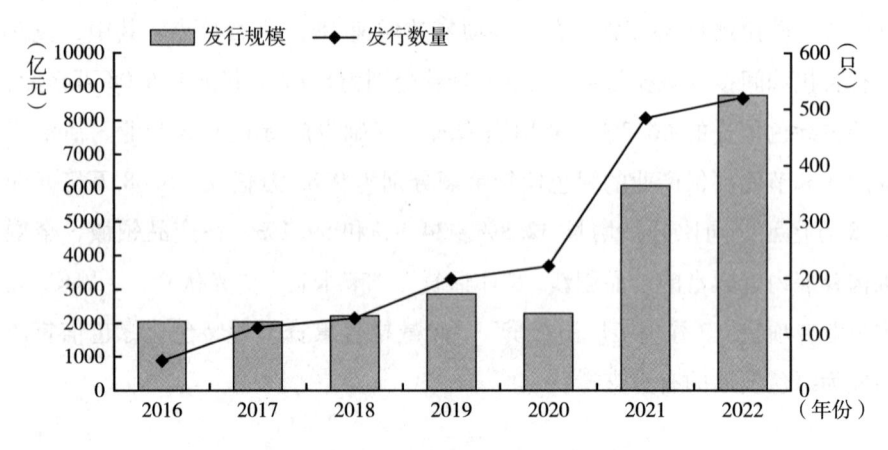

图2　2016~2022年境内绿色债券发行规模及数量

资料来源：中央财经大学绿色金融国际研究院绿色债券数据库。

91.73%。截至2022年底，中国境内绿色债券存量规模约为2.78万亿元。从投向领域来看，基础设施绿色升级产业、清洁能源产业等是近年来绿色债券的重点投向领域（见图3）。2022年，清洁能源产业、基础设施绿色升级

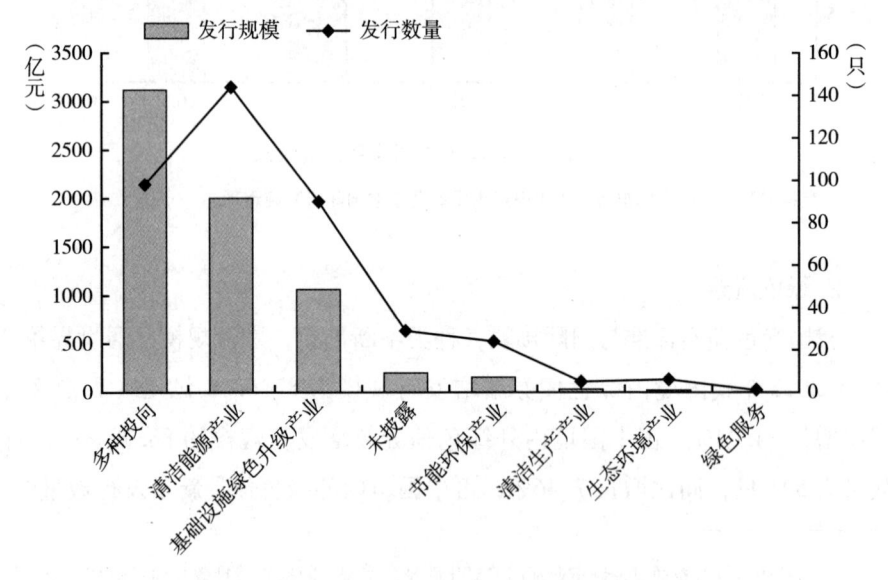

图3　2022年境内普通绿色债券募集资金投向

资料来源：中央财经大学绿色金融国际研究院绿色债券数据库。

产业的绿色债券资金支持比例分别达到30.34%、16.14%。此外，绿色债券特殊种类规模在不断扩大。2022年我国境内碳中和债券新增发行规模为2122.56亿元，占中国境内普通绿色债券新增发行规模的32.14%；发行数量为132只，占中国境内普通绿色债券新增发行数量的33.25%。截至2022年底，中国境内碳中和债券存量规模约为4000亿元。2022年我国境内蓝色债券新增发行规模为111.47亿元，发行数量为17只。截至2022年底，中国境内蓝色债券存量规模约为130亿元。特别是，为顺应高碳行业转型的需求，2022年我国境内共发行转型债券10只，发行规模为49.30亿元。从募集资金投向看，转型债券主要用于工业低碳改造类项目以及煤炭资源综合清洁利用项目。2022年我国境内共发行低碳转型债券4只，发行规模为27亿元。从募集资金投向看，低碳转型债券主要用于工业低碳改造类项目以及能源清洁利用项目。2022年我国境内共发行低碳转型挂钩债券19只，发行规模为223.90亿元。从关键绩效指标看，以清洁能源装机量为主，发行规模为110亿元。2022年我国境内共发行可持续发展挂钩债券33只，发行规模为389亿元。从关键绩效指标看，以清洁能源装机量为主，发行规模为85亿元，还有部分企业以绿色建筑累计竣工面积、单位钢材综合能耗、化学工业板块单位产品能耗、矿山尾矿年度综合利用率、瓦斯抽采利用率等作为关键绩效指标。2022年我国境内外共发行可持续发展债券10只，发行规模约为437.32亿元。其中，9只境外可持续发展债券的发行规模为422.32亿元，1只境内可持续发展债券的发行规模为15亿元。截至2022年末，我国境内外可持续发展债券的存量规模约为770.48亿元。

3. 绿色保险

2018～2020年保险业累计为全社会提供了45.03万亿元保额的绿色保险保障（见图4），支付赔款533.77亿元（见图5），有力地发挥了绿色保险的风险保障功能。2020年绿色保险保额为18.33万亿元，较2018年增加6.30万亿元；2020年绿色保险赔付额为213.57亿元，较2018年增加84.78亿元。近年来，绿色保险创新品种层出不穷，呈现增绿防灾协同、减污降碳协同的良好态势，例如：促进"增绿"的保险产品类型包括绿色碳汇价格

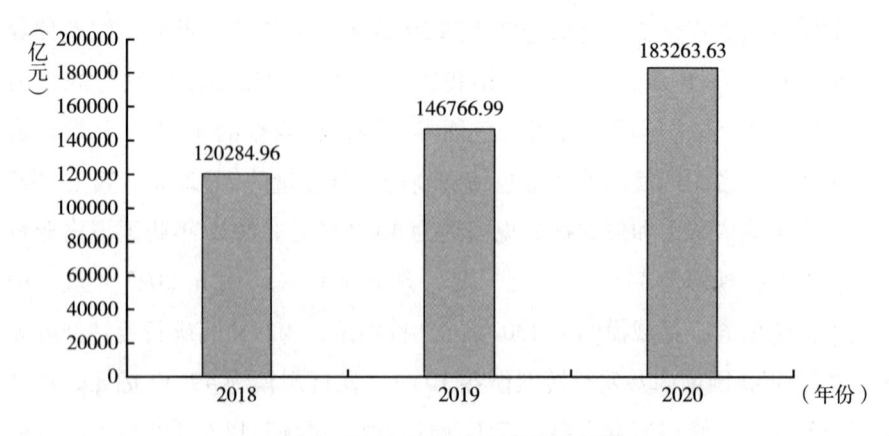

图4 2018~2020年绿色保险保额

- 2018: 120284.96
- 2019: 146766.99
- 2020: 183263.63

（单位：亿元）

资料来源：中国保险行业协会，中央财经大学绿色金融国际研究院整理。

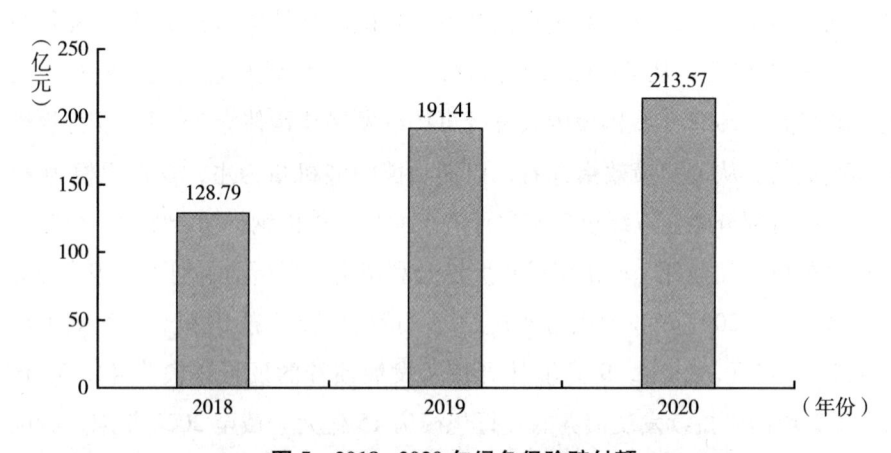

图5 2018~2020年绿色保险赔付额

- 2018: 128.79
- 2019: 191.41
- 2020: 213.57

（单位：亿元）

资料来源：中国保险行业协会，中央财经大学绿色金融国际研究院整理。

指数保险、林权抵押保险、古树名木保险等；促进"防灾"的保险产品类型包括自然灾害公众责任保险、高标准农田综合保险、小水利设施保险等；促进"减污"的保险产品类型包括船舶污染责任保险、水质保险等；促进"降碳"的保险产品类型包括八大高危行业的强制安全生产责任保险、赋能建筑行业绿色转型的建筑工程质量潜在缺陷保险、绿色车险等。

4. 绿色信托

总体来看，2013~2020年，绿色信托资产存续规模及绿色项目数量总体呈现震荡上行的态势，2021年我国绿色信托发展下滑较为明显（见图6）。截至2021年末，绿色信托资产存续规模为3317.05亿元，较2013年增加607.52%，同比降低7.68%；绿色信托项目数量为665个，较2013年增加170.33%，同比降低25.11%。其中，2021年度新增绿色信托项目数量280个，新增绿色信托规模1411.00亿元①。

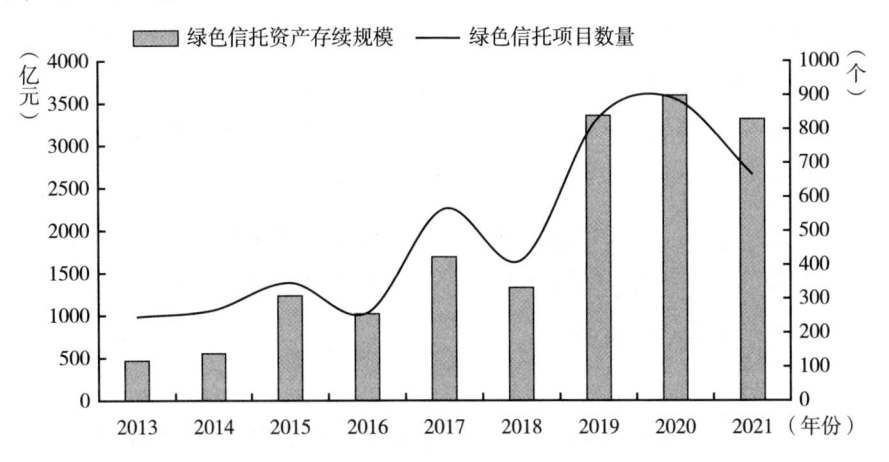

图6 2013~2021年绿色信托资产存续规模与绿色信托项目数量

资料来源：中国信托业协会，中央财经大学绿色金融国际研究院整理。

5. 绿色基金

在绿色投资战略管理层面，根据中国证券投资基金业协会《基金管理人绿色投资自评估报告（2022）》对46家公募基金管理公司的不完全统计，截至2022年第三季度末，25家样本公募机构将"绿色投资"纳入公司战略，占样本数量的54.3%，15家已出台配套政策或写入公司章程，其中易方达基金、鹏华基金、富国基金、华夏基金、工银瑞信基金、建信基金、景顺长城基金等公司的布局力度较大。在绿色投资制度建设层面，近90%的

---

① 中国信托业协会统计数据。

样本公募机构已开展绿色投资研究，32家样本公募机构已制定绿色表现正面评价方法，23家样本公募机构编制了绿色表现负面清单，多家机构不断加强环境风险检测和处置机制建设。在绿色投资产品层面，截至2022年6月末，自评估报告显示33家样本公募机构发行过或正在发行以绿色投资为目的的产品，产品合计108只，净资产合计2045.53亿元。2022年7月，我国首批8只碳中和ETF发行，此类产品主要投向"深度低碳"和"高碳减排"两大方向的股票池。除了快速发展的绿色证券投资基金外，绿色产业基金近年来也多有实践，绿色产业引导基金重在引导社会资本投向对绿色发展有重大意义的行业、项目和技术。当前国家层面设立了绿色发展基金，由财政部、生态环境部、上海市共同发起设立，基金将重点投资污染治理、生态修复和国土空间绿化、能源资源节约利用、绿色交通和清洁能源等领域。2020年7月15日，国家绿色发展基金股份有限公司在上海市揭牌运营，首期募资规模为885亿元。在地方层面，各级政府陆续设立绿色发展基金，对地方绿色产业提供资金支持。

6. 碳金融

碳排放权交易市场（简称"全国碳市场"）于2021年7月16日正式开市，至12月31日为首个履约期，首批纳入发电行业重点排放单位共2162家，覆盖二氧化碳排放量约45亿吨，成为全球覆盖排放量规模最大的碳市场。截至履约日，重点排放单位一次履约率高达99.5%，第一个履约期顺利收官。2021年中国试点碳市场总成交量降幅较大，但随着部分试点碳价继续提升，成交额仍继续增长。在全国碳市场正式启动运行后，各试点碳市场也出台相应措施避免与全国碳市场重复管控。据上海环境能源交易所的数据统计，截至2022年底，全国碳市场碳排放配额累计成交量约为2.3亿吨，累计成交额约为104亿元，超过半数的重点排放单位参与了交易，市场运行总体平稳有序。在碳金融产品方面，碳配额质押引领碳金融创新，总体以局部试点为主。全国碳市场目前以"控排""履约"为主要目标，碳资产的商品属性与金融属性尚未完全建立，因此碳金融仍以试点创新为主。其中，碳配额抵质押贷款是利用碳配额、碳信用在内的碳资产作为抵质押物进行融资，在我国间接融资为主导的金融体系格局下成为当前主要的碳金融产品。此外，碳债券、碳资产回购、碳期货等创新性碳金融产品也陆续出现。

二 中国金融科技的发展

（一）中国金融科技政策发展

1. 金融科技发展规划明确了金融科技发展的总体思路、发展目标、重点任务和实施保障

2019年发布的《金融科技（FinTech）发展规划（2019~2021年）》是我国金融科技发展历程中首个顶层规划，也是我国金融科技第一发展阶段的指导纲要，具有里程碑的意义。该规划提出到2021年我国要建立健全金融科技发展的"四梁八柱"，进一步增强金融业的科技应用能力，实现金融与科技的深度融合与协调发展。经过3年努力，加强金融科技的战略部署与顶层设计、强化金融科技监管、增强风险防范能力的金融行业创新转型主旋律基本形成。作为与第一阶段发展规划的衔接，中国人民银行于2022年初印发《金融科技发展规划（2022~2025年）》，为第二阶段的发展奠定基础。该规划提出对新时期金融科技发展的指导意见，明确金融数字化转型的总体思路、发展目标、重点任务和实施保障。与第一阶段规划相比，基础制度建设已不再是第二阶段的发展重点，更多关注的是金融科技发展不平衡问题，同时明确该阶段目标为"力争到2025年实现整体水平与核心竞争力跨越式提升"。一系列金融科技发展规划的出台，对金融科技尤其是金融业数字化转型予以引导和支持，为科技赋能金融打开新的窗口。

2. 部分地区形成了金融科技的专项顶层设计，数字金融成为重点方向

江西、广东、江苏、福建等地均明确提出要推进数字金融发展。江西省提出，要引导金融资源深度对接数字经济"一号工程"，推动数字经济与实体经济深度融合，打造中部地区领先的数字金融中心。福建省提出，要打造数字金融创新集聚区，推进福州、厦门等地加强与头部科技公司在金融领域的合作，争取数字金融基础设施落地，推动数字金融领军企业拓展发展空间，打造功能鲜明且具有影响力的数字金融创新集聚区。广东、陕西、江西、天津、海南等地则在推进数字人民币试点建设方面陆续出台政策，不断丰富数字人民币应用场景。广东深圳明确要深入推进数字人民币试点工作，不断探索创新数字货币应用场景，争取建设法定数字货币创新试验区，推动数字人民币国际合作和跨境使用。天津提出要积极争取数字人民币应用试点，鼓励引导金融机构和相关企业参与数字人民币生态系统建设及延伸产业的研究开发。海南提出开展数字人民币跨境支付试点，同时探索提升海南自由贸易港跨境支付效率。此外，重庆等地创新性地提出将技术实力强、数据基础好的消费金融公司改制为数字银行的探索路径。

3. 金融科技相关的产品和标准体系陆续出台

国家市场监督管理总局、中国人民银行两部门出台的《金融科技产品认证目录》和《金融科技产品认证规则》是目前位阶较高的指导性实施文件。两项文件旨在解决金融科技产品认证问题，涉及金融科技产品的种类及认定依据、形式等内容。第一批认证目录对金融科技产品给出了详细定义并提供了理论依据，在具体产品认定方面，纳入了客户端软件、安全芯片、安全载体、嵌入式应用软件等11类金融科技产品。第二批认证目录将区块链技术产品、商业银行应用程序接口、多方安全计算金融应用等新技术纳入其中，同时对第一版规则进行修订。在现行标准下，《金融科技产品认证规则》适用于客户端软件、安全芯片、安全载体、嵌入式应用软件、银行卡自动柜员机（ATM）终端、支付销售点（POS）终端、移动终端可信执行环境（TEE）、可信应用程序（TA）、条码支付受理终端（含显码设备、扫码设备）、声纹识别系统、云计算平台、区块链技术产品、商业银行应用程序接口和多方安全计算金融应用。此外，中国人民银行先后发布《金融科技创新应用测试规范》（JR/T 0198—2020）、《金融科技创新安全通用规范》（JR/T 0199—2020）、《金融科技创新风险监控规范》（JR/T 0120—2020）和《金融科技发展指标》。上述标准对从事金融服务创新的持牌金融机构和从事相关业务系统、算力存储、算法模型等科技产品研发的科技公司与相关安全评估机构、风险监测机构、自律组织等均适用，从政策层面解决了创新依据及安全问题，做到风险可控，为金融科技发展保驾护航。

（二）中国金融科技市场发展

1. 金融科技的市场主体

（1）发展金融科技已经成为商业银行的重要战略

在商业银行方面，国有大行均成立了金融科技子公司，建设数字平台，在智能风控、科技架构布局方面走在前列；股份制银行也陆续加入成立金融科技子公司行列，但更关注细分领域的发展，如招商银行的数字基建、平安银行的科技赋能等；中小银行则依托区位优势发展金融科技，如沪深两地以数据中心为基础带动农村商业银行数字化转型。商业银行是金融科技应用的先行者，2022年6家国有大型商业银行及10家全国性股份制商业银行在金融科技方面的投入均保持增长，全年投入总额达1787.64亿元，较2021年增加142.04亿元，同比增长8.63%。在高投入的支持下，金融科技为商业银行带来了可观的收益，从金融科技收入占营业收入的比例来看，主要集中在2.83%~5.27%，其中，13家银行金融科技收入占营业收入的比例较2021年有所增长。在人才引进方面，截至2022年底，工商银行、建设银行、中国银行、招商银行和农业银行的金融科技从业人员均超过1万人，超过半数银行的金融科技从业人员人数增速在10%以上，其中兴业银行的增速为102.82%[①]。

（2）券商等金融机构围绕金融科技进行业务布局

在"坚持科技赋能，力争科技引领"的目标下，券商等非银金融机构加速金融科技战略布局，证券经纪业务、财富管理业务、投行业务、资管业务等各领域业务的数字化、智能化水平不断提升。目前，券商等金融机构在

---

① 根据银行年报整理。

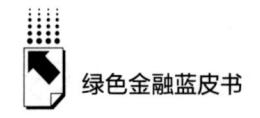

打造数字化产品、完善金融科技基础建设方面取得一定进展，积极探索创新应用场景，提升跨业务条线对接效率，如海通证券积极建设数字海通 2.0，推动数字化转型。从人才梯队来看，券商的金融科技从业人员人数增速均在10%以上。

(3) 第三方金融科技公司蓬勃发展

截至 2022 年底，我国金融科技产业主体规模约为 3.2 万家[①]，主要为金融行业提供客服、风控、营销、投顾和支付五大类业务。在金融科技企业布局方面，呈现东强西弱、南多北少的空间结构，这与金融基础高度相关，北京、上海、深圳的金融科技企业数量较多，重庆、武汉、成都的金融科技企业数量呈上升趋势。除金融科技子公司、互联网银行外，金融科技企业以提供软件、系统服务为主，涉及人工智能、计算机视觉、自然语言处理、语音识别等技术。此外，金融科技服务商与金融机构的合作日渐紧密，如中国建设银行与华为签署战略合作协议、Testin 云测与华夏银行形成数字科技协同合作伙伴关系、恒生电子与国泰君安携手共建金融科技生态圈。金融科技服务商与金融机构从零和博弈的竞争关系转变为双向赋能的合作伙伴关系。金融科技服务商依托技术优势，为金融机构提供全生命周期的数字化服务，加速金融业数字化转型。

2. 金融科技的技术应用

大数据和人工智能技术成为当前金融科技的主要实践。目前，大数据、人工智能、区块链、云计算是金融科技领域的重点技术手段，其中人工智能与大数据是金融科技的基础性工程，也是目前发展较快的领域。大数据技术通常应用于银行信贷等领域的风险监测，以及用于形成用户画像，从而进行精准营销。人工智能的应用范围更为广泛，银行系统的智能客服、证券行业的智能投顾、保险业的智能理赔、智能运维等均有涉及。此外，5G 金融云、超融合数据中心、绿色算力、隐私计算、金融分布式数据库等技术，是近年来金融科技创新的突破性成果。随着多方安全计算

[①] 前瞻产业研究院：《金融科技发展白皮书》。

被纳入金融科技范畴,实现数据"可用不可见、可算不可识、可控可计量"的隐私计算成为关注点,在绿色金融、普惠金融与风险防控等方面有着巨大的应用前景。

3.金融科技的地方实践

金融科技创新试点工作有序推进。自北京成为首个资本市场金融科技创新试点城市并启动16个试点项目以来,金融科技试点规模不断扩大(见表3)。截至2022年末,共77个试点项目获批,分布在北京、上海、广州、深圳、南京,其中约1/3来自上海。在试点项目中近半数涉及金融服务,与行业平台建设和合规风控共同成为金融科技创新试点关注的重点领域。在应用场景方面则高度集中在业务优化和风险分析。此外,金融机构牵头,与科技公司联合申报成为创新试点的主要形式,也代表着金融科技未来的发展方向。

表3 截至2022年末已获批金融科技试点项目

地点	项目名称	主要内容
北京	中国结算"e网通"	旨在打造"跨市场、一体化、普惠便捷"的投资者登记业务服务体系。基于云计算服务底座,通过大数据技术打通沪深等不同市场的业务数据,通过区块链技术实现质押业务增信和存证,通过人工智能技术提升业务办理便捷性
	证券行业数字人民币应用场景创新试点	围绕客户购买金融服务、购买理财产品的实际需求,结合数字人民币的特征,设计了"数字人民币购买付费金融服务"、"三方存管体系下数字人民币投资场外理财产品"及"数字理财钱包体系下数字人民币投资场外理财产品"三种证券行业应用场景,以达到保障客户资金安全、防范洗钱等违法交易行为、降低交易成本、提升金融运行效率的目的,为投资者提供更便捷、安全、高效、智能的服务体验
	基于人工智能的单账户配资异常交易监测系统	创新研发了基于人工智能的单账户配资异常交易监测系统,并通过行业云SaaS服务有效利用全市场数据,通过技术手段在合规范围内实现数据交换和价值流动

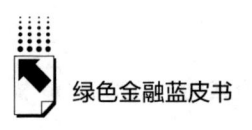

续表

地点	项目名称	主要内容
北京	证券交易信用风险分析大数据平台	以融资类业务为着力点，建立证券交易信用风险分析大数据平台，采用自然语言处理、实体聚合、机器学习、知识图谱等大数据和人工智能技术，汇集客户在证券市场的资产状况、交易持仓、行政处罚等多维度数据，形成贯穿事前、事中、事后全业务环节的新型评估机制，及时、准确、全面评估融资类业务的客户信用风险，为融资类业务提供指导。对提升资源配置效率、保障金融安全、促进行业良性生态的构建发挥积极作用
	基于信创的金融混合云构建项目	基于全栈信创技术建立证券混合云，解决证券行业潜在的技术"卡脖子"问题；对网上交易、手机App等互联网侧关键业务系统完成信创混合云（私有云+行业云）的部署，提供一揽子证券关键业务混合云服务
	基于区块链和隐私保护技术的行业风险数据共享平台项目	基于区块链技术和隐私保护技术，解决证券行业信用业务面临的问题，实现行业数据共享与协同的目标，并达到数据隐私保护的法律要求，打通行业风险数据融合应用通道，破除不同公司间的数据壁垒，消除信息孤岛
	基于区块链的客户交互行为体系管理系统项目	基于区块链技术，通过独立的客户交互行为体系管理系统，统一标签制定、统一数据采集、统一归集分析重点交互行为数据（包括但不限于业务办理、重要通知、投资者教育、适当性管理、协议签署、规则学习、短信微信电话服务内容、风险提示等重要的交互行为），构建证券公司客户交互行为管理体系。同时，将交互行为数据脱敏及加密后存储于上证链，实现数据的保密性、安全性及不可篡改性
	基于区块链的证券业务电子签约与存证服务平台	以电子签约与存证服务为切入点，以行业有公信力的第三方服务的形式，在电子签约、电子化函证及电子存证的业务场景下，结合区块链技术，为开展债券、衍生品等各类金融产品创设、销售、托管业务的证券基金经营机构提供服务
	基于隐私计算的债务估值体系建设项目	项目主要产出是收益率曲线和债券估值，二者是债券市场的基础工具，为各大金融机构和实体企业进行一级市场发行定价、捕捉二级市场投资机会、管理资产负债水平、考核投资绩效、开展净值管理等提供服务。同时，基于估值的指数编制服务有利于降低基金费率，提高市场效率。相关估值数据和收益率曲线拟展示在万得金融终端、公司官网供投资者下载使用

续表

地点	项目名称	主要内容
北京	投研服务数字化解决方案Ⅰ期——机构间数据流通解决方案	项目提出构建一个标准化、数字化、集成化的投研服务数字化平台,为下一代投研产业互联网谋篇布章。核心理念是提供一套行业标准与基础设施,构建起个体与个体间、机构与机构间的信息传输与价值结算网络,通过分布式模式提升资本市场的信息效率
	销售清算自动化项目	工银瑞信联合福建新意科技公司,构建了一套销售资金智能结算系统,通过重构业务模式、提升技术架构、贯彻风控理念、结合管理制度与系统能力,制定了自动化执行方案,同时将各种风险管控方法内化到系统流程中
	智能排雷项目	结合信用、市场、财务、第三方等多维信息,基于 AI 算法对海量舆情信息进行解析、打标、去重,对文本内容进行深度分析,关联相应公司主体,从而为投资研究人员更高频地预测企业的风险,并通过提供预警指标和模型的系统化建设工具,实现预警信息的自动监控、推送,同时支持自动化生成预警日报,协助业务人员更加自动化、智能化地开展风险排查和预警监控工作
	基于大数据的智能投资与风险管理平台	利用目前先进的大数据及智能技术,为基金公司在资产配置、投资组合管理、风险合规管理、绩效归因等方面进行赋能。帮助公司提高投资组合管理及组合分析的效率,提升风控合规计算的实时性、准确性,为投资人员、风险管理人员及公司经营管理层提供有效的归因分析及业绩评价方案
	基于零售业务敏捷化的云原生机构实践	为了更好地支持业务数字化,中金财富构建了基于云原生的基础架构组件及研运一体化平台,实现更加完善、更加智能的零售云生态。主要为了达成以下三个方面的目标:①满足数字化转型和全敏捷业务落地对云原生架构和敏捷交付框架的要求;②支持公司向互联网科技公司转型;③做好信创准备
	基于区块链的私募基金份额转让平台	为进一步拓宽各类私募股权投资基金份额的融资和退出渠道,形成良性的"募投管退"行业生态,在积极开展业务试点工作的同时,利用区块链技术的不可篡改等特点,着力构建依法合规又充满活力的基于区块链的私募基金份额转让平台

续表

地点	项目名称	主要内容
北京	基于联邦学习技术的强监管营销模型	通过加密机制在联邦系统内进行参数交换，建立一个共有预测模型，在不泄露客户隐私和底层数据的前提下，利用更丰富的数据提升预测模型的精准度。利用模型对客户进行精准营销，从而提高营销效率，降低营销成本
上海	证券行业数字人民币的创新应用	项目设计了数字人民币支持购买付费金融服务、个人钱包支持签约CTS（第三方保证金存管）创新、数字人民币支持企业投资场外业务（收益凭证）三种面向证券行业的应用场景
	数字人民币创新应用试点项目	基于客户在证券行业购买金融服务的日常支付需求、三方存管转账需求、场外理财产品投资需求，结合数字人民币的发展现状，本项目设计了3种应用场景：①数字人民币购买金融服务；②三方存管体系下数字人民币存管转账；③数字理财钱包体系下数字人民币投资场外公募产品
	基于基金支付体系的数字人民币应用场景创新	充分发挥数字人民币的技术优势，创新数字人民币支付体系
	数字人民币在基金销售场景下的应用创新项目	应用场景：①数字人民币钱包开立基金交易账户；②数字人民币申购基金；③赎回基金至数字人民币钱包
	5G消息：证券服务新渠道	证券行业5G消息可为客户提供各类场景的服务支撑
	资管行业全球投资组合投研与风控解决方案	基于万得的全球金融资产数据库，借助大数据和云计算的优势，构建一个面向资管行业的投研和风控解决方案。运用新一代信息技术，提升投研风控业务效能，促进资本市场的数字化发展
	证券行业供应链安全管理中心研究与实践	证券行业供应链安全管理中心包含三大能力，分别为供应链安全入网能力、供应链安全检查能力、供应链安全监测能力，通过安全能力的建设，形成常态化的供应链安全管理机制，为行业关键基础设施、重要证券公司提供检查能力，保障证券行业常见交易软件、行情软件的应用，使其具备安全性，实现对供应链攻击的发现和预警，整体提升证券行业的供应链安全管理水平
	基于"云链一体"的跨境收益互换全流程数字化平台	在跨境收益互换业务场景下，利用区块链、智能合约等新一代信息技术的特性和优势赋能业务执行的全流程。在现有标准化工作的基础上，进一步构建一个可自动化执行的统一、开放、高效、合规、稳健的跨境收益互换交易平台，从而实现更高的运行效率、更一致的监管合规、更高的数据质量和市场透明度

续表

地点	项目名称	主要内容
上海	信创区块链 SaaS 服务应用创新项目暨证券业务监管沙箱与监管数据报送	通过信创区块链 SaaS 服务平台完成业务过程中业务数据的上链及关键环节数据的落库留痕，进而实现业务链与监管链双层链架构下的穿透式监管
	基于可信隐私计算技术的期货行业智能风控辅助平台	围绕核心机构和经营机构关心的延伸风险隐患，探索利用市场外部相关数据资源融合分析的方法，建设企业级的基于可信隐私计算技术的期货行业智能风控辅助平台，提升风险识别、预警及全视角评估等科技监管能力
	极简异构核心系统	中国金融期货交易所着力运用前沿技术支撑风险管理，借鉴航空航天业最佳实践，采用完全不同于主交易系统的软件实现方式创新性研发了异构核心系统，通过"技术异构、业务兼容"提升了软件可靠性，率先实现了核心系统在国产基础设施生产环境的落地。在交易所核心系统发生故障且所有的应急保障措施均失效的情况下，可通过发送人工指令，将业务平滑切换至异构核心系统，确保全市场业务的连续性，补齐了保障业务连续性的最后一道屏障
	基于人工智能的立体化金融期货市场风险监管系统	借助人工智能等先进金融科技手段提供金融期货市场风险监管服务，深入分析和挖掘客户行为，发现违法违规线索以规范市场运行环境，智能预研预判市场运行动态，提高监管效率和智能化水平
	基于知识图谱的关联账户分析系统	以大数据为基础，广泛采集各类可以应用于关联分析的数据，包括内部客户资料数据、监管共享数据、工商数据、穿透式监管数据、私募产品数据、舆情数据等。在设计实施过程中，对各类数据中的潜在关联分析点进行深度加工和价值挖掘
	基于流式引擎的沪市登记结算业务处理平台	中国结算上海分公司吸收最新的流式计算技术，在开放的分布式平台上打造高性能的基于流式引擎的沪市登记结算业务处理平台，并承接沪市登记结算全部核心业务
	赋能规则驱动指数编制与投资研究的低代码引擎	本项目的科技积累，赋能中证指数公司数字化转型核心的指数研发和管理系统搭建，全面应用于指数研发编制、指数发布上线运营、调样维护管理等指数公司核心业务场景
	基于上证云的商用密码、信创、IPV6 服务一体化行业解决方案	项目旨在通过 SaaS 云服务平台提高市场效能，拓展保障金融安全的应用，并探索新一代信息技术在证券金融行业的应用

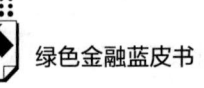

续表

地点	项目名称	主要内容
上海	基于信创的新一代分布式核心交易系统	将传统集中式交易系统化繁为简,在交易与结算分离的基础上,将分布式架构应用于证券交易业务,实现了高效稳定、可灵活快速部署又易于扩展的新一代分布式交易系统。系统基于分布式交易总线和内存交易技术,在技术选型、监管科技应用、业务功能满足度、安全可控能力等方面都处于行业领先水平,实现交易系统全栈技术的自主可控
	基于混合架构的全栈信创分布式证券核心交易系统	本项目致力于为公司经纪业务用户提供统一的、高质量的分布式低延时交易服务,同时兼具高吞吐、高可用和灵活扩展的特性,为公司长期的业务发展与数据整合提供完善的技术融合平台
	基于大数据的期货行业智能运维系统	在数据采集、数据存储、数据清洗、数据计算、数据服务、数据接口建立等数据基础能力之上,打造以智能监控、自动化运维、数据可视应用、RPA、故障自愈等为核心的运维系统,同时也为深度学习与敏捷开发提供基础平台
	基于上交所证通云的基金业混合云平台	项目旨在:①实现基础平台资源的弹性扩容、自动化快速交付及集中管控;②实现灾备环境的灵活部署、按需使用;③探索使用全国产化硬件平台,为后续信创工作的开展做好铺垫;④多云混合部署,满足不同业务场景需求;⑤完成部分测试环境部署上行业云,最大化地复用测试资源和成果;⑥将部分非核心系统生产环境上证通云
	基于区块链的股权登记托管转让服务平台	本试点项目充分利用区块链数据透明、不易篡改、可追溯的技术特点,有效发挥数据价值,实现数字化转型发展。具体实现要点如下:基于区块链技术,实现区域性股权市场的主要业务流程(挂牌、融资、登记、交易、结算、信息披露、市场监管)和相关数据信息上链,实现与中国证监会监管链的跨链对接
	面向攻击溯源的行业威胁情报共享解决方案	项目拟构建面向攻击溯源的行业威胁情报共享体系,通过"一套机制、一个中心"打通行业威胁情报共享通道,结合多源威胁情报信息数据的采集上报,利用机器学习算法关联分析出具备行业特色的攻击溯源情报,打造行业级情报知识库并实时共享给行业各机构,进行威胁预警、攻击溯源的工作,打破安全防御的孤岛和竖井,提升"一点威胁感知、情报共享联防"能力,探索建立基于威胁情报共享的行业安全生态圈

续表

地点	项目名称	主要内容
上海	基于混合云模式的基金行业资讯服务与质控平台	项目主要应用于行业内全面风险管理领域,为投资交易、风险管控、估值会计核算等多个金融投资业务环节提供服务
	基于区块链的资管行业专户电子合同实践	本项目以资管行业销售专户产品场景下的合同签约为着力点,替代传统的纸质合同,解决纸质合同签订困难、签订流程复杂多样、协作成本高的痛点,探索出基于区块链的资管行业专户电子合同的最佳实践,有利于制定可推广的线上销售专户产品的标准化、合规化解决方案,实现科技赋能业务
	基于人工智能和区块链的私募基金销售服务平台	以私募基金产品的电子签署和合同存证为产品的切入点,依托具有行业公信力的云服务平台,提供相关的客户认证、适当性管理、申购赎回、电子签署、合同存证、线上双录、智能质检、客户管理、信息披露等一站式云平台服务
	基于人工智能的衍生品做市商系统	该系统基于人工智能技术构建底层算法,通过基于全栈信创技术搭建的交易系统实现定价计算、报价执行、策略研发、风控管理等功能
深圳	数字人民币在证券公司财富管理体系下的应用	项目围绕客户使用数字人民币钱包签约证券三方存管、购买场外理财产品、购买付费证券服务的实际需求,结合数字人民币的特征,设计了"数字人民币钱包签约三方存管"、"数字人民币钱包直接购买场外理财产品"、"三方存管账户体系下客户使用数字人民币钱包购买场外理财产品"和"通过数字人民币钱包直接购买付费证券服务产品"4个应用场景,丰富数字人民币试点应用场景,保障金融安全,防范金融风险,提升清算效率及资金使用效率,进而提升客户体验
	平安银行托管业务智慧风控平台	平安银行托管业务智慧风控平台以托管产品管理人机构及被投资标的的基本信息、股东信息、高管信息、关联方信息、备案数据情况、产品信息、风险信息、舆情信息等数据为核心,在深度刻画管理人画像的基础上,通过内置风险识别规则自动化揭示管理人机构及托管产品的各类风险,并通过各系统的联动做到风险处置与管控。结合内外部各类数据,依托大数据运算及风险模型,针对各类托管业务产品进行包含引入、运作、退出等全生命周期的持续性合规风控监测,并与市场营销、运营操作等系统及人员进行联动,对托管产品及其管理人的风险做到早发现、早预防、早处置

续表

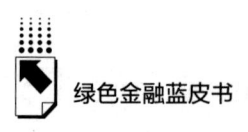

地点	项目名称	主要内容
深圳	基于数字人交互技术的财富投教及内容生产平台	项目采用虚拟数字人交互技术，结合多模态自然语言处理及文本生成技术，通过AI技术智能生产投教内容并进行批量加工和分析，同时在满足监管合规审核的条件下，以数字人全真交互为载体，打造全新的客户级财富陪伴服务体验
	基于互联网合作生态的客群数据运营体系	中金财富与金腾科技以互联网合作生态为基础，秉承"买方投顾、陪伴式服务、投顾服务数字化科技化"的理念，在客户获取、客户转化全流程，针对不同客户定制不同的运营策略，并且实现平台与投顾协同，为客户提供精细化财富管理服务，为投顾提供高效服务工具，通过打造实时化、自动化和一体化的数据运营体系，做好投顾赋能、平台提效及监管在线，最终实现客户体验和客户价值的提升
	行业产业链图谱共建及应用项目	行业产业链图谱旨在描述各产业分类组成、上下游供应等内在关联，是市场机构开展行业产业分析研究的重要支持工具，对推动数字化时代下的科技监管、智能投研分析、智能客户服务的发展具有重要意义。然而，产业链涉及的知识信息量巨大，与导入型的工商数据不同，需要依赖专业人员的投入，缺乏统一的行业标准，加之各机构产业链数据差异较大，各方自建存在较大难度，目前难以支持产业链分析和发展要求
	基于分布式低时延信创技术的核心交易及实时风控系统	项目响应国家金融安全战略和金融科技发展规划，基于国产分布式低时延中间件、国产操作系统、国产数据库、国产芯片服务器和低时延交换机，采用分布式架构、可靠组播、人工智能等技术，构建新一代分布式信创核心交易系统和实时智能风控系统，覆盖竞价交易、大宗交易、信用交易等场内场外业务，支持对投资者交易行为进行实时风险监测及异常交易阻断，完成全业务全链路的客户交易行为闭环管理，构建信创交易风控生态体系，解决核心技术、核心模型算法"卡脖子"问题，实现证券行业核心业务系统升级换代及自主可控

续表

地点	项目名称	主要内容
深圳	云原生信创TA项目	项目立足国家信息技术应用创新战略,结合基金业务发展要求,首次采用云原生架构和信创技术构建核心业务系统,将互联网敏捷、开放、高伸缩性的技术架构与金融行业稳定、安全的技术架构进行融合,显著提升业务效率和创新能力,提升信息安全水平
	支持全栈信创的企业级云原生技术架构实践	项目采用云原生分布式云平台、微服务、容器化等技术架构,构建公司基础技术底座,进行核心业务微服务化上云试点,探索行业核心业务微服务拆分标准,形成突破核心业务系统集中式架构的六边形能力(高并发、线性扩展、敏捷开发、按需弹性、精细化治理、多活可靠)
	科创金融智慧生态平台	项目以"技术驱动、数据驱动"为理念,提供企业甄别、企业画像、业务协同、研究计价等综合金融服务,实现"智能标签—动态画像—智慧甄别—部门协同—定制服务"科创金融创新闭环,以科创金融智慧生态平台为载体,打造"产业链+价值链"的科创金融生态圈
	基于人工智能和区块链技术的专精特新企业资本赋能平台	项目针对中小企业融资难、融资贵问题,利用人工智能、大数据、区块链等技术,建设国信证券专精特新企业资本赋能平台,切实服务实体经济
广州	基于大数据及区块链技术的中小企业ABS融资服务平台	项目通过科技手段创新性把融资向前伸延,为中小企业提供高效便捷、风险可控的"非传统确权"融资服务,有效解决中小企业融资难的问题。同时,根据中小企业的历史数据证明其交付能力和信用情况,提供更完整的数字风控维度,从而帮助证券公司有效防范信用风险,提高资金使用效率,增强金融服务实体经济的能力
	基于区块链的广东省非上市证券集中托管及创新服务平台	项目以商业银行股权托管业务为基础,搭建区块链托管及创新服务平台,运用区块链、大数据、人工智能等金融科技手段,重点围绕非上市证券集中托管,根据托管人、持有人、监管部门、司法机关等市场参与主体的需求,在提供登记托管服务的基础上,加强综合管理研究,提升对中小微企业的服务能力;通过区块链技术建立信息共享数据库,深度挖掘数据要素价值,提供综合信息服务,以及与企业股权配套的政企服务、融资服务,丰富"股权管理+金融科技"应用场景,服务广东经济社会高质量发展

续表

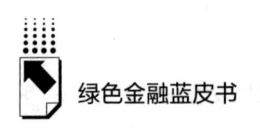

地点	项目名称	主要内容
广州	HarmonyOS在金融场景下的创新应用	为顺应数字化时代的发展,广发证券接入华为鸿蒙生态,打造全场景多设备的智慧金融服务,有效促进新兴技术与金融场景的深度融合,让金融服务以更丰富、更智慧的形式触达用户,提升用户体验、增强用户黏性,助力证券公司的数字化转型
	企业套期保值风险管理系统	企业套期保值风险管理系统是期货公司联合科技企业在期货行业共同创新的一次大胆尝试,将期货公司在衍生品风险管理领域的专业能力与科技公司的技术能力深度结合,利用金融科技手段将企业套期保值风险管理体系落地,为实体企业解决在经营过程中遇到的风险管理问题提供了全面、专业、强有力的支持
	基于人工智能的大湾区客户非现场业务服务平台	项目主要应用在非现场开户和业务办理系统,以多项人工智能技术为基础,结合大湾区港澳客户群的特征,创新优化从客户前台业务流程到证券公司工作人员资料审核的整个开户及业务办理流程。同时减轻视频人员、电话回访人员、审核复核人员的工作量,降低错误率,在保障资料准确、完整的前提下,提高业务处理通过率,降低驳回率
	基于大数据平台的全球衍生品风控系统	项目在研究了国内外应用大数据进行衍生品风险控制的理论基础上,基于境内外衍生品的特点,提出适合公司的衍生品风险监控的系统架构,以及关键模块的实现方式,致力于在新形势下应用金融科技进行衍生品风险控制
	基于大数据的反洗钱应用	利用自建大数据平台,高效整合、分析海量客户的身份信息和交易数据,保障反洗钱系统有效开展客户风险等级评定、可疑交易筛查、黑名单监测等工作,为反洗钱工作赋能
	基于超大规模国产预训练模型的企业财务智能预警平台	项目力求打造一个全景式数字化的业务免疫体系,通过对公众企业的财务和舆情分析,快速有效识别主体的财务异常点、潜在舞弊动机、粉饰手段,实现主动预警
	基于人工智能技术的债券风险分析系统(Bond.AI)	Bond.AI是针对债券风险分析所研发的AI预测系统。Bond.AI系统利用大数据和人工智能技术,构建了集信用评价系统、财务造假识别系统、债券流动性分析系统、债券舆情分析系统于一体的综合债券风险分析平台

续表

地点	项目名称	主要内容
广州	基于大数据的投顾业务智能合规管理平台	项目利用大数据及人工智能技术，解决证券投顾业务合规风控管理的全链路留痕、监控预警、历史追溯、管理效率等难点，实时处理海量数据，分析多场景多类型消息（文本、图片、语音、视频），监控业务全流程和预警风险，提升合规风控管理效率，实现合规风控的数字化和系统化管理
	NLP智能查重技术在期货开户中的应用	当前机构客户开通适当性品种时，按合规要求，需提供内部相关制度文件，提供的制度文件不能与存量客户的制度文件在内容上大范围重复。业务人员接受此类申请后，需对用户提交的制度文件进行比对，防止合规风险。随着客户数量的增多，比对的工作量和出错概率都呈几何级增长，迫切需要新的技术手段完成文件比对工作。基于NLP新技术的查重算法的推出，可以从根本上解决相关问题，提高业务人员的办公效率和客户服务质量，可将核对工作的时间从1~2天缩短到5分钟内
	基于大数据技术的期货公司数字化平台体系	智慧华泰是华泰期货在行业大发展背景下，借助金融科技全力打造的数字化平台体系，为业务经理以及业务管理部门提供了从客户服务到业务督导管理，以及内部业务精细化管理的一整套方案，平台体系包含营销管理系统、精准管理系统、运营管理系统和MOT关键任务管理系统四大系统模块
	基金投顾服务内容平台	基金投顾服务内容平台是盈米基金投顾服务的数据中台之一，平台的主要用户是各种投顾内容创作者，服务于基金投顾内容服务中的内容创作、内容分发、跨媒介管理和内容合规等多个场景，提供内容协同编辑、基于模板的内容创作、内容素材管理、内容检索管理、内容分发和内容合规等功能
南京	综合运用大数据等技术构建的投行资管业务一体化平台	资鉴系统（ATOMS）旨在从资产证券化业务出发，建设集产品创设、分析评价和资产管理于一体的投行资管业务平台，以系统建设带动业务革新，助力券商资管业务的不断发展
	软硬一体的极速交易风控系统	软硬一体的极速交易风控系统在实现超低延迟的风险管控的同时保持系统的灵活性，快速地支持业务需求，极大地提升合规风控能力，进一步助力防范金融交易风险

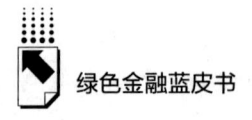

续表

地点	项目名称	主要内容
南京	跨境证券一账通项目	华泰证券与华泰金控建立联动工作机制,通过账户之间的对应关系实现账户资金封闭式运行管理,即境外客户资金账户不接受投资者的其他银行账户向其转入/转出资金,该账户中投资本金和收益只能原路返回境内客户银行账户(或境内证券公司客户资金账户),以此正面引导投资者通过合法、正当渠道进行海外资产配置与投资,保障投资者资金与个人财产安全,监测资本有序流动,顺应人民币国际化
	上市公司监管系统风险识别模块项目	项目通过内置的近百个由执业经历丰富的专业会计师设计的指标模型,通过指标变动趋势和相关性分析,以及与行业数据的对比分析,提示监管人员辖区内上市公司财务报表存在的风险迹象,对识别出的风险迹象,系统会给出通常的检查方法,以帮助监管人员进行现场检查
	基于区块链和大数据技术的投资者权益保护系统	通过区块链技术解决投资赔偿过程中投资者身份认证、通知送达、损失计算等核心环节的信任、效率、司法有效性等问题,提升南京证券保护投资者合法权益的能力,丰富南京证券服务投资者的技术手段,满足多元化投资者服务机制建立的要求
	基于区域股权市场区块链试点的项目培育和跨地区合作	基于证监会区域股权市场区块链试点,依托自身的产业链优势,探索区块链上中小企业培育和服务新模式,有效提升企业路演、挂牌申请等业务的服务体验,开创区域数字金融生态新局面
	信用风险预警监控系统	通过构建信用风险预警监控系统,利用证券风险预警、客户画像、离线指标批计算、实时指标监控等模块,对风险进行高细粒度的把控,对影响公司目标实现的潜在事项或因素进行全面识别、系统分类,确保在压力情景下的风险可测、可控、可承受,解决了事前风险甄别和预警、事中风险监控和处置的难题
	证券行业反洗钱智能甄别分析平台	项目基于证券行业的反洗钱监管要求,结合特定业务场景及其工作特点,为证券行业的反洗钱业务量身定制智能甄别分析平台。平台通过乐高式模型智造、全景式风险画像、动态式一键报告,提供高效自动的可疑线索甄别能力,实现了弹性灵活的模型构建方式,满足了用户对可疑交易进行精准监测和高效甄别的需求,进而提升了证券行业反洗钱合规业务效率、降低合规成本

续表

地点	项目名称	主要内容
南京	基于区块链的中小微企业预披露数字存证服务平台	构建服务生态,探索解决四板市场数据真实性问题。尝试把数据存证服务与四板链上服务有机融合,践行注册制改革精神。基于存证信息构建多维度的企业数字画像,提供决策支持
	资产托管核心业务系统	南京银行资产托管核心业务系统满足监管政策性要求以及满足资产托管业务发展需要,实现对托管产品的全生命周期管理。同时运用流程自动化、图像识别、自然语言处理等技术,开发不同功能属性的机器人,嵌入到各类业务环节,替代部分人工操作。根据业务程序的处理规则,机器人各司其职,与智能化资产托管核心业务系统在托管业务"生产线"上形成"人机交互"、协同作业
	基于区块链的S基金交易平台	通过建设基于区块链的S基金交易平台,利用区块链的不可篡改、可溯源等特性,实现私募基金份额登记、质押、转让、资金结算、信息披露、估值分析、市场参与方管理、统计汇总、数据报送等功能
	基于人工智能的投行债券数字工厂	项目锁定债券承做和承销环节,利用科技手段赋能业务、提升质量,打造基于人工智能的投行债券数字工厂,助力债券业务飞跃式发展。主要业务包括打造智能化项目运作体系和构建高效互联互通机制

顺应地方金融科技发展的集聚特点,金融科技人才的区域集聚效应也较为明显,长三角地区人才相对集中,粤港澳大湾区金融科技人才呈阶梯分布,成渝地区是西部人才集聚地,其他地区普遍存在金融科技人才基础薄弱问题。

三 金融科技赋能绿色金融的必要性与可行性

(一)绿色金融需要利用金融科技实现提质增效

1. 绿色金融提质增效的难点

绿色金融深化发展需要摆脱多重困境,而传统发展基础与配套机制等逐渐无法支撑绿色金融提质增效的新需求。一是绿色金融供给侧与需求侧未充分挖掘。在供给侧，出于金融机构赢利性与安全性的要求，金融机构多数将绿色资金投向绿色领域的大型企业、国有企业等需求相对饱和的市场主体，可能导致后期绿色金融供给增速缓慢；而在需求侧，小微企业由于绿色信息披露的有限性，难以获得绿色金融支持。因此，绿色金融的供需矛盾亟待解决。二是绿色金融的成本控制与效益实现的矛盾。由金融向绿色金融发展衍生出更多对基础设施和技术研发的需求，如绿色识别、绿色统计、绿色效益评价等要求的增多，相关内容将增加金融业务操作流程的复杂性与专业度，导致银行业等金融机构在信息、技术和人才方面的投入成本提升，在一定程度上削弱了金融机构开展多元化绿色金融服务的积极性。此外，绿色金融发展尚处于初期，绿色溢价尚不显著，在赢利空间有限的情况下成本控制与效益实现之间的矛盾影响了绿色金融的深化发展。

2. 金融科技助力提质增效的着力点

一是加强绿色金融供给侧与需求侧的信息交流。金融科技可充分发挥云计算、大数据、人工智能、区块链等高新技术优势，以主体与项目为抓手，赋能绿色金融精准快速支持产业升级与转型。依托区块链、大数据等技术的关键词检索与匹配功能，在既有供给与需求库中实现快速扫描与链接，有效推动绿色供给方与需求方匹配，减少信息不对称导致的供需错位，提高绿色金融服务的及时性，促进绿色业务快速识别和资源优化配置。

二是降低绿色金融的运营成本。以人工智能、云计算的虚拟化与网络分析为承载，充分发挥其高效检索与自动计算等优势，金融科技可简化烦琐重复的操作流程，降低错误率，提升金融机构的处理能力与效率。同时，金融机构还可依靠对绿色客户的精准画像，有针对性地推送相关产品和服务，为客户提供定制化、吸引力的产品和服务，更好地实现降本增效。

（二）绿色金融需要利用金融科技强化产融衔接

1. 绿色金融强化产融衔接的难点

随着绿色金融发展阶段的深入，产融衔接成为引导产业绿色化发展的重要路径，但也面临着巨大挑战。相较于发达国家，我国要在更短时间内实现碳中和，意味着产业对路径规划的容错率较低，技术资金需求量加大，这给产业技术升级与金融支持的及时性都提出了更高的要求。此外，多元的产业类型、不同领域间的壁垒都使金融需具备更加专业的能力以匹配产业转型升级过程中的新兴核心需求，在落实自身风险控制的前提下为产业提供充足资金。

2. 金融科技助力产融衔接的着力点

金融科技的应用可为国家推动产融合作、服务实体经济注入全新动力。例如，通过数字化、平台化、智能化技术，在提升产业数字化水平的同时提高绿色金融基础设施水平，建立"绿色数据要素库"，以此作为产业与金融对话的桥梁，为绿色金融与产业间识别壁垒的降低提供支撑。同时，可运用人工智能算法、大数据等对不同产业形成标准化绿色项目目录与关键词库，增强绿色金融工具对绿色项目和绿色主体的识别能力，从而为产业精准提供绿色金融支持。

（三）绿色金融需要利用金融科技强化风险管理

1. 绿色金融风险管理的难点

环境与气候的变化影响着政策导向、环境资源与市场偏好，并导致不同阶段下物理风险与转型风险的持续变化，对既有与新兴风险进行有效管理成为绿色金融深化发展的重要工作之一。物理风险与转型风险可能导致部分产业出现资产"搁浅"，并基于对资产负债表的影响而向金融机构蔓延，增加"不良资产"或"坏账"，最终引发金融风险乃至系统性风险。近年来我国虽日益重视对相关风险的识别与防范，但仍处于探索阶段。一是风险识别困难。由于气候变化风险具有复杂性，且历史风险的推演样本及数据稀缺，风险传导机制仍不明晰，金融机构及企业对相关风险的感知不敏锐，对既有风险的识别与预警意识不强。二是风险评估困难。环境与气候风险的非线性和非均衡性特征使风险传导与影响机制无法完全被风险评估模型捕捉，叠加金融环境、政策影响等因素的交叉影响，评估难度更大。三是风险管理困难。当前金融机

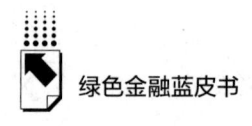

构对环境与气候风险的防范与应对能力仍相对薄弱,绿色金融技术人才的不足及风险监测与预防能力的欠缺,降低了金融机构应对潜在、新兴风险的水平。

2. 金融科技助力风险管理的着力点

一是金融科技助力物理风险管理。物理风险是指与气候变化相关的灾害及人类和自然系统的脆弱性相互作用而产生的风险,既包括风暴、洪水和热浪等极端天气造成的经济损失,也包括海洋酸化、海平面上升等气候模式长期变化所造成的影响。运用遥感、物联网和人工智能等金融科技手段,可以精准搜集、识别和处理引发物理风险的地理空间数据,有效降低绿色金融的物理风险。二是金融科技赋能转型风险管理。转型风险是指应对气候变化政策、技术创新、市场情绪及消费者偏好等因素的变化所带来的经济或金融风险[1]。运用金融科技手段,可以将环境压力评估、抵质押物评估、信用风险回归等量化动能内嵌至金融机构的审批与风险监管系统中,从而降低金融机构绿色转型的资产"搁浅"风险。

四 金融科技赋能绿色金融的主要做法

(一)提高绿色金融识别质效

1. 构建绿色金融识别及统计管理系统

金融科技是解决绿色贷款统计数据多口径报送、手工报送效率低及数据质量有待提升等问题的有效手段,目前多个国家级绿色金融改革创新试验区和多家商业银行完成相关建设并投入使用。

就国家级绿色金融改革创新试验区的实践而言,通常是由政府搭建平台,统一并规范报送、披露等相关要求,通过规模化的推广与应用提高绿色金融发展效率。例如,中国人民银行衢州市中心支行会同市金融办、银监局共同开发建设绿色贷款专项统计信息管理系统,该系统以贷款统计口径统

---

[1] IMF, "Global Policy Agenda", 2019.

一、管理部门数据共享、系统自动化生成、贷款统计信息应用为定位,融合中国人民银行、银保监会对绿色贷款的统计用途,并增设衢州市重点特色贷款用途,形成衢州市绿色贷款统计标准。运用金融科技的力量减少银行机构的重复劳动,降低数据差错,强化数据应用。

商业银行为提升金融服务质效,运用大数据、人工智能等金融科技手段,实现了绿色业务智能识别、环境效益自动测算、环境风险多维监测、绿色资产管理、一键监管报送等功能。以江苏银行的绿色金融系统建设为例,其主要包含四方面的功能:一是开展绿色贷款业务认定工作,将企业、项目、资金流动等数据进行汇总分类,通过相应的判定逻辑自动判定是否为绿色业务及所属标准的具体分类,并在业务分类的基础上建立环境效益测算模型,对绿色贷款进行效益测算;二是开展"赤道原则"项目判定工作,根据项目的基本信息自动判断"赤道原则"的适用性、项目的环境与社会风险分类等级,并实时监测潜在风险;三是构建适合江苏银行客群特征的 ESG 评级体系,通过收集与分析客户的属性信息,利用数学模型对客户信息进行归纳总结,形成客观真实的客户画像,并据此打造新一代对公客户画像体系;四是构建绿色客户识别模型,面对绿色项目识别口径不统一、绿色产业识别难、绿色产业覆盖范围广等问题,综合考虑企业基本信息、ESG、环保等方面的情况,对企业的绿色等级进行判别,从而识别出潜在的绿色金融客户。

2. 搭建绿色金融环境信息披露自动化平台

环境信息披露是发展绿色金融的关键性举措。2021 年 7 月,中国人民银行发布了《金融机构环境信息披露指南》,对金融机构在环境信息披露过程中遵循的原则、披露形式和披露内容做出要求,并分别对不同类别的金融机构提出不同的披露建议。建议金融机构每年至少对外披露一次本机构的环境信息,可以选取不同的披露形式对外披露,鼓励编制和发布专门的环境信息报告。基于未来环境信息披露将在更大范围推广的必然趋势,运用金融科技提高环境信息披露的效率成为重要途径。例如,中央财经大学绿色金融国际研究院创新开发金融机构环境信息披露线上系统,通过系统化、自动化、大数据处理功能,实现自助填报并生成环境信息披露报告的功能,同时为填

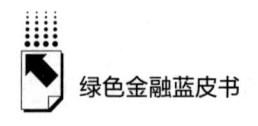

报机构形成历年环境相关信息数据库,助力机构的环境绩效管理,也通过独立账户的形式保障机构信息的安全性和隐私性。

在实践中,多地开始运用金融机构环境信息披露平台提高披露质效。例如,中国人民银行杭州中心支行一方面打造全省统一的环境信息披露数字化平台,对辖内金融机构开展环境信息披露进行模板化、流程化管理,并在平台上定期监管、评价反馈与统计分析,部分地区适当增加转型金融披露要求;另一方面,提供模块化、智能化服务,按照模板填写可自动生成环境信息披露报告,避免金融机构重复工作。平台同时搭载环境效益测算、碳核算等定量测算工具,并与地方碳排放数据平台实现联通,进一步增强了数据与信息的共享应用。

(二)强化绿色发展产融衔接

1. 搭建产融对接的绿色信息平台

绿色信息平台是基于大数据、人工智能、区块链和云计算等信息科技,实现对绿色金融信息的实时采集、分析、监测和共享,涵盖绿色产业信息汇总、信贷产品信息提供等多个方面内容的专业信息平台,可服务于金融监管部门、银行等金融机构以及企业和个人。对于监管机构而言,绿色信息平台可有效提升金融监管部门的效率,帮助其实时了解绿色金融领域的发展情况和变化趋势。对于金融机构而言,绿色信息平台可为其更加直接地提供绿色企业或绿色项目标的信息,拓宽绿色金融的业务范畴。对于企业而言,一方面,绿色信息平台可运用大数据技术为其开展绿色评估提供支持,进而为其获取绿色相关认证提供指导;另一方面,绿色信息平台可提供最新的绿色产业支持政策和更多类型的绿色金融产品与服务,促使其更迅速地了解绿色产业政策并获得融资。

以四川省"绿蓉通"平台为例,该平台是为推进绿色金融改革、促进金融业支持民营经济发展而构建的绿色金融综合服务平台,通过人工智能、云计算、大数据等金融科技赋能金融机构,推动金融机构与实体企业的高效对接,助力金融机构提升绿色金融服务质效,同时也在一定程度上缓解了生产企业在低碳转型及绿色升级过程中的融资问题，具有信息披露、供需对接等多种功能。2022年，四川省持续推进"绿蓉通"的优化升级工作，并推动创新地方碳账户体系的金融应用场景，围绕生态保护、生态价值实现等环节引导金融机构持续开展创新性绿色金融产品研究和发布工作，截至2022年底，该平台已有25家银行入驻，共发布金融产品87款，帮助生产企业获得贷款超40亿元[①]。

2. 建立自动化绿色评级和筛选机制，加强精准对接

自动化评级和筛选绿色客户是一种利用大数据、人工智能和机器学习等技术，从客户的财务、经营和环境数据中提取关键指标，并根据指标对客户进行绿色评级和筛选的机制，旨在确定客户是否符合绿色金融相关标准，并筛选出具有绿色融资需求的潜在客户，为其提供适配的绿色金融产品和服务。通过金融科技自动化评级和筛选绿色客户，能够更高效地分析大量客户数据，并自动识别和筛选出具备绿色可持续性的客户。该机制具备显著的技术优势。一方面，通过自动化技术，能够快速对大量客户进行评估，节省时间和人力成本，将客户按照绿色可持续性进行分类，帮助金融机构和投资者更好地了解客户的环境风险和可持续性；另一方面，金融机构可以根据评级结果为潜在客户提供有价值的服务和产品，基于大数据技术进行客户风险监测和预警，及时发现潜在风险。

2022年5月，平安银行推出了个人碳账户平台"低碳家园"，该账户体系由平安银行、中国银联和上海环境能源交易所共同打造。该平台为用户提供全方位的日常交通出行碳减排核算服务，并采用双重价值体系来衡量用户的绿色能量和碳减排量，以量化和评估持卡人的日常绿色行为，即通过公交出行、地铁出行、公共缴费、共享单车、新能源充电和高铁出行6个场景来累积碳减排量，向用户展示绿色行为的量化核算数据，同时以客户的绿色行为为依托，丰富零售端的绿色金融应用场景，即与新能源车

---

① 《四川：建设绿色金融改革创新的"新都样本"》，新华社，http://www.ce.cn/cysc/newmain/yc/jsxw/202211/25/t20221125_38252470.shtml。

贷、ESG 投资和绿色助农等银行业务板块进行结合推广，助力精准高效拓展绿色客户。

（三）赋能绿色金融风险管理

金融科技可以通过大数据分析、人工智能和机器学习等技术，评估气候相关风险的潜在影响和概率，并且通过风险模型更好地识别和控制相关风险。

1. 助力物理风险管理

以绿色保险为例，据统计，过去 20 年极端天气导致的按通胀调整后的保险损失增加了 5 倍[1]，自然灾害频发导致保险公司的绿色保险赔付率上升，从而降低了公司资产负债表的稳健性和企业绿色经营的持续能力。保险公司可以利用金融科技手段进行地理空间映射，对农业、建筑和财产边界进行检查，同时通过人工智能、机器学习等算法将海平面上升等风险因素纳入气候模型及相应的投资风险分析[2]，这些数据测度了气候风险敞口，优化了风险资本配置，提高了保险公司的承保能力，提升了保险公司对风险的响应效率。

以平安集团的鹰眼系统 DRS 2.0 为例，该系统通过大数据、机器学习、卫星监测等科技手段将自然环境、人工智能、保险数据充分融合，构建了系统的自然灾害风控体系，全面提高了集团的气候风险管理水平。该系统具备对地震、台风、暴雨等自然灾害的识别和预警能力，能够帮助平安集团提供更全面的地质及气象灾害保障服务，同时也能通过大数据分析识别短期和长期气候风险，助力平安集团应对气候变化所带来的挑战。据估计，自该系统投入使用以来，已帮助客户减少因自然灾害所造成的损失约 2 亿元，同时推动平安集团自身进行业务拓展，实现各类保费增收累计超 5000 万元[3]。

---

[1] Breeden, S., "Avoiding the storm: Climate change and the financial system," Official Monetary & Financial Institutions Forum, 15 April, 2019, London.

[2] 阿勒普·库马尔·查特吉:《气候金融科技的兴起》, https://blogs.adb.org/index.php/zh/rise-climate-fintech。

[3] 《平安产险鹰眼系统 DRS 2.0》, http://www.cbimc.cn/content/2023-03/03/content_478214.html。

2. 助力转型风险管理

为实现"双碳"目标和全球2℃气候目标，大量化石能源储备和相关碳密集型实物资产均面临价值重估的风险，资产价格的不确定性加剧了金融市场的不稳定性。以银行业金融机构为例，为控制金融机构向低碳转型的绿色经济成本和市场风险，金融科技可以将环境效益测算公式及风险参数要求嵌入绿色业务全流程的测算系统中，通过综合评估模型（IAMS）的数据输出结果组合分析特定气候情景下行业、资产的变动情况，把握投资组合的气候风险集中度，并将抵质押物选择、绿色信贷投放等业务选择的行为偏好控制在气候情景和压力测试范围内，防止气候风险传导并集中在银行端。

中国邮政储蓄银行积极运用金融科技赋能转型风险管理，将企业环境数据录入"金睛"信用风险监控系统，借助"邮储大脑"、数据创新实验室等技术对客户的环境与气候风险进行实时监控，再对客户的环境与气候风险进行等级划分，并将客户风险情况实时推送给客户经理等各个业务环节的工作人员，全面提高银行对客户环境与气候风险的管理效率和精准度，降低了客户在转型过程中出现资产"搁浅"与贬值而引发流动性风险的可能。

五 地方利用金融科技赋能绿色金融发展的建议

（一）不断优化绿色金融科技发展的政策环境

大数据、云计算、人工智能等金融科技底层技术不断成熟，但在赋能绿色金融发展方面尚处于初级阶段，应建立健全相关政策体系，不断优化绿色金融科技发展的政策环境。一是在相对成熟的绿色金融标准体系中明确金融科技的应用，除推动绿色金融科技标准出台外，还可将金融科技作为绿色企业评价、绿色项目评价、绿色认证等部分绿色金融标准落地的重要支撑，探索通过"标准+科技"的手段强化绿色金融标准的可执行性，扩大标准覆盖范围。二是以应用场景为抓手，加快推进成功经验的普及，如 ESG 数据库、环境效益测算和环境风险管理平台是金融科技助力绿色金融发展的先行试

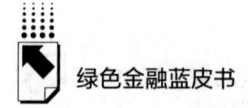

点,已在多个地区、多家金融机构开展试点应用,具备普及推广条件,可作为各地区发展绿色金融的先期工作加快部署。三是注重强化数据监管与技术监测,数据准确与技术创新是金融科技长期服务绿色金融风险监管的基础。基于对数据安全性、隐私性等应用的要求,在数据相关法律法规尚不健全的情况下,针对绿色金融相关数据运营出台"负面清单",即明确不合理运用绿色数据的范畴,一方面防范重大的数据使用风险,另一方面顺应不断变化的发展趋势,防止极端严格的使用要求抑制创新。

(二)在具备条件的领域率先推动绿色金融科技的运用

多元化、多层次金融体系的融合发展已成为必然趋势,金融科技赋能绿色金融可有效提升绿色金融服务的深度,扩大绿色金融服务的广度。一方面,金融机构要在现有金融科技支撑的基础上,将区块链、大数据、人工智能等广泛应用于主体和项目的绿色评级,环境、社会和治理评价,以及环境与气候风险评估与防范,积极推进自动化收集行业企业的环境数据、工商数据等并根据需求进一步处理,有效规避过往绿色金融业务中既有的数据缺失与误差,提升绿色金融服务的效率,提升信息透明度与可信度,并在保障数据安全性的情况下挖掘绿色金融业务的更多潜力。另一方面,金融机构要深度融合金融科技在绿色金融多样化场景中的运用,例如依托金融科技开发特定算法与模型对企业客户进行"绿色画像",根据结果快速查找并匹配优质客户进行绿色评估,根据分级有针对性地开展优惠贷款营销。将大数据、云计算植入银行信息披露或风险控制系统,对不同行业外部与内部因素和数据进行实时收集、监测,定期调整并开展信息披露。同时,对既有环境与气候风险及可能衍生的风险进行评估、监测,及时调整投融资策略与风险管理方案。

(三)先期加快推进数据信息披露与整合

数据是金融机构制定投融资与风控决策、优化资源配置的核心因素,也是绿色金融科技不断深化发展的重要支撑。绿色数据涉及领域众多,因此要加快打破当前大部分地区未建立互通归集的绿色数据平台的瓶颈，将对于开展环境信息披露、绿色主体评级等较为关键的绿色数据进行集中，改变当前数据分散的情形，通过数据整合提高数据的稳定性与覆盖内容的广泛性。具体来看，一是加强全国各地对存量数据的统一收储与管理，委托大数据局或成立联合数据小组专职负责地方政府数据的整合，梳理各部门必备工作数据清单，由数据负责部门统一开展新增数据的收集工作，从而降低多个部门重复收集与统计的成本。二是提升整合数据的精准度与可用性，在利用技术抓取数据的基础上，充分发挥金融科技智能化分析和计算的优势，对相关数据进行优化分类，提升信息基础设施平台内数据的直接使用程度，减少部门在调取数据后验证的工序。

（四）发展更加活跃的金融科技市场环境

第一，建立绿色金融与金融科技复合型人才梯队，探索产、教、研三位一体的绿色金融科技合作模式。第二，与第三方金融科技公司合作，提高数字技术应用能力，发挥人工智能、大数据、云计算、物联网等技术的价值，为绿色投融资提供依据，如因地制宜地构建本地的绿色标签知识图谱、绿色深度识别模型、绿色风险防控模型、绿色资产管理系统、绿色信贷系统、环境风险监测预警系统、ESG 评价工具系统等。第三，积极推动产业的数智化改革与绿色金融科技进行衔接，利用科技手段进行信息披露，实现绿色产业信息的有效获取、应用，降低绿色金融一线从业人员的工作难度，提高绿色投融资效率。

技 术 报 告
Technical Report

B.6
地方绿色金融发展指数构建说明及评价结果相关性报告（2023）

金子曦 傅奕蕾*

摘 要： 本报告构建了地方绿色金融发展指数，用以反映全国31个省份在绿色金融领域的政策体系与市场效果工作进展。在指标选取和数据获取的过程中，以客观性、公平性、可比性、科学性等为原则。指标分为定性与定量两类，通过标准化评分方式得出31个省份的单项指标得分，并以专家打分法确定指标各部分权重，最后加权汇总计算出指标结果。此外，本报告选取了地方产业绿色化发展水平作为验证变量指标对地方绿色金融指数评价结果进行了相关性研究。地方产业绿色化发展水平指标具体通过绿色产业经济贡献、绿色产业就业机会、绿色技术创新、资源利用效率、环境影响、可持续发展6个方面进行评价。研究

---

* 金子曦，中央财经大学绿色金融国际研究院研究员，研究方向为产业经济、碳金融、绿色产业；傅奕蕾，中央财经大学绿色金融国际研究院研究员，研究方向为绿色产业、绿色金融工具、转型金融。

结果表明，地方产业绿色化发展水平与地方绿色金融发展水平在政策推动评价和市场效果评价方面均具有较强正相关性。

关键词： 绿色金融　产业绿色化　指标体系

一　地方绿色金融发展水平评估体系构建背景

在推动中国经济社会高质量发展过程中，绿色金融起到了举足轻重的作用。自2017年6月14日国务院常务会议决定在浙江、江西等五省（区）八地（市）设立首批国家级绿色金融改革创新试验区以来，中国绿色金融加快发展。全国各省份积极出台各类绿色金融支持政策，完善绿色金融市场监管体系，为绿色金融市场健康有序发展保驾护航。

中央财经大学绿色金融国际研究院（简称"中财大绿金院"）在绿色金融改革创新试验区设立一年后开始对中国各省份在绿色金融领域的政策推动、理念普及、能力强化、市场发展等各方面情况进行分析和对比，并发布了《地方绿色金融发展指数与评估报告（2018）》，记录中国地方绿色金融的发展。

如今，首批绿色金融改革创新试验区的五年试验期满，中财大绿金院在先前研究报告的基础上，结合各地绿色金融发展新动态，更新优化了绿色金融发展指数的指标体系，发布《中国地方绿色金融发展报告（2023）》。中财大绿金院一直以来注重绿色金融数据库的建设，对数据进行客观分析，对有特色的绿色金融案例进行剖析，为各地区的绿色金融发展提供思路。特别需要说明的是，参与评价的31个省份中不包括香港、澳门和台湾。

此外，为了更加科学地探究影响地方绿色金融的发展因素，本报告对评价结果进行了相关性研究，从而更加直观地认识各地区的绿色金融发展进程。

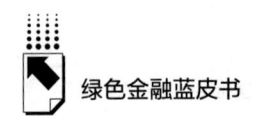

二 地方绿色金融发展指数构建方法

构建地方绿色金融发展指数的指标体系对科学地开展各省级绿色金融发展评估工作具有重要意义，科学合理的指标体系构建决定了绿色金融发展评价结果的说服力与权威性。指标体系构建涉及指标选取原则、指标体系层次构建、指标的选取以及计算方法的选择等多个方面。

（一）地方绿色金融发展指数的指标选取原则

2022年地方绿色金融发展指数的指标体系延续了2021年的指标体系，将地方绿色金融政策体系、市场进展等作为重要考量，在指标设计时注重指标与指数之间的相关性、数据可得性等因素，并将客观性、公平性、可比性、科学性作为基本原则，贯穿从数据库构建、数据收集至报告出版的全过程。

1. 客观性

本报告中所使用的信息及数据均来源于公开资料，如公开年报、政府统计年鉴、政府官网、地方发改委官网等，且指标本身不涉及主观评价，从而确保指标数据的客观性和准确性。

2. 公平性

本报告的撰写由中央财经大学绿色金融国际研究院完成，报告撰写方为与各地政府无利益关联的第三方智库机构，故在指标体系构建、数据信息收集、数据分析评价方面不存在地区偏向，确保评价结果的公平性。

3. 可比性

近年来中国绿色金融市场的迅速发展在一定程度上导致了相关数据存在较大波动，因此在指标选择过程中特别考虑了相对指标和绝对指标、存量指标和区间指标、定性指标和定量指标等的平衡，尽量避免某个特定指标的波动对评价结果产生影响，从而保证评价结果的可比性。

4. 科学性

为更直接地体现绿色金融政策落地效果和各地绿色金融整体发展水平，编撰者在指标选择中重点选择了受绿色金融发展直接影响的指标，如绿色信贷、绿色债券市场概况以及绿色上市公司发展情况等，此类指标受外界因素干扰程度较小，更能反映当地绿色金融发展状况。间接指标如节能环保效果指标等，受各地统计口径不一等因素影响，无法准确反映当地绿色金融发展状况。因此，为确保报告整体的科学性，编撰者对这类指标进行相关性分析，但不计入指标得分中。

（二）地方绿色金融发展指数指标体系构建

2022年地方绿色金融发展指标体系概览如表1所示，为保障评估的客观独立性，避免受评对象依照评价指标有针对性地开展工作，同时阻碍当地绿色金融创新，本报告中仅展示指标概览。

表1 地方绿色金融发展指标体系概览

一级指标	二级指标及下属的三级指标举例
绿色金融政策推动措施	省级综合性政策引导情况，如省级绿色金融纲领性指导、转型金融、绿色金融风险防范及管理等文件发布情况，省级政府绿色金融战略合作推进、绿色金融专题会议召开情况等
	市级综合性政策发布情况，如开展区域绿色金融、气候投融资试点情况，辖内指导金融机构开展信息披露的政策，市级绿色金融战略合作情况等
	省级、市级绿色金融工具、绿色金融支持产业发展、绿色金融激励等专项政策发布情况
	绿色金融配套设施建设情况，如绿色信息共享平台、绿色金融投融资平台、绿色金融标准、绿色金融服务设施等
	绿色金融自身能力建设进展，如绿色金融专业协会、绿色金融学术及培训活动、绿色金融研究机构等
绿色金融市场实施效果	银行领域，如绿色贷款余额、绿色贷款国际倡议签约机构、绿色专营机构挂牌情况等
	证券领域，如绿色债券、绿色ABS、转型债券发行情况，上市企业ESG表现等
	基金领域，如绿色基金发行情况
	保险领域，如绿色保险险种创新、绿色保险国际倡议签约机构等
	环境权益领域，如碳排放权、用能权、排污权、水权交易情况及产品
	国际合作领域，如UN PRI等国际国内倡议的签约机构数量

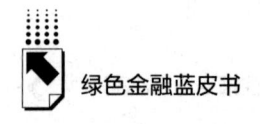

1. 指标分级

2022年地方绿色金融发展指数指标体系与2021年保持一致，将指标体系分为3个层面，一级指标与二级指标分别由下一级指标合成，综合体现绿色金融发展状况，三级指标由实际信息数据构成。

2. 指标选取办法

指标的选取与归类划分遵循严格的逻辑体系，不仅要考虑受评对象各方面的绿色金融发展水平，而且要避免指标之间相互重叠、关联。分层级来看：①一级指标的构建重点关注政府层面绿色金融的政策推动力以及市场层面绿色金融的政策落地效果，重点体现政府对绿色金融发展的支持效率；②二级指标是对一级指标的细分展开，包括政府各类政策推动情况、便利措施情况、不同领域绿色金融发展的评价等；③三级指标的选取综合考虑其对二级指标的代表性以及数据的可得性。

值得注意的是，2022年地方绿色金融发展指数的指标体系在先前指标体系的基础上进行了优化更新。近年来，得益于绿色金融政策体系的逐步完善，我国绿色金融进入高速发展阶段，标准体系、激励约束、监管考核机制不断完善，自2016年《关于构建绿色金融体系的指导意见》开启了中国绿色金融发展的元年以来，各类绿色金融标准体系、激励约束规则、监管考核制度逐步出台并完善，进一步规范了绿色金融市场秩序，促进绿色金融市场全面健康发展。因此，2022年的指标体系根据一年来地方绿色金融发展的新业态、新进展，结合统计数据来源的可靠性与连续性，增减了部分指标，如更加重视金融机构的环境信息披露情况，同时对部分指标的权重进行调整，如基于当前绿色金融政策体系逐步健全的背景，提高市场维度指标所占比重，以更好地考量政策引导下的市场反应，提高指标体系的准确性和全面性，使指标体系更加科学客观。

（三）指标打分与指数合成方法

指数由各三级指标的数据合成，具体而言遵循以下流程：①赋予各个指标标准化打分；②给各个指标赋予不同的权重，根据指标得分计算出地方绿色金融发展指数。

1. 指标打分方法

若指标是定性指标,则满足条件时得 100 分,不满足条件时得 0 分。若指标是定量指标,则对同一时间段(点)的指标进行横向比较后进行标准化,再予以赋分。如果指标为正向指标,则指标在横向比较时该省份表现越好,得分就越高。以省份 X 的指标 A 得分为例:

$$100 \times (A_x - A_{\min}) \div (A_{\max} - A_{\min})$$

其中,$A_{\max}$ 为各省份指标 A 的最大值,$A_{\min}$ 为各省份指标 A 的最小值。

若指标为负向指标,则指标值在某省份表现越好,该省份得分越低。以省份 X 的指标 B 得分为例:

$$100 - 100 \times (B_x - B_{\min}) \div (B_{\max} - B_{\min})$$

其中,$B_{\max}$ 为各省份指标 B 的最大值,$B_{\min}$ 为各省份指标 B 的最小值。

特别说明,由于报告中的数据均来自公开数据,因此当某省份指标所涉及的数据未披露、不确定或者无法判断时,均以 0 分计入。

2. 指标权重确定

2022 年地方绿色金融发展指数指标权重的赋值沿用 2021 年指标体系的专家打分法。

三级指标过多、数据干扰过大易造成专家打分法的准确性降低,因此专家打分法更注重对二级指标的权重进行赋值。20 余名绿色金融多个细分领域的专家受邀参与本次评分,以问卷的形式对二级指标的评价权重进行收集,综合确定二级指标的权重。三级指标的权重在二级指标的范围内均分。

假设第 m 个二级指标的权重为 a_m(所有二级指标的权重和为 1),该二级指标项下三级指标的个数为 n,则该二级指标下任一三级指标的权重为:

$$a_m \times \frac{1}{n}$$

该赋权方式可以让某评价维度的权重免受三级指标数量的干扰，同时也能更好地依据绿色金融发展的不同周期，对不同指标赋予不同权重，以体现其在此周期里的重要程度，增强评价体系的科学性。

（四）绿色金融发展指数评价周期

为综合评价包括国家级绿色金融改革创新试验区所在省份在内的全国各省份的绿色金融发展水平，本报告评价周期即2022年评价周期为2022年1月1日至2022年12月31日。

（五）数据来源及局限性

本报告所用基础数据，基本上来自中央财经大学绿色金融国际研究院所建设的地方绿色金融数据库。数据库里的数据源于官方公开的数据，最大限度地保证了报告的公平性、准确性。但同时，受到获取渠道、各地信息渠道建设能力差异性、地方信息披露详略程度的影响，在资料的全面性方面存在一定局限性，或将导致一定程度上结果的差异性。同时为了更好地提升数据的全面性、真实性、准确性，在此次评价周期内课题组向31个省份的金融管理部门提供相关数据、信息的征询函，作为地方绿色金融数据库的有效补充。在此非常感谢相关地区及部门在绿色金融信息披露方面给予的大力支持。此外，我们欢迎各界为中财大绿金院的数据库提供相关的数据信息和资料，进一步提高评价结果的准确性（提供的内容将仅用于本系列报告）。

三 地方绿色金融指数评价结果相关性

（一）变量指标选取

通过对已有数据进行归纳汇总，结合逻辑推理，课题组主要选取地方产业绿色化发展水平作为验证变量指标，对能反映该指标的数据进行归纳整理并计算总分，从而对绿色金融政策推动以及市场效果进行评价并进行逻辑推理。

在分报告《地方产业绿色化与绿色金融协同报告》中，将绿色产业经济贡献、绿色产业就业机会、绿色技术创新、资源利用效率、环境影响、可持续发展作为核心指标。

考虑到数据的可获得性与实用性，具体指标如下：衡量绿色产业经济贡献的指标有规模以上绿色产业总产值、规模以上绿色产业总产值占地区生产总值的比重、地区上市企业绿色收入、地区上市企业绿色收入占总收入的比重；衡量绿色产业就业机会的指标有规模以上绿色产业平均企业数量、规模以上绿色产业平均企业数量占工业企业总数量的比重；衡量绿色技术创新的指标为地区绿色低碳专利数量；衡量资源利用效率的指标有能源消费总量、单位 GDP 能源消费、用水总量、单位 GDP 用水总量；衡量环境影响的指标有二氧化碳排放总量、单位 GDP 二氧化碳排放强度、地区上市企业二氧化碳排放平均强度得分、国家地表水考核断面水环境质量得分、国家地表水考核断面水环境质量变化得分、空气质量得分、空气质量变化得分；衡量可持续发展的指标为地区上市企业 ESG 表现得分。通过对以上指标的统计与计算，并进行总结归纳，得出地方产业绿色化发展水平更高的地区，绿色金融发展也更完善。

2022 年全国 31 个省份地方绿色金融发展指数及验证变量指标得分如表 2 所示。

表 2　2022 年全国 31 个省份地方绿色金融发展指数及验证变量指标得分

单位：分

省　份	绿色金融发展指数			验证变量指标得分
	政策推动评价	市场效果评价	总体评价	地方产业绿色化发展水平
浙　江	39.31	23.09	62.40	64.43
广　东	32.08	25.34	57.42	88.38
北　京	23.85	33.36	57.21	67.42
江　苏	28.05	23.56	51.60	69.31

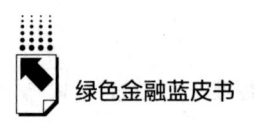

续表

省 份	绿色金融发展指数			验证变量指标得分
	政策推动评价	市场效果评价	总体评价	地方产业绿色化发展水平
山 东	24.51	19.53	44.04	39.61
上 海	22.32	16.76	39.08	58.42
四 川	26.52	11.70	38.23	40.37
福 建	20.91	16.91	37.81	51.99
江 西	24.01	10.25	34.26	43.89
贵 州	22.36	9.91	32.27	34.01
甘 肃	21.87	7.85	29.71	27.03
湖 北	17.04	10.91	27.96	43.68
新 疆	19.88	7.02	26.89	18.26
重 庆	16.28	9.55	25.83	54.81
安 徽	13.37	11.51	24.89	46.17
山 西	15.83	8.64	24.47	25.62
河 南	13.43	10.29	23.71	40.91
湖 南	15.62	7.60	23.21	42.36
陕 西	14.30	8.18	22.48	31.72
河 北	13.56	8.91	22.47	35.43
广 西	14.40	6.35	20.75	35.06
海 南	10.91	9.73	20.64	28.68
天 津	10.82	9.37	20.20	44.51
内蒙古	11.82	7.82	19.64	15.89
青 海	13.43	5.83	19.26	20.55
云 南	9.24	9.89	19.13	30.34
宁 夏	12.28	6.31	18.59	20.77
黑龙江	9.96	7.42	17.38	24.10
辽 宁	10.25	5.00	15.24	33.89
吉 林	8.85	6.20	15.05	45.13
西 藏	7.41	1.60	9.01	19.62

（二）方法学选取

统计学上常用的相关系数有 3 种：皮尔森（Pearson）相关系数、斯皮尔曼（Spearman）秩相关系数以及肯德尔（Kendell）相关系数。皮尔森相关系数用于度量两个变量 X 和 Y 之间的相关性（线性相关），其值介于-1与 1 之间。斯皮尔曼相关系数是衡量两个变量相互依赖性的非参数指标，它利用单调方程评价两个统计变量的相关性。如果数据中没有重复值，并且当两个变量完全单调相关时，斯皮尔曼相关系数为 1 或-1；若两个变量之间不存在相关性，则斯皮尔曼相关系数为 0。肯德尔相关系数是将 n 个同类的统计对象按特定属性排序，其他属性乱序，计算定义为同序对、异序对之差与总对数 $[n×(-1)/2]$ 的比值。

以 2022 年数据为主，对各指标得分做正态分布检验，并对空值予以忽略。若样本得分基本满足正态分布，则用皮尔森相关系数进行度量；若指标得分不满足正态分布，则使用斯皮尔曼相关系数验证。

本报告采用 Anderson-Darling 拟合优度检验[①]，使用 Python 计算 Anderson-Darling 统计量的值，主要是利用概率图的拟合线（通常要计算估计值）与非参数方程的加权平方和。这一检验的原假设（H_0）与备择假设（H_1）分别为：

H_0：指标得分服从正态分布；

H_1：指标得分不服从正态分布。

在判断过程中，P 值接近 0（<0.05）则拒绝原假设（H_0），即指标得分大概率不服从正态分布。

如表 3 所示，指标得分未能拒绝原假设，说明指标得分具有正态分布的特征，因此本报告相关性研究中对指标得分计算皮尔森相关系数。

---

① Anderson-Darling 统计量测量一组数据服从特定分布的情况如何。对于给定的数据和分布，拟合得越好，该数值就会越小。使用给定的 P 值来检验数据是否来自给定的分布，如果 P 小于 ∂（如 0.05），这时就拒绝原假设，数据不服从该分布。

表3 指标得分正态性检验结果

	地方产业绿色化发展水平
P 值	0.206
是否拒绝 H_0	FALSE

(三)相关性检验结果

我们对指标得分的皮尔森相关系数进行了计算,分别考察政策推动得分、市场效果得分和总体评价得分与地方产业绿色化发展水平的相关性。

如表4所示,皮尔森相关系数数值介于0与1之间,数值越接近于1,说明两个指标的正相关性越强。

表4 指标得分皮尔森相关系数计算结果

	地方产业绿色化发展水平
政策推动得分	0.664
市场效果得分	0.815
总体评价得分	0.788

从相关系数的结果来看,第一,政策推动得分、市场效果得分、总体评价得分与地方产业绿色化发展水平的正相关性均较强。相关验证符合逻辑推测,即绿色金融与地方产业绿色化发展相互赋能。

出于严谨性的考虑,我们对皮尔森相关系数进行了显著性检验。原假设和备择假设分别为:

H_0:相关系数等于0;

H_1:相关系数不等于0。

在判断过程中,P值接近于0(<0.05)则拒绝原假设(H_0),即相关系数不等于0。

检验结果显示（见表5）：第一，政策推动得分部分，地方产业绿色化发展水平的相关系数 P 值小于 0.05，说明政策推动得分与地方产业绿色化发展水平显著正相关；第二，市场效果得分部分，地方产业绿色化发展水平的相关系数 P 值小于 0.05，说明绿色金融市场实施效果受地方产业绿色化发展水平的显著影响；第三，总体评价得分部分，地方产业绿色化发展水平的相关系数 P 值小于 0.05，说明总体评价得分与地方产业绿色化发展水平显著正相关。

表5 指标得分相关系数及其显著性 P 值结果

		地方产业绿色化发展水平
政策推动得分	相关系数	0.664
	P 值	0.000
市场效果得分	相关系数	0.815
	P 值	0.000
总体评价得分	相关系数	0.788
	P 值	0.000

（四）相关性检验结论

地方产业绿色化发展水平与地方绿色金融发展水平具有较强正相关性（见图1至图3）。在政策推动层面，绿色金融支持政策引导资金流向产业绿色转型、绿色技术创新等领域，更好地发挥绿色金融的资源配置作用，同时通过引导绿色金融配套设施的建设，提高绿色金融服务产业的质效。在市场效果层面，绿色金融市场交易较为活跃的地区，绿色金融产品种类更丰富，绿色金融市场体系更完善，为绿色产业提供资金支持的渠道也更多元，对地方产业绿色化发展水平的提升作用也更显著。此外，地方产业绿色化发展水平的提高有助于扩大绿色产业规模，进而拓宽绿色金融的适用场景，进一步促进绿色金融产品创新，从而推动地区绿色金融市场快速发展。

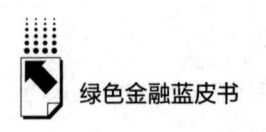

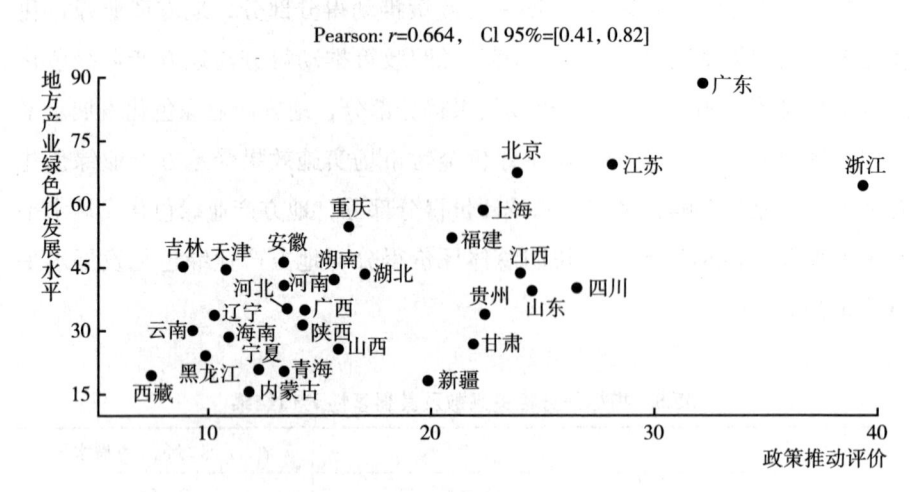

图 1 政策推动评价与地方产业绿色化发展水平矩阵图

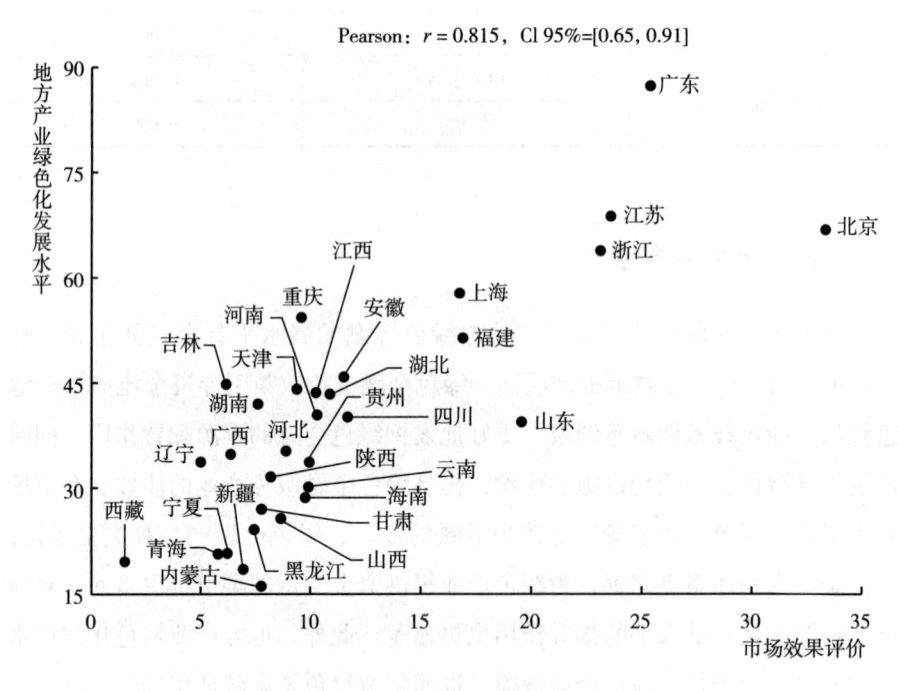

图 2 市场效果评价与地方产业绿色化发展水平矩阵图

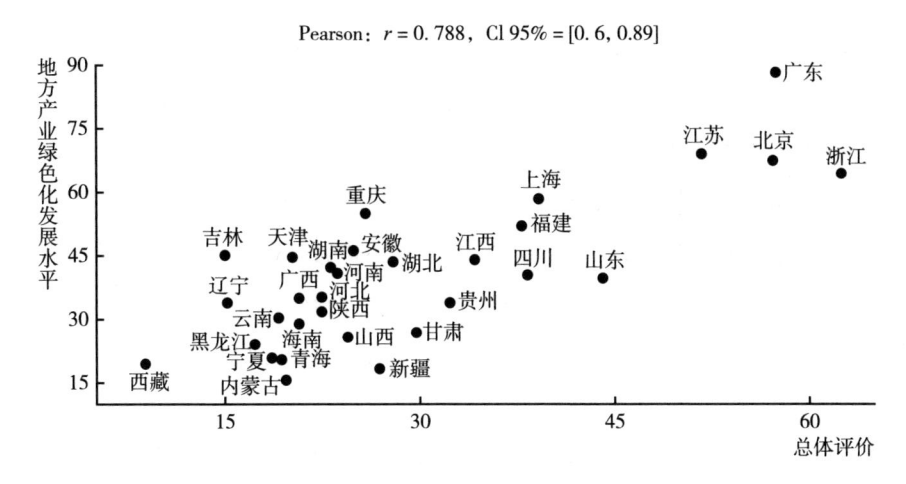

图3 总体评价与地方产业绿色化发展水平矩阵图

（五）地方绿色金融评价体系总结与展望

自2018年开始，中财大绿金院开始构建地方绿色金融评价指数，并基于指数的跟踪分析，对我国地方绿色金融发展进行记录，同时也希望能为更多地方发展绿色金融提供思路与支持。指数的设立以我国绿色金融体系构建的总体目标、重点任务等为依托，但由于数据来源具有一定局限性，因此在一定程度上影响了现有指标体系的设计。同时，在我国"双碳"目标引领下，绿色金融的内涵不断丰富，地方绿色金融的深化发展也使得我国地方绿色金融发展的主要矛盾、主要特点等发生改变，考虑到年度间的连续性，同时兼顾绿色金融发展的最新特点，本次指标体系在局部做了调整，但仍然具有较大的提升空间。

同时，本年度课题组建立了地方产业绿色化发展水平指标，以更好地研究绿色金融服务实体产业的内在逻辑与效果。当前我国绿色产业的规模和效益不断提升，从顶层框架设计、绿色产业发展重点到绿色金融支持的产业范围，以及相应的定量和定性考核指标，都在逐步完善中。作为年度评价报告，本指标体系的设计与指标的选择时间跨度较长，对我国地方绿色金融发

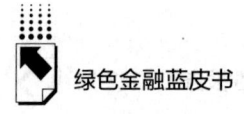

展状况的敏感度不足，未来还需持续优化调整。

在下一年度的地方绿色金融评价体系中，课题组将继续立足我国地方绿色金融发展的新特点、新趋势，不断拓展、完善指标，同时依托不断优化的绿色金融信息披露环境，探索通过更多渠道获取数据、提升数据准确性的可能。在地方产业绿色化发展水平评价方面，也将继续优化指标，考虑加入更多体现地方绿色产业发展，同时影响经济和环境效益的指标，并多渠道拓展地方绿色产业数据来源，以构建更加全面、更加科学的指标体系，为地方政府在规划产业绿色化发展、评估政策实施成效等方面提供更准确的技术支撑。

最后需要说明的是，为更全面、客观、准确地评价地方绿色金融的发展水平，课题组在通过公开渠道进行数据收集的同时，向全国31个省份的金融管理部门发送了信息征询函，以期获得更全面的信息，在此对给予信息披露的省份表示特别感谢。虽然课题组尽可能从官方公开渠道搜索、整理相关信息，但仍不可避免会出现信息获取不完全等情形，在此真诚希望社会各界人士就数据的完善、修正等提出宝贵建议，同时课题组也将持续完善地方绿色金融数据库，以期更全面、更真实地记录我国地方绿色金融的发展。

Abstract

2022 is the final year of China's firstbatch of National Green Finance Reform and innovation pilot zone (called "National Green Gold Reform pilot Zone" for short), which, as the epitome of China's early and pilot exploration of the construction of green financial system, have accumulated a series of innovative experiences and become the backbone of promoting the deepening of the development of green finance in localities. Under the framework of "three functions" and "five pillars" of green finance and the promotion of the experience of the national-level green financial reform pilot zones, green finance has begun to be applied and developed in more places in China, and a number of advanced regions other than the national-level green financial reform pilot zones have emerged, whose explorations in green finance are equally important and the exploration in green finance is also worthy of attention. Meanwhile, based on the development needs of the "double carbon" goal and the requirements for the construction of a diversified financial system in the new era, the green financial system has accelerated its extension and integration, further expanding to transition finance, climate investment and financing, biodiversity finance, and science and technology finance, and the green financial policy guidance documents and market innovation tools have become more and more diversified.

The research group of evaluating local green finance in IIGF of the central university of finance and economics has started to study and publish the Local Green Finance Development Index since 2018, constructing a set of index system to assess the level of local green finance development based on the four basic principles of objectivity, fairness, comparability, and scientificity, and systematically sorting out the current year's green finance development status within the evaluation cycle based on the comparison of the indicator results of 31 provinces (excluding Hong Kong, Macao, and Taiwan) nationwide. It systematically compares the current situation of green finance development in the current year, summarises the overall trend and characteristics of local green finance development in China, and provides a reference for those who are concerned about the progress of local green finance and promote local green finance development. In the 2022 evaluation cycle, based on the characteristics of China's local green finance development, the research group will make partial adjustments to the evaluation indicators, so as to make them more in line with the changing characteristics of China's local green finance, which is expanding from being driven by local pilots to covering the whole country's provinces and regions, so as to better reflect the process of the development of green finance in the provinces and regions.

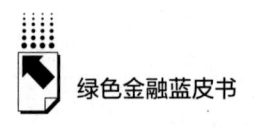

Overall, the green financial development performance of China's 31 provinces is divided into three echelons. The overall distribution of the three echelons has not changed significantly compared with the previous cycle, but the inter-provincial ranking within the echelons has changed more significantly. Specifically, the first echelon of provinces has basically remained unchanged, areas in National Green Gold Reform pilot Zones, areas with leading financial ecological levels and areas with higher levels of greening development of local industries have higher levels of green financial development. Zhejiang, Guangdong, represented by the state-level green financial reform pilot zone in the province to maintain the first mover advantage, while based on a new starting point to carry out new exploration, promote the municipalities and counties under the jurisdiction of the deployment of the work based on existing experience in accordance with local conditions; Beijing, Shanghai, represented by the developed regions continue to use the existing foundation to improve the green financial system, and strive to create a new demonstration of the pilot; Other provinces, represented by Shandong and Sichuan, are building new engines by focusing on local characteristics to promote green financial practices and market efficiency. The gap between the scores of the second echelon of provinces is relatively small, with Hubei and Chongqing ranking significantly higher in green finance development

Abstract

than the previous year, indicating that more provinces are beginning to pay attention to the development of green finance. The third echelon of provinces is still dominated by the southwestern, northwestern and northeastern provinces, and although overall progress has been made compared with the previous year, there is still a gap between the first two echelons in terms of green finance policy guidance or market innovation, which needs to be continued to be explored and strengthened in terms of infrastructure construction.

In addition, this report analyses "Fintech Enabling the Deepening Development of Local Green Finance" in the form of a special chapter, which is not only the key practice of the leading regions in green finance, but also an inevitable choice for the deepening development of green finance in the future. At present, the deepening development of local green finance still has problems such as difficulty in information collection and lack of data accuracy, which restricts the quality and quantity of green finance. In the future, relying on technical means such as big data, artificial intelligence, blockchain, cloud computing, etc. , we can effectively improve the accuracy of data and the efficiency of green financial services, reduce the cost of business and artificial services, break the information barriers to the development of green finance, realise the effective supervision of financial risks, and inject new momentum for the development of local green finance.

In the next stage, after the promotion of the experience of the first batch of state-level green financial reform pilot zones and the practice and innovation of more leading regions, the development path of China's green finance will be further matured, and more regions will build a green financial system that meets their own characteristics according to their local conditions, and the successive implementation of pilot projects such as climate investment and financing, biodiversity finance and blue finance will also broaden the connotation of green finance and promote the development of green finance. and promote the development of green finance into a new stage.

Keywords: Green Finance; Greening of Industry; Financial Technology

Contents

I General Report

B.1 Report on China's Local Green Finance Development
Index (2023) *Wang Yao, Ren Yujie* / 001
    1. Analysis of Local Ecological Levels of Green Finance / 002
    2. Summary of National and Local Green Finance Development
       in 2022 / 007
    3. Overall Analysis of the Level of Greening of Local Industries / 011
    4. Comparison Between the Greening of Local Industries
       and the Ecological Level of Green Finance / 012

Abstract: With the establishment of the "three functions" and "five pillars" development framework of green finance, the construction of China's green financial system has gradually entered a stage of deepening and improving. Meanwhile, with the completion of the first batch ofNational Green Finance Reform and innovation pilot zone (called "National Green Gold Reform pilot Zone" for short) and the establishment of the second batch of ational Green Gold Reform pilot Zones, China's exploration of green finance is gradually moving towards a wider scope and deeper level. Overall, China's green finance ecological level has been steadily improving during the 2022 evaluation cycle. The provinces where national-level green financial reform pilot zones are located and some provinces with developed financial ecology and outstanding greening of industries maintain the leading level of green financial development in the country. The inter-provincial gap in the development level of green finance has narrowed to a certain extent, and more provinces and municipal units under the jurisdiction of some leading provinces are making wider use of green finance and exploring more dimensions.

Keywords: Green Finance; Financial Ecology; Local Development

II Sub-reports

B.2 Report on Synergies Between Greening of Local Industries and Green Finance (2023)

Ren Yujie, Shi Yichen and Jin Zixi / 015

Abstract: This report assesses the level of greening development of local industries in six aspects: economic contribution of green industries, employment opportunities in green industries, green technological innovation, resource utilisation efficiency, environmental impact and sustainable development. In terms of economic contribution of green industry, it mainly measures and compares the scale of green industry; in terms of employment opportunities in green industry, it mainly measures and compares the number of enterprises carrying out green industry activities; in terms of green technological innovation, it mainly measures and compares the level of green and low-carbon technological development; in terms of resource utilisation efficiency, it mainly measures and compares the utilisation of energy and water resources; in terms of environmental impact, it mainly measures and compares carbon emissions, water quality and air quality; and in terms of environmental impact, it mainly measures and compares carbon emissions, water environment quality and air quality; in terms of sustainable development, it mainly measures and compares the level of ESG development of enterprises. The assessment found that the greening development level of local industries is generally higher in eastern provinces than in central and western provinces, and in coastal provinces than inland provinces.

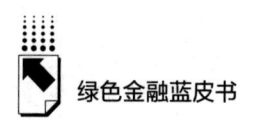

Keywords: Green Industry; Green Finance; Green Technology; Sustainable Development

B.3 Evaluation Report on Local Green Finance Policy Promotion (2023)

Wan Qiuxu, Zhang Qibin and Wu Qianxi / 041

Abstract: The proposal of "double carbon" goal further enhances the enthusiasm of local development of green finance, and most regions have started to promote the development of green finance to varying degrees, in which the formation of policy guidance is the basic measure for the development of green finance. In view of the fact that most regions have already proposed the development of green finance in their policy layout, and some regions have also formed a relatively perfect policy system, this report improves the data collection and selection of policy dimension indicators on the basis of the local green finance development indicator system in 2021, paying more attention to the number of policies, the synergy of the transmission between policies, and the launching of policies in green finance subfields or frontier areas, etc., with a view to transitioning from evaluating "whether there are any" policies to evaluating "whether there are all" policies. Overall, in the 2022 evaluation cycle, the number and types of green finance-related policies in 31 provinces have increased, with Zhejiang, Beijing, Guangdong and other provinces that are more advanced in the development of green finance performing more prominently in terms of the degree of improvement of the policy system and the synergy between policies.

Keywords: Green Finance; "Double Carbon"; Transition Finance

Contents

B.4 Report on the Evaluation of the Effectiveness of Local Green Finance Markets (2023)

Wan Qiuxu, Wu Qianxi, Jin Zixi and Fu Yilei / 120

Abstract: Guided and promoted by policies, local green financial markets have accelerated their development, and at the same time, based on the continuous deepening of practice, they have presented new features in terms of the areas involved and highlights of work. Overall, local green financial markets with a better foundation for economic development and outstanding financial and ecological advantages are developing faster. For example, the scale of green credit in Beijing, Tianjin, Hebei and the Yangtze River Delta, as well as the performance of market players in the issuance of green bonds, are more prominent, Zhejiang, Guangdong, Guizhou, Gansu, Xinjiang and Chongqing, which have demonstrated a high degree of enthusiasm in the innovation of green insurance products. In the environmental rights trading market, some regions have carried out exploration related to carbon asset pledge financing and carbon bonds, but there is less innovation in the trading of energy use rights, with only Zhejiang and Shandong making innovations in pledge loans for energy use right indicators, and Guangdong and Ningxia making positive attempts in the innovation of pledge loans for water rights. In terms of environmental information disclosure by financial institutions, financial institutions in the first echelon of green finance provinces represented by Jiangsu, Beijing, Shanghai and Zhejiang disclose more information, and the disclosure content is more complete than that of the second and third echelons. In terms of CSR reports and ESG disclosure reports, enterprises located in the Yangtze River Delta and Pearl River Delta Economic Circle lead in the number of disclosures. Regions are paying more attention to international co-operation, and the local green finance market maintains an overall positive momentum.

Keywords: Green Financial Instruments; International Cooperation; Environmental Rights Trading Market

Ⅲ Special Report

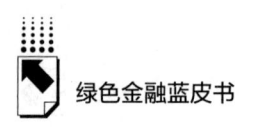

B.5 FinTech Enabling Deepening of Local Green Finance (2023)
Wan Qiuxu, Zhang Qibin, Wu Qianxi, Jin Zixi and Fu Yilei / 181

Abstract: With the continuous maturity of big data, artificial intelligence, blockchain, cloud computing and other technical means, fintech is gradually changing China's financial industry, and is playing a positive role in the development of green finance, improving the efficiency of green funds supporting the sustainable development of the economy and society. In boosting the quality and efficiency of green finance, fintech can alleviate the problems of multi-caliber reporting of green credit statistics, low efficiency of manual reporting, and data quality to be improved by building a green financial identification and statistical management system, and fintech can realize the standardization and intelligence of inter-institutional information disclosure by building an automated platform for disclosure of green financial and environmental information. In terms of strengthening the integration of green financial production and financing, fintech can not only reduce the information barriers between production enterprises and financial institutions by building a green information platform, and promote industrial policy and financing matching, but also help regulators to timely and accurately grasp the dynamics of the development of the green financial sector and achieve precise control. Fintech can also assist financial institutions in accurately obtaining customer information through the establishment of an automated green rating system, and provide green financial products that match pricing, returns and risks. In terms of enhancing green financial risk control capabilities, fintech, such as big data analysis, artificial intelligence and machine learning, can help financial institutions establish efficient risk assessment and stress testing models, identify physical risks and transition risks more accurately, and improve risk management mechanisms. In order to further promote the development of fintech-enabled green finance, governments at all levels, regulatory authorities and market participants should still continue to improve the policy environment for the development of green fintech, continue to push forward the pilot work of green fintech, accelerate the realisation of data and information disclosure and integration, and continue to enhance the market activity of fintech.

Keywords: Financial Technology; Green Finance; Risk Management

Ⅳ Technical Report

B.6 Description of the Construction of the Local Green Finance Development Index and Correlation Report of the Evaluation Results (2023)   *Jin Zixi, Fu Yilei* / 222

Abstract: This report has constructed a local green finance development index to reflect the progress of the policy system and market effect in the field of green finance in 31 provinces across China. In the process of selecting indicators and acquiring data, the principles of objectivity, fairness, comparability and scientificity are taken into account. The indicators are divided into qualitative and quantitative categories, and the scores of individual indicators of the 31 provinces are obtained by standardised scoring method, and the weights of each part of the indicators are determined by expert scoring method, and finally weighted and aggregated to calculate the results of the indicators. In addition, this report selects the level of greening development of local industries as a validation variable indicator to conduct a correlation study on the evaluation results of local green financial index. The greening development level of local industries is evaluated through six aspects: economic contribution of green industries, employment opportunities in green industries, resource utilisation efficiency of green technology innovation, environmental impact and sustainable development. The results of the study show that there is a strong positive correlation between the development level of greening of local industries and the development level of local green finance in terms of policy promotion evaluation and market effect evaluation.

Keywords: Green Finance; Greening of Industry; Indicator System

社会科学文献出版社

皮 书
智库成果出版与传播平台

❖ 皮书定义 ❖

皮书是对中国与世界发展状况和热点问题进行年度监测，以专业的角度、专家的视野和实证研究方法，针对某一领域或区域现状与发展态势展开分析和预测，具备前沿性、原创性、实证性、连续性、时效性等特点的公开出版物，由一系列权威研究报告组成。

❖ 皮书作者 ❖

皮书系列报告作者以国内外一流研究机构、知名高校等重点智库的研究人员为主，多为相关领域一流专家学者，他们的观点代表了当下学界对中国与世界的现实和未来最高水平的解读与分析。截至2022年底，皮书研创机构逾千家，报告作者累计超过10万人。

❖ 皮书荣誉 ❖

皮书作为中国社会科学院基础理论研究与应用对策研究融合发展的代表性成果，不仅是哲学社会科学工作者服务中国特色社会主义现代化建设的重要成果，更是助力中国特色新型智库建设、构建中国特色哲学社会科学"三大体系"的重要平台。皮书系列先后被列入"十二五""十三五""十四五"时期国家重点出版物出版专项规划项目；2013~2023年，重点皮书列入中国社会科学院国家哲学社会科学创新工程项目。

权威报告·连续出版·独家资源

皮书数据库
ANNUAL REPORT(YEARBOOK) DATABASE

分析解读当下中国发展变迁的高端智库平台

所获荣誉

- 2020年，入选全国新闻出版深度融合发展创新案例
- 2019年，入选国家新闻出版署数字出版精品遴选推荐计划
- 2016年，入选"十三五"国家重点电子出版物出版规划骨干工程
- 2013年，荣获"中国出版政府奖·网络出版物奖"提名奖
- 连续多年荣获中国数字出版博览会"数字出版·优秀品牌"奖

皮书数据库　　"社科数托邦"微信公众号

成为用户

登录网址www.pishu.com.cn访问皮书数据库网站或下载皮书数据库APP，通过手机号码验证或邮箱验证即可成为皮书数据库用户。

用户福利

- 已注册用户购书后可免费获赠100元皮书数据库充值卡。刮开充值卡涂层获取充值密码，登录并进入"会员中心"—"在线充值"—"充值卡充值"，充值成功即可购买和查看数据库内容。
- 用户福利最终解释权归社会科学文献出版社所有。

数据库服务热线：400-008-6695
数据库服务QQ：2475522410
数据库服务邮箱：database@ssap.cn
图书销售热线：010-59367070/7028
图书服务QQ：1265056568
图书服务邮箱：duzhe@ssap.cn

社会科学文献出版社　皮书系列
卡号：364421549639
密码：

S 基本子库
SUB DATABASE

中国社会发展数据库（下设 12 个专题子库）

紧扣人口、政治、外交、法律、教育、医疗卫生、资源环境等 12 个社会发展领域的前沿和热点，全面整合专业著作、智库报告、学术资讯、调研数据等类型资源，帮助用户追踪中国社会发展动态、研究社会发展战略与政策、了解社会热点问题、分析社会发展趋势。

中国经济发展数据库（下设 12 专题子库）

内容涵盖宏观经济、产业经济、工业经济、农业经济、财政金融、房地产经济、城市经济、商业贸易等 12 个重点经济领域，为把握经济运行态势、洞察经济发展规律、研判经济发展趋势、进行经济调控决策提供参考和依据。

中国行业发展数据库（下设 17 个专题子库）

以中国国民经济行业分类为依据，覆盖金融业、旅游业、交通运输业、能源矿产业、制造业等 100 多个行业，跟踪分析国民经济相关行业市场运行状况和政策导向，汇集行业发展前沿资讯，为投资、从业及各种经济决策提供理论支撑和实践指导。

中国区域发展数据库（下设 4 个专题子库）

对中国特定区域内的经济、社会、文化等领域现状与发展情况进行深度分析和预测，涉及省级行政区、城市群、城市、农村等不同维度，研究层级至县及县以下行政区，为学者研究地方经济社会宏观态势、经验模式、发展案例提供支撑，为地方政府决策提供参考。

中国文化传媒数据库（下设 18 个专题子库）

内容覆盖文化产业、新闻传播、电影娱乐、文学艺术、群众文化、图书情报等 18 个重点研究领域，聚焦文化传媒领域发展前沿、热点话题、行业实践，服务用户的教学科研、文化投资、企业规划等需要。

世界经济与国际关系数据库（下设 6 个专题子库）

整合世界经济、国际政治、世界文化与科技、全球性问题、国际组织与国际法、区域研究 6 大领域研究成果，对世界经济形势、国际形势进行连续性深度分析，对年度热点问题进行专题解读，为研判全球发展趋势提供事实和数据支持。

法律声明

"皮书系列"（含蓝皮书、绿皮书、黄皮书）之品牌由社会科学文献出版社最早使用并持续至今，现已被中国图书行业所熟知。"皮书系列"的相关商标已在国家商标管理部门商标局注册，包括但不限于LOGO（ ）、皮书、Pishu、经济蓝皮书、社会蓝皮书等。"皮书系列"图书的注册商标专用权及封面设计、版式设计的著作权均为社会科学文献出版社所有。未经社会科学文献出版社书面授权许可，任何使用与"皮书系列"图书注册商标、封面设计、版式设计相同或者近似的文字、图形或其组合的行为均系侵权行为。

经作者授权，本书的专有出版权及信息网络传播权等为社会科学文献出版社享有。未经社会科学文献出版社书面授权许可，任何就本书内容的复制、发行或以数字形式进行网络传播的行为均系侵权行为。

社会科学文献出版社将通过法律途径追究上述侵权行为的法律责任，维护自身合法权益。

欢迎社会各界人士对侵犯社会科学文献出版社上述权利的侵权行为进行举报。电话：010-59367121，电子邮箱：fawubu@ssap.cn。

社会科学文献出版社